北宋理學「性與天道」思想的淵源初探

李 長 遠 著

文 史 哲 學 集 成

文史哲出版社印行

國家圖書館出版品預行編目資料

北宋理學「性與天道」思想的淵源初探 /
李長遠著. -- 初版--臺北市：
文史哲, 民 101.2
　　頁;公分（文史哲學集成；614）
參考書目：頁
ISBN 978-986-314-012-2（平裝）

1. 理學　2.新儒學　3.北宋

125.1　　　　　　　　　　　101002700

文史哲學集成　　614

北宋理學「性與天道」
思想的淵源初探

著　　者：李　　　　長　　　　遠
出 版 者：文　史　哲　出　版　社
　　　　　http://www.lapen.com.tw
　　　　　e-mail：lapen@ms74.hinet.net
登記證字號：行政院新聞局版臺業字五三三七號
發 行 人：彭　　　　正　　　　雄
發 行 所：文　史　哲　出　版　社
印 刷 者：文　史　哲　出　版　社
臺北市羅斯福路一段七十二巷四號
郵政劃撥帳號：一六一八〇一七五
電話 886-2-23511028・傳真 886-2-23965656

實價新臺幣四五〇元

中華民國一百零一年（2012）二月初版

自　序

　　閱讀歷史是一件愉快的事，思考歷史更使人神迷，也許就是這麼簡單的理由，才讓我毅然決然的把研究歷史當作一種志業。不過，就撰寫論文來說，其過程卻是辛苦而寂寞的。所以對於能出版這本書，我感到非常的開心。這要感謝我的指導教授吳展良老師的鼓勵和推薦，因爲有他的支持，我才對自己拙稚的作品有點信心。

　　在台大歷史系十多年的求學日子裡，真正對思想史有興趣是非常早的事。從剛進大學開始，就非常喜歡錢穆和余英時先生的著作，特別是他們對中國學術思想史的闡述和辨析。不過當時我讀得很慢，對其中的精微處，也並非能夠完全掌握。但他們的書還是開啓了我的視野，以及對於思想史研究的執著。總聽人說研究思想史的人，頭腦要特別好，思辨能力要強。但我自知不夠聰明，卻還是一頭栽進這個領域裡，或許這只證明了我對思想史有種一往無前的熱情吧！

　　決定投入宋代思想史的研究，是我升上碩二的事。後來爲了了解宋代「新儒學」的起源問題，我又往前溯，開始關注到中古時期的思想問題。這時，陳弱水老師的研究給了我很大的啓發，於是我花了很長的時間閱讀佛、道兩家的作品。這一方面深化了我對於宋代思想的理解，另一方面也逐漸確立了本書的主題。回顧從一開始到文稿的完成，我發現準備工作比真正撰寫所費的時間還長，但這樣的奠基很值得，讓我對中國傳統思想的掌握能夠更加精確。

　　本書是由我的碩士論文修改而成，使用「觀念史」的做法，對北宋「理學」或「新儒學」的思想進行溯源的工作。「性與天道」是理學中的核心概念，而且關涉到宇宙論和心性論兩大課題，因此在研究的過程中，我一直將論述的線索集中在「心性」與「天道」的連結上，以免失焦或超出我所能涵攝的範圍。對於佛、道思想的討論，我也盡可能找尋與主題相關的材料，避免陷入佛、道義理的淵海。直到完成論文，升上了博士班，我對於書中所牽涉到的許多問題，仍覺得尚未完全解決，還有推進的空間。但由於史料的缺乏，以及我個人能力的不足，遲遲未能有大幅度的改動。從 2005 年到現在，我更加關注唐宋之際思想文化變遷的問題，對於這本書由觀念探索的方式，有了不同的想法。如果要進一步釐清相關的問題，或許必須另起爐灶，而那將會是另一種完全不同的研究架構。慶幸的是，新近的研究印證了我的一些觀察，對於道教在唐宋思想史中的位置也給予了更多的關注，這讓我相信這本書仍舊有研究上的參考價值。於是，在微幅的修訂，並參考近來的研究成果，做了一些補充之後，決定將它出版。

　　本篇論文的完成，首先要感謝吳展良老師的悉心指導，在寫作的過程中為我提挈許多核心的觀念，澄清思想上的疑難。擔任口試委員的陳弱水老師與李豐楙老師，也給了我不少專業的修訂意見，讓我了解到學無止境，必須更拓寬自己研究的視角，方能深造有得。最後，要謝謝我的父母家人，他們給予我最大的支持，包容我對於歷史研究的任性追尋。本書疏漏之處在所難免，尚請前輩學者專家不吝批評指正。

　　　　　　　　2012 年 2 月**李長遠**於台大圖書館研究室

北宋理學「性與天道」思想的淵源初探

目　　次

第一章　緒　論

一

　　宋代新儒學的興起，向來是個極受關注的學術課題，而且焦點多半集中在「理學」的思想上。「新儒學」一詞的使用，因爲英文譯名「Neo-Confucianism」的關係，曾在英文學界中產生過不小的爭議。[1]本篇論文不想涉入相關名詞的討論，之所以在一開始就標舉「宋代新儒學」，主要是想指出宋代儒學在中國學術思想史上，曾經創造出相當豐富的內涵，而且是開啓近世儒學傳統的源頭。相較於漢唐之際相對沈寂的儒學而言，也可說得上是一次儒學的復興。所以將宋代以降頗具特色的儒學稱爲「新儒學」，並非不可。特別是

<hr />

1 對於這個問題的討論，可以參見：Jo-shui Chen, *Liu Tsung-yuan and Intellectual Change in T'ang China*, 773-819（Cambridge; New York: Cambridge University Press, 1992）, P.1-3; Peter K. Bol, *"This culture of ours": Intellectual Transitions in Tang and Sung China*（Stanford, Calif.: Stanford University Press, 1992）, P.27-31; Hoyt Tillman,"A New Direction in Confucian Scholarship: Approaches to Examining the Differences between Neo-Confucianism and Tao-hsueh", *Philosophy East and West*, 42：3（1992）, P.455-474; Wm. Theodore de Bary,"The Uses of Neo-Confucianism：A Response to Professor Tillman", *Philosophy East and West*, 43：3（1993）, P.541-555; 吾妻重二，〈美國的宋代思想研究〉（原載《關西大學文學論集》46：1，1996），收入田浩（Hoyt Tillman）編，《宋代思想史論》（北京：社會科學文獻出版社，2003），頁 7-29。

在北宋新儒學形成的初始階段，有一批儒者逐漸發展出一套「天道性命」之學，他們在宋儒中別具一格，以一種獨特的思維方式（modes of thinking）重新闡釋儒學傳統，後世一般稱之爲「道學」或「理學」。[2]我們可以將「理學」視爲宋代新儒學的一個思想學派，卻不能化約的就以「理學」代表整個宋儒的學問。[3]

所謂「獨特的思維方式」，表現在思想上就展現出不一樣的關懷和興趣，《宋史》的編撰者於〈儒林〉、〈文苑〉之外別立〈道學傳〉，並非無因。理學家討論的課題一般牽涉到天道、理、氣、心、性等等的觀念，而這些觀念的形成自然有其淵源和目的。作爲北宋儒學復興的一個支脈，他們特別在宇宙觀和心性理論上有所建樹，這可能是在佛、道兩

---

2 一般而言，「道學」和「理學」二詞都是用來指稱宋儒中較多地談論「天道性命」之學的一支，兩者之間並沒有很嚴格的區分，學界也常是二詞交互使用。本文則以內容配合主題的原則，多使用「理學」一詞。至於相關名稱的檢討，可參考：馮友蘭，〈略論道學的特點、名稱和性質〉，收入中國哲學史學會、浙江省社會科學研究所編，《論宋明理學：宋明理學討論會論文集》（杭州：浙江人民出版社，1983），頁 48-52；田浩，〈儒學研究的一個新指向：新儒學與道學之間差異的檢討〉，收在田浩所編的《宋代思想史論》，頁 77-97。

3 由於大部分宋代思想的研究者，將焦點都放在理學或道學身上，以致逐漸使人產生了一種刻板的印象，以爲宋代的學術只有理學，其他學派則相形遜色。這個觀念也受到一般哲學史論著的加強。於是有宋史學者提出辨析，認爲應該以更寬廣的角度來看待「宋學」。宋學的多樣性可以包涵理學，而理學則僅僅是宋學的一個支派。參看鄧廣銘，〈略談宋學〉（原載《宋史研究論文集》1984 年版），收在氏著《鄧廣銘治史叢稿》（北京：北京大學出版社，1997），頁 163-176。漆俠繼承這個看法，發表了〈宋學的發展和演變〉（原載《文史哲》1995年第 1 期），收在氏著，《探知集》（保定：河北大學出版社，1999），頁 1-46。後來更擴充成《宋學的發展和演變》（石家莊：河北人民出版社，2002）一書，企圖重新書寫宋代學術思想的整體面貌。

家思想興盛的背景底下，意欲建立起新的世界觀及奪回「內聖」領域之發言權的一種自覺。

本篇論文主要以北宋理學的「性與天道」思想為中心，探討它是在什麼樣的歷史脈絡底下形成的？又可能接受了哪些思想的資源？這裏的「北宋理學」，大致上限定在所謂「北宋五子」的思想，即周敦頤、邵雍、張載、程顥、程頤五人。當然，就「性與天道」的思想內涵來看，每個人之間仍然會有所差異，但有一個共同的思想趨向卻是非常清楚的，那就是出現了「成為聖人」的意識。「聖人」是德性或人格完美之人的代稱。理學家相信，每個人生來皆有成為聖人之可能，只要經過內在心性的修養，即所謂「內聖」的心靈、德性之完美純化，即可以達到「聖人」的境界。這個境界在理學家看來，即是合乎「天」的，也就是傳統所謂的「天人合一」。

在北宋理學家的思想當中，「成聖」的意識幾乎與「性與天道」的思想是不可分離的。〈中庸〉云：「天命之謂性」。理學家建構了一個宇宙的體系，說明人皆由此一天地所蘊育，故人本性之源頭即是「天」（天地自然），人性原來與「天」是不相違異的。因此，只要人能夠自覺的修養己性，久而久之，便能與天合一，達致聖人境界。由這可以看出來，理學家對個人成聖的信念，背後有一個宇宙的理論作為支撐；而他們理想的聖人，也是能夠符應於天道的生命過程。本文乃企圖經由理學「性與天道」的思想，亦即宇宙觀和心性論互融的這一思想聯結，來追尋可能對理學的興起產生過影響的思想來源。

理學的興起是中國學術思想史上一件關鍵性的大事，陳寅恪在〈馮友蘭《中國哲學史》下冊審查報告〉一文中便說：

「中國自秦以後,迄於今日,其思想之演變歷程,至繁至久。要之,祇為一大事因緣,即新儒學之產生,及其傳衍而已」。[4]這裏的「新儒學」一詞,就馮友蘭書中所陳述的內容來看,當即是本文所說的「理學」。陳氏的說法雖有過分強調的意味,但理學作為一個新的思想學派,具有特殊的歷史意義卻是毋庸置疑的。宋代儒學的重振和思想面貌的革新,特別是理學的出現,向來被學界認為並不完全肇端於儒家內部,或者純然只是一個「復古」和「復興」的結果,而是融合了儒、釋、道三家的思想而成的新結晶。

其實關於北宋理學思想頗有佛、道淵源的看法,早已是思想史上的共識。馮友蘭在他的《中國哲學史》裏頭即認為,「道學」的出現乃是儒、釋、道三家思想匯歸融合的結果。[5]陳寅恪在為馮氏的《中國哲學史》所寫的〈審查報告〉中也說到:「凡新儒家之學說,幾無不有道教,或與道教有關之佛教為之先導」。[6]在影響理學思想的關鍵上,陳氏似乎更側重道教方面的因素,這點意見是很值得注意的。後來勞思光的《中國哲學史》同樣認為,北宋理學思想的形成,主要根源於唐末儒、釋、道三家思想趨勢的交互激盪。他特別點出了道教的內丹派、佛教的禪宗以及韓愈、李翱對儒學復興之新嘗試的三個主要脈絡。[7]

---

4 陳寅恪,〈馮友蘭《中國哲學史》下冊審查報告〉,收入《金明館叢稿二編》(北京:三聯,2001),頁 282-285。
5 馮友蘭,《中國哲學史》(台北:台灣商務,1944 增訂初版,1993 增訂台一版)。關於理學的興起,及理學中所包涵的釋、道兩家的思想成分,馮氏有專闢一章的討論,詳見該書,頁 800-819。
6 陳寅恪,〈馮友蘭《中國哲學史》下冊審查報告〉,頁 284。
7 勞思光,《中國哲學史》(台北:三民,1981),頁 15-35。

　　在這個問題意識之下，學界專門研究探討理學之形成與其思想源流的作品非常多。有的從儒學史本身的演變脈絡來追尋，這大體上繼承了《宋元學案》的說法，以宋初三先生作為「有開之必先」，而後隨著儒學的深化，逐漸觸及到心性義理之精微。[8]支持這個觀點的說法是把理學視作宋代儒學的一個階段，很大程度上強調儒學本身的自我轉化，但並不否認在理學形成的過程中（也是儒學深化的過程），曾由佛、道兩家吸收了思想上的資源。錢穆先生的《宋明理學概述》即是將北宋儒學分為「初期宋學」與「中期宋學」，對於「宋學」之興起，亦以宋初三先生為始。[9]但他將王安石、司馬光乃至蘇學都劃入「初期宋學」的範圍（這些人的活動年代與「北宋五子」皆大約同時，或年紀稍輕），專以理學作為「中期宋學」之代表，顯示理學家在思想意態上確實有別於其他宋儒。就錢先生的意見看來，中期宋學對政治、文章的興趣轉少，整體學術展現出精微有餘，博大轉遜的氣象。換句話說，錢先生從北宋儒學史的脈絡來剖析，主張理學應當是儒學演進的一個階段，而且是思想上轉入精微的一個發展結果。這個看法獲得不少研究者的追從，他們同樣從儒學思想逐漸深化的階段論來省思理學的成因。[10]

8　《宋元學案》開始即先安定與泰山學案，後來於濂溪學案中黃百家有案語云：「孔、孟而後，漢儒止有傳經之學，性道微言之絕久矣。元公崛起，二程嗣之，又復橫渠諸大儒輩出，聖學大昌。故安定、徂徠卓乎有儒者之矩范，然僅可謂有開之必先。若論闡發心性義理之精微，端數元公之破暗也」。參閱《宋元學案》（台北：世界，1991），頁 284。

9　錢穆，《宋明理學概述》（台北：學生，1977）。可參閱簡論部分，頁 30-32。

10　這類的研究可以陳植鍔的《北宋文化史述論》（北京：中國社會科學出版社，1992）和徐洪興的《思想的轉型 —— 理學發生過程研究》（上

　　近期余英時先生的大作《朱熹的歷史世界》，對北宋儒
學的發展分析，大體上也是循著這種演變的進程。[11]余先生
將儒學置於宋代政治文化的脈絡之中，主張「重建秩序」是
北宋儒學的主線，從宋初古文運動、王安石的新學、一直到
理學都莫能自外。理學也被看作宋代儒學整體動向的一個部
分或一個階段。而余先生特別強調的是，宋代儒學既以「重
建秩序」為其最主要的關懷，於是從古文運動、王安石改革
運動到理學的形成，都聚焦在「外王」的實踐上，理學家並
不曾因發展「內聖」之學而放棄了「外王」的理想，反而其
「內聖」之學是為了「外王」的重建人間秩序而發展的。也
就是說，儒家思想的重點只是從前期的「外王」單線進程轉
入後期「外王」與「內聖」並重的階段。余先生這一政治文
化的分析，觸及到兩個我們相當關心的問題：一者是宋初佛
學對儒家在發展「內聖」之學的過程中，所起到的關鍵性作
用；其次則是北宋最先確立「外王」和「內聖」兼重的儒家，
乃是王安石的新學，理學則是後起之秀。[12]故大略言之，北

　　海：上海人民出版社，1996）二書作為代表。前者的論述廣及宋代的
　　政治制度、學術風氣、科舉、教育等等的發展，提供儒學發展的外部
　　脈絡的全貌，進而從內部脈絡的角度指出，宋儒如何從疑經議古確立
　　了義理之學的特色，並漸次發展出深談性理之學的「理學」。陳氏的
　　史料功夫紮實，確能鋪展出一個演進的軌跡，而且並沒有忽略佛老方
　　面的思想影響，照顧全面，與本文的論述詳略互見，值得參考。徐氏
　　的著作則依循著《宋元學案》的典範而來，故特重討論宋初三先生、
　　范仲淹和歐陽修的學術內涵，以其為前理學時代的先驅學者。他同樣
　　認為北宋儒學有從義理之學向性理之學的演進發展，但並沒有太多的
　　涉及佛、道方面的討論。
11 余英時，《朱熹的歷史世界》，（台北：允晨文化，2003）。〈緒說〉
　　部分對於北宋儒學發展的進程有系統性的描述，見頁 28-251。
12 但最早注意到王安石在「道德性命」之學上的成就，並先於理學而開

宋儒學呈現一個逐漸深化的過程，這其中王安石首先進入「內聖」的領域，並與「外王」建立起聯繫，但由於王安石受佛學影響頗深，理學家認為他的「內聖」說法只是假借於釋氏而來，故欲更進一步發展儒家本身原有的「內聖」之學。這一層轉進一層的階段論述，清楚呈現出理學發生、發芽的整個演變脈絡。但余先生仍然留下一個問題有待處理，即理學家在分別面對佛學與王安石新學的情境之下，是如何建立起理學的思想體系的？特別是當集中在論述理學家思想內涵的政治理想和秩序結構時，對於其宇宙觀之特性及成聖意識的特殊性格，反而未予以注意。故基於研究面向的不同，本文乃希望能夠填補這一空白。

除此之外，分別就佛教或道家（教）曾經對理學思想產生過影響的考索研究相當豐富。熊琬先生的《宋代理學與佛學之探討》一書是最早較全面的來探究佛學思想對宋代理學之影響的著作。[13]其討論的焦點雖然集中在朱子思想與佛學的關係，但也兼及佛教思想對北宋理學家的影響。他認為理學的「理」、「氣」二分，或者「天地之性」與「氣質之性」的劃判，都帶有佛學「理」、「事」法界的痕跡，而「理」、「氣」不離不雜的觀念，恰是華嚴宗「理事無礙法界」的圓融說法。於是，理學「理一分殊」的講法也成了「法界」觀中「一多互攝」、「月映萬川」的翻版。這個意見普遍為學

北宋儒家探究「內聖」問題之風氣者，是鄧廣銘先生的論文〈王安石在北宋儒家學派中的地位〉（原載《北京大學學報》1991年第2期），收入《鄧廣銘治史叢稿》，頁177-192。
13 熊琬，《宋代理學與佛學之探討》（台北：文津，1985）。其對周、張、二程受佛教思想影響的論述，集中在第二章的前四節。

界所接受，故形成了佛教和理學擁有相似的世界觀的看法。[14]
但事實上，華嚴宗的法界說是爲了說明緣起與實相之間的關
係，它觀念的基礎仍以世界非實有，更未嘗有一種氣化流行
和生命理則的思維。因此，這個論點仍過於簡單，並無法完
全的解釋理學爲何使用陰陽五行、形氣造化等等的概念，以
及他們如何在一氣化成的宇宙和人性之間，構築起凡、聖的
橋樑。

當然，除了佛學以外，理學家的宇宙理論也特別容易讓
人聯想到道家、道教方面的思想淵源。尤其是早期的周敦頤
和邵雍兩人，道家方面的色彩濃厚，對於他們受到道家（教）
方外思想影響的討論自然也多。[15]張、程等人在思想內容上
雖然與周、邵有所差異，但仍擁有不少的共通點。就援引《易》
理、暢談陰陽氣化、以及關注天地萬物之生命理則而言，他
們的思想興趣是相近的。不過，目前追溯道家、道教對理學
思想所產生之影響的研究，仍以單篇論文爲主，課題廣及各
種面向。從目前側重一些思想家個人與方外關係的研究看
來，道教思想與理學之間交流互動問題的研究，尚處在初步

---

14 同樣的意見還可參考：熊琬，〈周濂溪「太極圖說」與佛學〉，《中
　華學苑》，卷 28（1983），頁 161-180；周晉，《二程與佛教》（高
　雄：佛光山文教基金會，2001），頁 34-39；陳遠寧，《中國佛教與
　宋明理學》（長沙：湖南人民，2002），頁 111-131。

15 舉凡容肇祖，〈周敦頤與道教〉，收入《道家文化研究》第 5 輯（上
　海：上海古籍，1992），頁 262-275；陳少峰，〈周敦頤《易》學的
　道家思想淵源〉，收入《道家文化研究》第 12 輯（北京：三聯書店，
　1998），頁 423-431；余敦康，〈論邵雍的物理之學與性命之學〉，
　收入《道家文化研究》第 11 輯（1997），頁 201-222；黃敏浩，〈邵
　雍《觀物內外篇》的道家思想〉，收在陳鼓應、馮達文主編，《道家
　與道教：第二屆國際學術研討會論文集》（廣州，廣東人民出版社，
　2001），頁 445-463。

的階段。[16]而就理學共通的核心觀念所進行的追溯探討，則論述尚少。[17]近期有陳少峰的《宋明理學與道家哲學》的專書出版，其追索理學之道家源流從先秦以降皆所引述，相對的於唐代以降道教方面的思想發展，其關注則略嫌不足。[18]但就我們所知，理學的宇宙觀頗有得之於晚唐內、外丹學者，故似乎不宜忽視這一當代的思想源流。[19]

以上的研究成果一方面突顯了佛、道兩家對理學曾經產生過影響的事實，另一方面則提供我們檢討如何來追尋理學之思想淵源的空間。本文以理學的「性與天道」思想作爲主脈絡來探究其形成的思想源流，就是嘗試從理學的一個主要觀念結構所進行的考察和分析。「性與天道」的思想不僅是北宋理學相當重要的一個學術課題，以其爲思想溯源的切入點，還可以分辨許多因引用西方的概念語言來分析理學所造成的混淆，以及在中國儒、釋、道三家的思想脈絡中，找尋到彼此之間清楚而實在的溝通和關聯性。以下我將試著揭示採取此一研究取徑的動機。

---

16 專門論文尚有如馮達文，〈程朱理學與老學〉，《道家文化研究》第 6 輯（1995），頁 265-283；陳少峰，〈程頤易學和道家哲學〉，《道家文化研究》第 12 輯（1998），頁 453-465；蔡方鹿，〈道、玄與二程理學〉，《道家文化研究》第 10 輯，頁 327-335。此外，專書的論述也具此一傾向，如李仁群、程梅花、夏當英著，《道家與中國哲學》（北京：人民，2004）宋代卷。

17 李大華曾有〈北宋理學與唐代道教〉一文，是專就兩者主要的思想特質所作的比較研究。載《道家文化研究》第 8 輯，頁 310-321。此外，近年來道教重玄學的研究新起，已有學者針對唐初重玄學和理學的思想關係提出了新見解，如崔珍皙，〈重玄學與宋明理學〉，載《世界宗教研究》，2000 年第 4 期，頁 65-70。

18 陳少峰，《宋明理學與道家哲學》（上海：上海文化，2001）。

19 前引馮友蘭和勞思光的《中國哲學史》，皆曾注意到這點，但對於丹道影響理學之深度與廣度的諸多問題，則仍有待發之覆。

二

　　漢代以降的中古時期，儒家已鮮少有人論及或相信人有「成聖」之可能；另一方面，人在和宇宙的關係上，也產生過不小的變動。由於儒家傳統對於人德性完美的實踐或「成聖」的觀念都有一個宇宙的根源或終極的價值，一旦人與宇宙之間失去了某種聯繫的關係，那就可能預示了儒家的成聖意識無法有效的彰顯。張灝先生曾有一篇〈超越意識與幽暗意識〉的文章，其中分梳了儒家傳統思想中的兩種「天」、「人」關係。一者是依個人對己身秉賦的發揮和推擴，最後能達致與「天」的一種契合；另一者乃認為人間秩序的運作、規制等，都必須與宇宙秩序之間的韻律和節奏相配合。[20]

　　前者被認為是「天人合一」的觀念，它肯定了每個人天賦有本善的「德性倫理」，任何人只要充分地發揮己身的此性，「均可與超越的天形成內在的契合」。依照張先生的講法，孔子思想中的「德性倫理」早已蘊涵著以天為主的「超越意識」。所以個人可以經由道德的轉化去承受天賦內在的使命，這也是一種天命「內化」的觀念。此下的《孟子》、〈大學〉與〈中庸〉都承繼了同樣的理想，並有更進一步的闡發。[21]我們可以清楚地看到，這裏所描述的「天人合一」

---

20 張灝，〈超越意識與幽暗意識〉，收在《幽暗意識與民主傳統》（台北：聯經，1989），頁 33-78。

21 有關這方面的詳細討論，可參閱：Hao Chang,"Some Reflections on the Problems of the Axial Age Breakthrough in Relation to Classical Confucianism" in Paul A. Cohen and Merle Goldman eds., *Ideas Across Culture: Essays on Chinese Thought in Honor of Benjamin I. Schwartz*（Cambridge, Mass.: Council on East Asian Studies, Harvard University : Distributed by Harvard University Press, 1990），P.17-31.

思想，其實就是「性與天道」的另一種表述。而且爲了展現「天命」的理想價值原本就在涵蘊在人性之中，張先生使用了「超越」和「內在」（或「內化」）的概念語言。它的意思是，「天」的超越性和完美，原來就內化在每一個體的道德性命之中，只待人們去推擴和發展。

在「天人合一」觀念之外的另一種天人關係，是被稱作「天人相應」的宇宙思維。它主要表現在政治秩序與社會倫理的思想上，依照天人比類的方式，人世的制度和規範被要求以宇宙的運行、秩序作爲原型。這透露出人間秩序是宇宙秩序的一部分，二者息息相關。「天人相應」型式的思維，能夠強烈的突顯人間秩序和「規範倫理」的合理性，但相對的卻很容易使「德性倫理」的價值無法獲得彰顯，也就是「超越內化」的意識逐步萎縮。依據張灝的考察分析，《禮記》的〈王制〉、〈月令〉等篇開始討論到制度運作與宇宙秩序的聯繫關係，之後的董仲舒在《春秋繁露》中強化了這項理論，並暗示「超越內化」的德性只能形成修德的潛能，更重要的還必須有外範道德的繩制。這個趨勢反映在《白虎通義》的情況是，儒家的天人關係完全取決於禮制和宇宙秩序的呼應與配合，「性與天道」的「超越」意識幾乎消失了。

張灝認爲，漢以後的儒學式微，相對的佛、道兩家的思想興盛，先秦儒家的「超越內化」的觀念也同時沈寂了很長一段時間。直到宋明儒學重新體現「超越」的意識，已是十一世紀中葉的事了。那麼漢唐之間的中國思想界呈現的是什麼樣的面貌呢？以「超越」（成聖）的意識爲特點的儒家復興，究竟從什麼時候開始？它是否還受到什麼外來的啓發？

陳弱水先生有兩篇論文爲上列的這些疑問提供了線索。

在〈柳宗元與中唐儒家復興〉一文中，他爲中古時代一般知識分子的心靈狀態作了「外儒內道」與「外儒內佛」的劃分。[22]這表示在中國的中古時期，儒家主要提供的是人類生活的外在行爲和群體秩序的規範，但在安頓心靈生活和探索宇宙終極的問題上，卻須由佛、道（包括老莊道家和道教）兩家汲取資源。這也意謂著儒家退出了「內聖之學」的思辯場域。此文所呈現的思想格局，自然使得儒家「性與天道」的思想無法順利的展開。但這個典型在中唐儒家復興的潮流中，也受到韓愈、李翺等少數人的挑戰。他們正逐步打破儒家的功能只在濟俗，無與於心靈修養、宇宙終極之探求的假定。特別是李翺的〈復性書〉，更是漢代以後、北宋理學興起以前，儒家思想界再度關心到「成聖」問題的代表作品。其中對聖人境界的描述，也再度使用了「天道」與「誠」的說法。

　　〈〈復性書〉思想淵源再探 —— 漢唐心性觀念史之一章〉是陳弱水先生的另外一篇重要論文，其中有一部分就在追溯〈復性書〉中「成聖」之問題意識的緣起。[23]在考察了漢至南北朝時代的儒玄之學後，他發現自思孟之學衰絕以後，儒家本身已沒有修養成聖的問題意識。一般的看法是，聖人迴出凡俗，稟命於天，可望而不可及。所以，〈復性書〉的成聖問題基本上可能是由佛教引發的。此文還提到道教最高理想人格的「神仙」，在修習煉養的途徑上，原以形體的鍛鍊

---

22 陳弱水，〈柳宗元與中唐儒家復興〉，《新史學》5：1（台北，1994）。後收入氏著，《唐代文士與中國思想的轉型》（桂林：廣西師範大學出版社，2009），頁 246-289。
23 陳弱水，〈〈復性書〉思想淵源再探 —— 漢唐心性觀念史之一章〉，《中央研究院歷史語言研究所集刊》69：3（1998）。後收入《唐代文士與中國思想的轉型》，頁 290-356。

為主，目的在追求長生不死。但南北朝中期以後，由於受到佛教的壓力和影響，則開始強調成仙的形上與心性基礎。於是，唐代初期的道教學者在闡論仙道時，也發展了透過心神轉化成就理想人格的意識與思想。

陳先生的這兩篇文章，主要揭示了北宋理學興起前，中國思想界的大致面貌，並探索了一向被視為理學思想之遠源的中唐儒家，如何在佛、道兩家思想興盛的背景之下，重新建構自身的心性理論。特別是從〈復性書〉思想淵源的追溯過程中，我們獲得了這樣一個觀念：中唐或北宋儒家思想的復興，在很大的程度上，可能都受到了佛、道兩家的影響。尤其是儒家的心性思想衰微已久，若不經由方外汲取相關的思想資源，如何可能憑空拔起，闖入幽微。但中唐儒學和北宋理學之間，畢竟仍有不小的思想差距。北宋理學家在討論心性問題時，皆有一個宏大的宇宙觀為其底蘊，這也是本文以「性與天道」思想作為主題的理由。而且，從前面有關「超越內化」義的討論來看，我們或許更應該注意儒家所欲「超越」的理想到底是什麼？

先秦儒學和北宋理學家在探討人性及成聖問題時，都存在一種「超越」理想的追求 ── 「天」。而且這「天」的價值本來就內涵在人性之中。因此當李翱或北宋理學家們在依據先秦儒典重塑一套「內聖」之學時，必然會遭遇到如何重新詮釋「性與天道」的整個思想體系的問題。也就是說，既然儒家思孟學派的「超越」（成聖）意識沈寂已久，後世的儒家學者想復興這套「內聖」的學問，必然要以相關的傳統典籍作為闡述的基礎。而且心性理論的另一面更必須有「天人合一」的宇宙觀的支持。因此，儒家「內聖」之學的復興，

不只有心性論方面的詮釋，更要有充分的宇宙原理的配合。關於這一點，是理學成立的過程中時常被忽略、但卻又相當重要的一環。〈復性書〉本身發展了人皆能成聖的「超越」意識，但似乎在宇宙思維上的發展並不多，這從它內容凡論及天道之處多引用古典而少自作發揮即可窺知一二。此外，北宋初期儒家雖承繼了中唐古文運動的潮流，但基本上與理學家的思想興趣頗有不同，理學是否直接由儒學內部所發動，並依著古典復興的思想發展而來，實在值得審思。

張、陳二先生的研究讓我們對前理學時代「性與天道」的概念有比較清楚的認識，但也使我們必須進一步的來釐清，究竟「內化的超越」背後蘊涵著什麼樣的義涵，以及該怎麼樣來理解「性與天道」的關係。余英時先生曾有一本《從價值系統看中國文化的現代意義》的小書，專門以「內在超越」的概念來解說中國思想文化性質的問題。[24]我們認為，從這個角度出發不僅能更清楚的展示前面所謂「內化超越」的定義，而且將能夠把我們之所以選定「性與天道」這個主題的原由彰顯出來。

余先生「內在超越」的講法，是在與西方文化具有的「外在超越」傾向的對照下所做出的劃分。西方傳統在哲學上有本體界和現象界之分，宗教上有上帝與人世之別，在社會思想上也有相類似的烏托邦與現實之區分。所以西方文明追溯的價值之源，通常是一個超越的世界。在柏拉圖來說，這就

---

24 參閱余英時，《從價值系統看中國文化的現代意義》（台北：時報文化，1984）。這本小書後來收在他的《知識人與中國文化的價值》（台北：時報文化，2007）一書中，唯將「內在超越」一詞改作「內向超越」。相關的討論還可以參看收入該書的另一篇文章〈中國知識人之史的考察〉，頁 161-198。

是永恆不變、完美無暇的本體世界；基督教則認為這一切價值的源頭就是上帝。我們能很清楚的看到，這是一種二元論的思維。

但中國的超越世界與現實世界卻不是如此涇渭分明的。余先生指出，假若我們以「道」代表理想的超越世界，把人倫日用來代表現實的人間世界，那麼「道」即在「人倫日用」之中，人倫日用亦不能須臾離「道」。這也就是說，「價值」即在人倫日用的「事實」裏頭，它只待人以實踐的行動去彰顯。以上是比較寬泛的說法，而當它落實在傳統儒、釋、道三家的心性思想裏頭時，在某個程度上依然有很強的詮釋性。

余先生曾提到，禪宗並沒有絕對的「聖」、「凡」之間的界限。禪門講「明心見性」，注重的是自我在生活中的體悟，並藉此去發掘人生的意義和價值。在這裏頭見不到一個外在的價值依託，而是要完全歸諸個人內心的自覺。《六祖壇經》說：「佛向性中作，莫向身外求。自性迷即是眾生，自性覺即是佛」（〈疑問品第三〉）。大抵正道出了聖凡之間的不即不離，我們也可以說這是一種「內在超越」的傾向。

儒家向來有以「天」作為價值之源的看法，但人並非外在的去追求一個超越的「天」。孔子已經說過「為仁由己」，所以後來一部分先秦儒家認為，經由內向省求的方式即可知天合道。孟子就說：「盡其心者知其性，知其性則知天」（《孟子‧盡心上》）。後來〈中庸〉一開頭也說到：「天命之謂性，率性之謂道」。很顯然的，儒家在「成聖」的路徑上，也採取「內在超越」的方式。

早期的道家、道教在心性思想上並沒有突出的表現，但他們確曾有一種超越的形式，那便是得道升仙。然而，所欲

求得的「道」卻並非外在的。道家（教）認爲宇宙的生成之本是「道」，《老子》說：「道生一，一生二，二生三，三生万物。万物負陰而抱陽，沖氣以爲和」（第四十二章）。可見所有的事物都是從「道」分化出來的，而「氣」的概念則使得「道」和萬物具有共通的本質。南北朝的《西昇經·虛無章注》中有一段話，頗能夠說明其間微妙的關係。其言：

> 天地萬物皆從道生，莫有能離道者。復謂之一，一之布氣，二儀由之而分，故曰一生二也。萬物莫不由天地氤氳之氣而生，故曰天地生萬物也。[25]

　　所以，後來的道教學者都普遍有「道在人身」或「道遍萬物」的說法，這也顯示出「得道」觀念仍以內向尋求作爲主要的途徑。「道」即使是宇宙萬物的生成之源，卻也是從未離於人的。道教思想的這一連串相關問題，我們將在第四章中較詳細的來討論。

　　藉由余先生所提出來的價值系統的區分，可以歸納出中國的儒、釋、道三家都具有相同的「內在超越」的取向。倘若我們將「內在超越」這個概念放在中國傳統心性論的脈絡下來觀察，也就是取一個狹義的定義，那麼儒家的「內在超越」就是要「成聖」，佛教當然就是要「成佛」，道教則有相近似的「得道」觀念。雖然以上三者都走向內省的路子，並認爲「天」、「道」或「佛」皆應在自家身上尋求。然由於本「性」概念的不同，以及所追求的超越性的差異，事實上亦不應將三者的界限混淆。

　　一般說來，佛教對現世是持一種否定的態度。若以佛教

---

25 陳景元，《西昇經集注》，頁 610。收在《道藏要籍選刊》（上海：上海古籍出版社，1989），第 3 冊。

的「明心見性」具有「內在超越」的意涵，那麼這一「超越」其實是對人間世界的「捨離」。佛教本身也有一套宇宙觀，但其基本的立場卻是「緣起性空」。換言之，佛教以為意識的作用是人在「無明」的狀態下，因攝取名相而歷經生死流轉的開始，故經驗世界純是虛空幻化的。也因此，佛教的超越並不限在天地之中，他們所追求的也不是任何存在的實物，而是拋開一切執著的「涅槃」實相。

相較之下，中國傳統的儒、道兩家是肯定宇宙之實有的，不管是儒家的「天」，或道家、道教的「道」（宇宙化生之本），都不外於這個世界，而且還是個人尋求「超越」的理想境界或價值之源。從這樣一個基本的立場來看，佛教與中國本土的思想仍然有所區別，而關鍵就在於兩者的世界觀有根本性的差異。

但利用「內在超越」的概念來探討中國傳統的思想文化，卻容易有兩方面的誤解。首先是「超越」一詞代表了一種二元論的世界觀。此處所謂的「超越」應當是借用了西方傳統中「transcendence」的這個觀念。這個詞本身關涉到許多西方文明的特殊概念和意涵，尤其是它具有超越現象或世俗的一種外在的追求，這和西方哲學要在現象之後探究絕對的「實在」（Reality），以及一神論的創世信仰都有極大的關聯。因此，在中國的思想裏頭並沒有嚴格意義上的「超越」概念。

David L. Hall 和 Roger T. Ames 在他們的著作 *"Thinking from the Han": self, truth, and transcendence in Chinese and Western culture* 中已經注意到這個問題，並針對中國思想的

研究者所使用的「超越」一詞提出了檢討。[26]*Thinking from the Han* 的作者認為，從嚴格的超越概念的引用，學者們正按照西方學術界所熟悉的語言或方式在重塑中國的古典哲學。[27] 其中主要提到幾個著名學者的說法，如一開始舉 Benjamin I. Schwartz 為例，Schwartz 在 1975 年即有一篇名為 "Transcendence in Ancient China" 的文章，其中已可見到他以「超越性」的概念來闡述先秦儒家的天命觀及道家的所謂「道」。[28]關於「天」和「道」的超越義，Schwartz 在後來出版的 *The World of Thought in Ancient China* 書中有更明確的表達。[29]但按照 David L. Hall 和 Roger T. Ames 的批評，Schwartz 在對古典中國的理解中，置入太多具有西方意涵的「超越」之形容，以至於將「天」描述如一個「超越的統治者，是一種統一的道德意志，世界依靠著它而能維持正常的秩序」。如此一來，「天」被當作超自然的動因，有意地維持和決定著世界的秩序，這就表明了一種徹底的二元分裂的傾向。[30]

此外，則是「內在」和「超越」概念之間所存在的悖論（paradox）關係。*Thinking from the Han* 書中還曾討論到當代新儒家學者牟宗三先生在《中國哲學的特質》書中，引用

---

26 David L. Hall and Roger T. Ames, *"Thinking from the Han": self, truth, and transcendence in Chinese and Western culture*（Albany, N.Y.: State University of New York Press, 1998），vol.9, P.219-252.

27 *Thinking from the Han*, P.220.

28 Benjamin I. Schwartz, "Transcendence in Ancient China", *Daedalus* Vol. 104, No. 2（spring, 1975），P.57-68.

29 Benjamin I. Schwartz, *The World of Thought in Ancient China*.（Cambridge : Harvard University Press, 1985），P.40-55.

30 *Thinking from the Han*, P.221-222。

康德的哲學語言來說明中國哲學的情況。依照牟先生在《中國哲學的特質》第四講裏頭所陳述的：

> 天道高高在上，有超越的意義。天道貫注于人身之時，又內在于人而為人的性，這時天道又是內在的（immanent）。因此，我們可以康德喜用的字眼，說天道一方面是超越的（transcendent），另一方面又是內在的（immanent 與 transcendent 是相反字）。天道既超越又內在，此時可謂兼具宗教與道德的意義，宗教重超越義，而道德重內在義。[31]

牟先生在借用西方的概念語言的時候，相當清楚其背後蘊涵的是完全不同的哲學思維。所以他認為不管怎樣去對中國思想中的「超越」作解釋，它總是不獨立於自然界之外的，也決非是西方的一神論。西方模式的「超越」隱涵了二元論的色彩，但中國的世界觀卻完全是「現世的」，這顯示了東西方了解超越存在的不同路徑。當然，像牟先生這樣的描繪與詮釋，已透露出儒家根本的拒絕西方式的「本體論」（ontology）的割裂，他肯定天與人之間的一體性，就像傳統所說的「天人合一」那樣，當一個人達到儒家的聖人境界時，就與天道發生了聯繫。[32]牟先生之所以不願放棄「超越」一詞，可能也正因為他相信儒家對於人性具有無限的創造性

---

31 牟宗三，《中國哲學的特質》（台北：學生書局，1974），頁 20。

32 不過牟先生在下文卻又說到：「我們試觀這個宇宙，山河大地變化無窮，似乎確有一種深邃的力量，永遠起著推動變化的作用，這便是易經所謂『生生不息』的語意。正因為『於穆不已』的天命，天道轉化為本體論的實在（Ontological Rreality）或者說本體論的實體（Ontological Substance）」。如此一來，牟先生的真實意思就頗為費解了。見《中國哲學的特質》，頁 21。

之可能的信念。以牟先生自己的話來說,「孔孟所講的性,不指生物本能、生理結構以及心理情緒所顯的那個性講,因爲此種性是由個體的結構而顯的。孔孟之性是從了解仁那個意思而說。所謂『性與天道』之性,即從仁之爲『創造性本身』來了解其本義。人即以此『創造性本身』爲他的性。這是人之最獨特處。……儒家叫人盡性,不盡性就下墮而爲禽獸。『盡性』即充分實現此創造性之意」。[33]換言之,他重視的是人性的最高可能性,「創生不已之真幾」不僅具有天道的、宇宙論上的意義,而且還是內在於人性的。

　　Thinking from the Han 書中引 John Berthrong 分析牟宗三對儒家傳統的解說到:「人類兼有神性和人性,作爲最高秩序的決定性因素,人類參與宇宙的創造」。[34]這句話雖然充滿了西方式格義的味道,但確實頗接近牟先生的論點。而且很容易令人聯想到〈中庸〉裏頭的那段著名的話:「唯天下至誠爲能盡其性。能盡其性,則能盡人之性;能盡人之性,則能盡物之性;能盡物之性,則可以贊天地之化育;可以贊天地之化育,則可以與天地參矣」。所以循著這個脈絡而下,牟先生和 John Berthrong 都會同意儒家討論人性的超越性時,其所欲達到的理想必然就是合乎整個宇宙創生不已的意義的。因此我們可以看到,John Berthrong 即使清楚的知道牟先生所使用的「超越」一詞根本地與西方的神學概念完全不相容(即上帝與世界的二元論),卻認同他使用「超越」一詞對儒家思想所進行的詮釋。

　　李明輝先生在《當代儒學之自我轉化》中表達了他的意

---

33 《中國哲學的特質》,頁 94-95。
34 *Thinking from the Han*, P.224.

見，他傾向支持牟先生對「超越」用法的正確性。李先生很明白中國思想中沒有「超越」的問題，中國傳統的基本思維模式乃以一體性為其基礎，而西方文化的基本思維模式則以分離為其基礎。[35]然而，他贊同「超越」的用法，正如同我們前面所講到的，這關係著儒家對人性的一種理想的轉化。儒家所說的「盡性」的意義正在於此，牟先生使用「創造性本身」的意義也在於此。所以李先生很明確的講，他說：「當新儒家學者將『天』或『道』視為超越的原則和實體時，其『超越性』概念尚包含『超現實性』或『理想性』之意涵」。[36]這正是他們堅持使用「超越」一詞的共通之處。

　　或許嚴格意義的「超越」是不適用於中國思想的，因為它實際上代表了二元論的超越觀，而「超越」本身的對象實是一種外在的。*Thinking from the Han* 的作者站在西方思維的角度出發，便很難理解中國思想的研究者如何能建構一個既可以是「內在的」卻同時又是「超越的」的價值。因為以「超越性」和「內在性」的概念應用於中國脈絡，將使兩個詞中的任何一個都涵化了另一個，這在西方的哲學概念中其實就產生了一種悖論（paradox）了。[37]所以我們並不是不能使用「超越」這樣的詞語來描述中國本身所具有的理想性之追求，而是必須小心的處理像這樣容易產生混淆的西方的概念

---

35 這裏所談的內容，主要是李明輝先生在〈儒家思想中的內在性與超越性〉一文中的說法。收在氏著，《當代儒學之自我轉化》（北京：中國社會科學出版社，2001），頁 118-136。

36 同上，頁 130。

37 關於使用「內在性」與「超越性」二詞是否產生矛盾不相容的問題，可以參考李明輝的比較分析，見《當代儒學之自我轉化》，頁 130-132。但李先生最後是認為，若能有清楚的界義和理解，二義仍可並存。

和語言。尤其是我們在討論「性與天道」的思想時，特別需要注意的是理想的超越之「天」，只能是宇宙論上的概念，但絕非是任何本體論（ontology）意義上的宇宙起源論的範疇。於是，這樣的結果最後將使得「超越」一詞完全的脫去了西方語意，而它在中國思想脈絡中的意義也就完全變了面貌。

　　使用既「內在」又「超越」的西方語言來闡述「性與天道」的關係，不僅容易在邏輯概念的理解上啓人疑竇，事實上也不太好說得明白。我認爲李約瑟（Joseph Needham）在其對中國科學的研究中，所提出來的中國人的自然觀和宇宙體系的講法，很適合澄清這個問題。李約瑟在其名著《中國之科學與文明》（*Science And Civilisation In China*）中表示過，中國人把自然現象的一切都看作是一體同源的，也就是都爲天地宇宙之大生命的一環。[38]李約瑟在討論中國的世界觀時認爲，中國人對天地萬物的看法非常接近一種「有機體的宇宙」（organism of the universe）。這種世界觀一方面認爲萬物非由一個外在的上帝或外力所創造，而是皆由宇宙整體之分化而產生；另一方面這使得宇宙中的每一份子，都是整體結構的局部，所以萬物之存在，皆須依賴於整個「宇宙有機體」而爲其構成之一部分。李約瑟的觀察，在與西方二元論世界觀的對照下，更能表現出中國的思維特質。這種「有機體的宇宙」形式，將使得中國人在思考政治與社會問題上，更容易設想如何使之與宇宙整體之間有某種和諧的對應關

---

38 Joseph Needham（李約瑟），*Science And Civilisation In China*, vol.2, P.153. 另可參考中譯本《中國之科學與文明》（台北：台灣商務，1971-1982）。

係。因爲在「有機體」思維的情況下，實際的整個宇宙是活動的，也是終極的，它是由無數的小機體所構成之機體，協調無數較小之韻律所形成的韻律。[39]從而人間的一切秩序和相互關係也被包涵在這個宇宙的整體當中。人們對現實世界的思維，自然也就產生大、小有機體的「類比性思考」（analogical thinking）。這一環一環的類比對應模式，從有機體思維的角度來看，一點也不令人訝異。但值得我們追問的是，人之個體可視爲具體而微的「小宇宙」（microcosm）的這個概念，背後是否隱涵著什麼樣的可能？

　　從李約瑟對周敦頤的思想解釋中，我們將可以清楚的看到，「超越性」和「內在性」的糾葛事實上是沒有必要的。因爲在上述的有機體聯繫中，每一個個體不過是具體而微的宇宙表現，所以像《中庸》裏頭所講的「誠者，天之道也。誠之者，人之道也」。天之「誠」乃是因爲它以信實遵循其真性，而絕不違其「道」，亦即全然地呈現其本性。對於人而言，也只有遵循其內在的法則，不違反其本性，才能獲致「誠」的結果。[40]因此，有機體在其生化的初始，即蘊涵了「誠」的潛能，個體達到「天」的境界也只是遵循其本然之真性而有的結果。吳展良先生在〈朱子的世界秩序觀之組成方式〉一文中，即從一體渾成而生命化的宇宙觀下，重新省思了類似的問題。他認爲所謂「終極、根本或至高的道理，只內在於一切事物之中。離此天地人物的繁變，並無他處可尋一超越至高的道」。[41]這個意思和李約瑟的觀點恰可互爲

39 *Science And Civilisation In China*, P.292。
40 *Science And Civilisation In China*, P.468-471.
41 吳展良，〈朱子的世界秩序觀之組成方式〉，《九州學林》（香港：

發明。由此也就能夠理解，既「內在」而又「超越」的講法實容易引發爭議，根本上來說，它即是藉由一種有機體式的宇宙觀來肯定個體有走向完美的理想性，而並不存在內、外在的問題。至多我們利用「超越」一詞來權宜地表示個體能與「天」同然達到「誠」的這種歸嚮，而它卻已非西方「Transcendence」的原始定義了。[42]

三

從以上的討論中，我們可以了解到「性與天道」的思想架構把宇宙觀和心性論緊密的聯繫在一起，從這個角度去理解北宋理學，將有助於掌握住它的核心內涵。同時，在追溯其思想淵源的時候，也能夠不陷於支離或附會。然而，一旦注意到宇宙體系和心性修養的聯繫性問題，並察覺到道教的「得道」意識和模式與理學的追求「成聖」的理想結構擁有相當的類似性，那麼考察道教方面的源流即屬必要。何況前面提及的所謂「有機體的宇宙觀」，一般相信和道士煉丹的宇宙模型有直接的關聯，這也促使我們必須回溯這方面的思想史面貌。而為了突顯道教可能的思想影響，我們也擬就前理學時代的儒學作一概括性的回顧，主要焦點則放在中唐的儒學復興與宋初儒學流衍的思想情況。因此，本篇論文的架構主要是在「性與天道」思想的課題之下，分為兩條鋪陳的

香港城市大學中國文化中心，2007）5 卷 3 期，頁 2-34。
42 吳展良在文章中也提到，這樣的價值體系實無法簡單的使用「超越」的概念，因此他也只暫稱之為「內化的超越」秩序觀。見〈朱子的世界秩序觀之組成方式〉，頁 26。

線索，第二、三章是回顧理學之前儒家思想的概況，第四、五章則是追溯北宋以前道教思想的流變，並兼論它和佛教在中古時期的中國思想界曾經產生過什麼樣的交流、影響，以期比較兩者在世界觀和心性論的立場上，有何根本性的不同。最後，在前面這四章的基礎上，將於第六章就北宋幾位理學家作各別的討論和分析，追尋他們「性與天道」思想的相關淵源。

第二章　中唐儒家復興在
思想史上的意義
── 以「性與天道」思想為中心的再檢討

　　理學的興起約在十一世紀的中葉，北宋仁、神宗之際。本章追溯理學思想的淵源於八、九世紀之交的中唐，是有鑑於學界多以中唐的儒家復興作爲北宋理學興起的遠源。尤其認爲韓愈（768-824）、李翱（774-836）嘗試爲儒家重講一套天道性命之學，可視爲北宋理學思想的先驅。[1]在佛、道兩家思想流行的中唐，韓、李等人的儒學突破在中古思想史上確爲天驚石破之舉，且多少影響了北宋儒學復興的潮流。但我們要問的是，中唐儒學的復興在思想上具有多大的創造性，它是否成爲北宋理學重要的思想淵源？本章擬從「性與天道」思想的角度切入，回顧中唐儒家幾個重要的思想家，

---

1 這個看法幾乎已是學界的共識，相關的研究和論證頗多。中文作品中較重要的有馮友蘭，《中國哲學史》，頁 800-812；陳寅恪，〈論韓愈〉，收入氏著《金明館叢稿初編》（北京：三聯，2001），頁 319-332；錢穆，〈雜論唐代古文運動〉，收入氏著《中國學術思想史論叢（四）》（台北：聯經，1995 年錢賓四先生全集本），頁 21-90；勞思光，《中國哲學史》，頁 22-36；余英時，《中國近世宗教倫理與商人精神》（台北：聯經，1987），頁 43-54；陳弱水，〈柳宗元與中唐儒家復興〉，《唐代文士與中國思想的轉型》，頁 246-289。

看他們如何討論這個課題，在思想上又有什麼樣的時代限制，由此重估其在理學思想史上的意義。

「性與天道」思想在北宋理學中是個核心的觀念，且兩者常不分言。但在中唐儒家的思想裏頭，我們可能更需要留意這兩個概念的離合關係。天道作爲一個討論的焦點，是否已和心性論的探索建立起了觀念上的聯繫？中唐儒家在宇宙論上的思考深度，以及對於人性的看法是否足以促成北宋理學「性與天道」思想發展的契機？以上的疑問將是本章所要解決的幾個主題。第一節所要檢討的是韓愈、柳宗元（773-819）和劉禹錫（772-842）在這兩方面的基本觀點和態度爲何，探索他們在這個課題上與北宋理學家之間所存在的思想差距。第二節則主要圍繞李翱〈復性書〉的思想和《論語筆解》的相關問題。由於這兩篇思想史料的內涵及成書背景較爲複雜，故別爲一節來處理，主要是檢視李翱在「性」及「天道」兩方面的思想特質，以及接續討論在前一節中尚未完結的韓愈思想之餘蘊。第三節則作爲前兩節的結論，總體說明中唐儒家一般的心性思想與宇宙思維。

第一節　韓愈、柳宗元和劉禹錫於「天人關係」問題的論爭及人性論的思考

在中唐儒家復興的大潮流中，最廣爲人們所熟知的是「古文運動」。而且事實上，古文的創作和倡議也構成了中唐儒家復興的中堅力量。因此學界對當時重要的儒家學者，給予

較多文學思想方面的注意和書寫。但在抽掉了文學的因素之後，其他思想方面的評述則略顯不足。一些中國思想史或哲學史的著作，集中在討論韓愈和李翱作爲理學先行者的意義，而多少忽略了同時代的其他士人。[2]柳宗元和劉禹錫便是兩個鮮明的例子。他們並不常出現在討論哲學或思想的著作中，即便受到注意，也集中在分析他們「天人關係」的一系列論辯，解釋上更有待商榷。[3]爲了概略呈現韓、柳、劉三人的思想面貌，以便進一步的討論，我們可以藉由這次的論辯引伸出思想上的相關討論。

　　這場論辯是由韓愈所引發的，但深刻討論到天人之際與宇宙性質的，則是柳、劉二人。首先要說明的是，這次「天人關係」的論辯有一個思想上的背景，即隱含著對傳統「天

---

2 馮友蘭和勞思光兩人的《中國哲學史》都只提到韓、李，且將其視爲理學發生的初萌階段，思想上的評價並不高（兩人皆以西方哲學思維的角度評判韓、李的思想，故重李而輕韓，對韓愈則以「文人」視之）。近來葛兆光的《中國思想史》（上海：復旦大學，2001）一書，則從整體士群的角度來看待當時的思想風氣。葛氏的新寫法同樣沒有觸及柳、劉的思想內蘊。參考《中國思想史》，頁111-140。

3 大陸學界有不少研究從「唯物主義」和「無神論」的意識型態出發，來了解柳宗元和劉禹錫在這次論辯中，所呈現的世界觀之基本性質。這可以侯外廬主編的《中國思想通史》（北京：人民，1957-1960）爲代表（參見其第四冊），其他的單篇研究尤多。因爲意識型態的主導，研究成果並不盡理想。另外，最近也有從道家（教）思想的角度切入，探索柳、劉思想所受到的若干影響。如張成權，《道家與中國哲學》（北京：人民，2004）隋唐五代卷，即專闢一章來論述道家（教）思想對兩人「天道」觀的影響，其討論的焦點也放在這次的論辯上。深入研究柳宗元和劉禹錫思想的著作不多，較重要的有：Jo-shui Chen, *Liu Tsung-yuan and Intellectual Change in T'ang China,* P.773-819（Cambridge; New York: Cambridge University Press, 1992）；H. G. Lamont 著，王穎、陶晉生譯，〈第九世紀初期對天的爭辯〉，收入國立編譯館主編，《唐史論文選集》（台北：幼獅文化，1990），頁164-230。

人感應」說的兩種態度。時間可能發生在唐憲宗元和八年
（813），韓愈當時任史館修撰，因修史問題與劉秀才有一番
討論。[4]韓愈的意見寫於〈答劉秀才論史書〉中，大抵認為在
當時的情況下，修史並非易事，頗有不肯任作史之責的想法。
文中甚至有「夫為史者，不有人禍，則有天刑」的說詞。[5]這
次往還的內容引起了子厚的不滿，他以為這種修史的態度並
不妥當，於是寫了〈與韓愈論史官書〉作為回應。文中不免
激動的說：

> 凡鬼神事，渺茫荒惑無可准，明者所不道。退之之智
> 而猶懼於此。今學如退之，辭如退之，好議論如退之，
> 慷慨自謂正直行行焉如退之，猶所云若是，則唐之史
> 述其卒無可托乎？[6]

　　子厚信中所言，絕大部分是針對韓愈的「天刑」之說而
發的。他認為像韓愈這樣的儒者，不應該涉入神祕茫惑的思
維之中。因為在子厚看來，退之對「天」所賦予的超自然想
像，根本是鬼神之塗說。面對子厚的批評，韓愈曾提出辯駁，
但現存的韓愈文集中並未見到這次往來的內容，他的意見和
柳宗元的駁論，一同收錄在《柳宗元集》的〈天說〉文中。

---

4 劉秀才或云即劉軻，字希仁，元和十四年進士，在韓愈的文集中並不
　他見。韓愈的這篇〈答劉秀才論史書〉可能就是這次「天人關係」論
　辯的發起點。關於這次論辯的時間及詳細情況，可參考陳克明，《韓
　愈年譜及詩文繫年》（成都：巴蜀書社，1999），頁 400-401；羅聯添，
　《柳宗元事蹟繫年暨資料類編》（台北：國立編譯館，1981），頁
　139-141；高志忠，《劉禹錫詩文繫年》（南寧：廣西人民，1988），
　頁 67-69。
5 《韓昌黎集‧文集》（台北：河洛圖書，1975，以下省稱《韓昌黎文
　集》）外集卷上，頁 388。
6 《柳宗元集》（北京：中華書局，1979）卷 31，頁 809。

據子厚的記載，退之的說法是：

> 今夫人有疾痛、倦辱、饑寒甚者，因仰而呼天曰：「殘
> 民者昌，佑民者殃」！又仰而呼天曰：「何為使至此
> 極戾也」？若是者，舉不能知天。夫果蓏飲食既壞，
> 蟲生之；人之血氣敗逆壅底，為癰瘍、疣贅、瘻痔，
> 蟲生之。木朽而蝎中，草腐而螢飛，是豈不以壞而後
> 出耶？物壞，蟲由之生；元氣陰陽之壞，人由之生。
> 蟲之生而物益壞，食齧之，攻穴之，蟲之禍物也滋甚。
> 其有能去之者，有功於物者也；繁而息之者，物之讎
> 也。人之壞元氣陰陽也亦滋甚：墾原田，伐山林，鑿
> 泉以井飲，窾墓以送死，而又穴為偃溲，築為牆垣、
> 城郭、臺榭、觀游，疏為川瀆、溝洫、陂池，燧木以
> 燔，革金以鎔，陶甄琢磨，悴然使天地萬物不得其情，
> 倖倖衝衝，攻殘敗撓而未嘗息。其為禍元氣陰陽也，
> 不甚於蟲之所為乎？吾意有能殘斯人，使日薄歲削，
> 禍元氣陰陽者滋少，是則有功於天地者也；繁而息之
> 者，天地之讎也。今夫人舉不能知天，故為是呼且怨
> 也。吾意天聞其呼且怨，則有功者受賞必大矣，其禍
> 焉者受罰亦大矣。子以吾言為何如？[7]

子厚對他的意見頗不以為然，並認為這是他情緒性的反
應，不足為訓。所以作了以下的回覆：

> 子誠有激而為是耶？則信辯且美矣。吾能終其說。彼
> 上而玄者，世謂之天；下而黃者，世謂之地；渾然而
> 中處者，世謂之元氣；寒而暑者，世謂之陰陽。是雖

---

7 《柳宗元集》卷 16，〈天說〉，頁 441-442。

> 大，無異果蓏、癰痔、草木也。假而有能去其攻穴者，
> 是物也，其能有報乎？蕃而息之者，其能有怒乎？天
> 地，大果蓏也；元氣，大癰痔也；陰陽，大草木也，
> 其烏能賞功而罰禍乎？功者自功，禍者自禍，欲望其
> 賞罰者，大謬；呼而怨，欲望其哀且仁者，愈大謬矣。
> 子而信子之仁義以遊其內，生而死爾，烏置存亡得喪
> 於果蓏、癰痔、草木耶？[8]

　　子厚引錄韓愈的文字，對於考察其「天人關係」的思想
有極重要的意義。就退之文章的結論而言，「天」具有賞罰
的功能，可能是「超自然」的主宰。但細繹文脈，其立論的
基本預設卻是「元氣陰陽」的世界觀。萬物生息於氣化的宇
宙間，人是最容易破壞「元氣陰陽」本質的角色，所以天和
人之間產生了一種對立，天人的溝通乃建立在矛盾與衝突的
基礎上。就韓愈世界觀之本質而言，「元氣陰陽」的說法頗
有自然氣化的味道，但結論卻推之於有功賞罪罰作用的
「天」，這也許就如子厚所說的，是「有激而爲」。退之本
身的預設和立論似已略顯窒礙。子厚明白這一點，所以接續
氣化之「天」的預設，「終其說」的推衍出自己的看法。他
的自然氣化說消弭了一切神秘「超自然」的可能，並分離了
天人之間的關係，主張天地萬物皆由氣化而成，其間的一切
活動皆純任自然。

　　子厚〈天說〉一文的陳述，接續引發劉禹錫進一步的補
充和討論。劉禹錫首先寫了〈天論〉三篇回應子厚的說法，
之後子厚還爲這幾篇文章作了〈答劉禹錫天論書〉，結束這

---

8 同上，頁 442-443。

次思想的論辯。夢得三篇〈天論〉的篇幅頗長，這裏先簡單作一介紹。〈天論〉上篇主要是對韓、柳二人發生歧見的解釋，他認爲天人之間存在「交相勝」的關係。天道與人道各有所能，各盡其用，所謂「天之道在生植，其用在強弱。人之道在法制，其用在是非」。[9] 依照上篇的內容，劉禹錫也預設天道只存在自然的本質，而人則能發展出屬於自己的文化秩序，他稱之爲「法」或「法制」。人能「勝天」的基礎也就建立在法制的維持與合理性上。夢得所說的「勝天」，在這裏有兩層涵義。第一是說，人道因爲存有法制的功能，故能在人間形成一個合理的秩序和運作法則，而不須一切聽任自然。所以他說：「人能勝乎天者，法也。法大行，則是爲公是，非爲公非。天下之人，蹈道必賞，違之必罰」。這裏頗類似「人文規範」與「自然活動」之間的劃分。第二層涵義則是承續韓、柳的論辯而來的，他對天道自然的理解接近於子厚，但也認爲韓愈的說法事出有因。那就是當人間「法」的合理機制鬆脫、失序之後，人容易對其賞罰報償的「公平」性產生不信任感，進而求訴於天意。「以一己之窮通。而欲質天之有無」。這也就是夢得所說的「人道駁，故天命之說亦駁焉」。故〈天論〉上篇既贊同了子厚的宇宙觀，也排解了退之一面的講法。

劉禹錫在〈天論〉中篇開頭還以旅人的譬喻作了補充，說明「天無私，故人可務乎勝也」，若「人不宰則歸乎天也」。[10] 這跟上篇的意思仍一脈相承，而且明確表達天道自然的想法，若人文「法制」的功能無法完全展現，那麼一切將歸諸

9　《劉禹錫集》（北京：中華書局，1990）卷 5，〈天論〉上篇，頁 67-69。
10　《劉禹錫集》卷 5，〈天論〉中篇，頁 69-71。

「天」的因素。（這包括了上舉的兩層涵義）天人「交相勝」
的意思更加顯豁。另外，〈天論〉中篇最核心的觀點還在於
夢得提出了自己的宇宙觀。他先以設問的方式說：「若是，
則天之不相乎人也，信矣。古之人曷引天爲」？接著引行舟
爲喻，說明人只有在舟行於江河淮海，「疾徐不可得而知也，
次舍不可得而必也。鳴條之風可以沃日，車蓋之雲可以見怪」
的惡劣遭遇下，才會呼求於天，而這乃是因爲「理昧」的緣
故。夢得所指稱的「理」，即人們對外界自然事物的認識和
理解。由此，他提出對宇宙實質的兩點看法：第一，天地萬
物之間，必然有固定的作用律則和關係理路存在，即「物之
合并，必有數存乎其間焉。數存，然後勢形乎其間焉」。就
文章內容來看，「數」、「勢」所表示的當是普遍存在於宇
宙間那恆常不變的自然理則和相互關係。如其云：「天形恆
圓而色恆青，周回可以度得，晝夜可以表候，非數之存乎？
恆高而不卑，恆動而不已，非勢之乘乎」？照這個脈絡而下，
人自然可以藉著認識宇宙間的「數」、「勢」之「理」，而
充分利用自然。於是夢得又爲天人「交相勝」的內容，加進
了第三層的涵義，即天人「還相用」的關係。而這些觀察的
結論，也使夢得對自然宇宙的理解，比子厚還要深一層的透
悉到其間的規律法則和天（自然）人互動。第二，劉禹錫不
僅主張「有形」之物不能逃乎數，必有勢形於其間，更認爲
「無形」者同樣不離於「數」、「勢」。他指出，「無形」
之「爲體也不妨乎物，而爲用也恆資乎有，必依於物而後形
焉」，它可說是「形之希微者」。所以「無形」，只可說是
「無常形」，無法由視覺去直接感受，但仍能「以智而視」。
從他所舉的例子來看，頗類似今日物理學的原理。

　　〈天論〉下篇的文字極少，主要是對中篇的補述和總結。他說：「大凡入乎數者，由小而推大必合，由人而推天亦合。以理揆之，萬物一貫也」。[11]這是對宇宙萬象（包括「有形」與「無形」）皆可以「數」之理推得的再次認肯。另外，又提到人「爲知最大，能執人理，與天交勝，用天之利，立人之紀」。這也是對天人「交相勝」的第三層涵義的重覆說明。經此簡要的分析，可知劉禹錫〈天論〉三篇的義涵頗爲豐富，他不僅敍述了天道自然的原理，也深入的辨析了天人之際的關係。

　　最後，柳宗元作〈答劉禹錫天論書〉以爲回應。他認爲夢得所論，「其歸要曰：非天預乎人也」。[12]故以爲〈天論〉實際上只是〈天說〉之「傳疏」，兩人在天道之基本性質的認定上並無不同。〈書〉中其他的內容，似有誤解夢得立論之嫌，此不具論。

　　以上藉著元和八年這次「天人關係」的論辯，分別展示了韓、柳、劉三個人對「天道」的不同看法。但目前的分析只能說是暫時的理解，我們接下來將結合三人的其他詩文，做進一步的考辨。爲了論述的方便，先由柳宗元說起。

（一）柳宗元

　　柳宗元對天道自然的觀點執之甚堅，而他對宇宙本質的認識則可能離不開陰陽氣化之說。在〈天說〉中，他已表示贊同韓愈「元氣陰陽」的世界觀，而且說到：「天地，大果蓏也；元氣，大癰痔也；陰陽，大草木也」。似乎整個世界

11　《劉禹錫集》卷 5，〈天論〉下篇，頁 72-73。
12　《柳宗元集》卷 31，頁 816。

皆為一氣之所化，沒有本質上的不同。而在〈南嶽彌陀和尚碑并序〉中，他也明白的說：「一氣迴薄茫無窮，其上無初下無終。離而為合蔽而通，始末或異今焉同。虛無混冥道乃融，聖神無跡示教功」。[13]類似的觀點還可以在他的〈天對〉文中找到。〈天對〉是子厚針對屈原在〈天問〉中所發的一系列疑問而作的長篇應答。其中表達的核心觀念之一便是「氣化」說，其云：

> 曶黑□眇，往來屯屯，□昧革化，惟元氣存，而何為焉。合焉者三，一以統同。吁炎吹冷，交錯而功。⋯⋯清溫燠寒，迭出於時。時之丕革，由是而鬥。辟啟以通，茲氣之元。[14]

這裏呈現的也是一氣化成的自然活動。宇宙間依陰陽二氣的運動、作用而造成日夜交迭及四季溫寒的結果。子厚在「合焉者三」下自註道：「穀梁子傳：『獨陰不生，獨陽不生，三合然後生』。王逸以為天、地、人，非也」。這個解釋突顯了經由陰陽二氣的運化和合，然後有生命的蘊育。在〈掩役夫張進骸〉裏也有一句這麼說到：「生死悠悠爾，一氣聚散之」。[15]說明氣之聚散構成生命的生滅，那麼「氣」也作為生命的基本質素。因此，柳宗元的世界觀不僅是「自然」的，而且是「陰陽氣化」的。以氣化思想作為宇宙萬物存在生滅的共通原素的想法，是傳統中國儒、道兩家所共享的基本預設。故就這點而言，子厚並未偏離傳統的思考脈絡。

值得注意的是子厚在「天人關係」的論辯中，照著自然

---

13 《柳宗元集》卷 6，頁 154。
14 《柳宗元集》卷 14，頁 365-372。
15 《柳宗元集》卷 43，頁 1261。

氣化的宇宙思維而引伸出的天人之間的斷裂。子厚非常反對漢代以來流行的「天人感應」說，他認為這將使自然的「天」蒙上神祕妄惑的色彩。韓愈因「天刑」之說而招致的批評已是一例。既然宇宙間只是一個自然氣化的過程，那麼人們何必追求人文之外的價值之源，更毋須在自然的本質外附加神祕怪異的面紗。〈貞符〉是他直接就漢儒的「天人感應」說而提出的批駁。他以為自董仲舒以下，司馬相如、劉向、揚雄、班彪、班固諸人：

> 皆沿襲嗤嗤，推古瑞物以配受命。其言類淫巫瞽史，誑亂後代，不足以知聖人立極之本，顯至德，揚大功，甚失厥趣。[16]

他作〈貞符〉的真正用意在「言唐家正德受命於生人之意」，聖人的「立極之本」顯然不接受任何來自於「天」的神祕合法性，其關注於人間治道的立場非常鮮明。〈時令論〉同樣以批評漢儒為據，仍一再強調這個論點。他說：

> 聖人之道，不窮異以為神，不引天以為高，利於人，備於事，如斯而已矣。觀〈月令〉之說，苟以合五事，配五行，而施其政令，離聖人之道，不亦遠乎？[17]

文中指出，若以〈月令〉作為人間施政行法的指標，將只會遠離政治舉措的實際面。「聖人之為教」，並不在此。故對子厚來說，任何脫離人間秩序之原理原則的思考，都可能迷失了聖人之道。[18]這也許顯示了他在斬絕天人之際的思

---

16 《柳宗元集》卷1，頁30。
17 《柳宗元集》卷3，〈時令論上〉，頁85。
18 正如他在〈斷刑論〉中所說的「務言天而不言人，是惑於道者也」。參見《柳宗元集》卷3，頁90。

維糾葛時，帶著對現實的強烈關懷。[19]另外還有一個最明顯的例子是〈非國語〉的撰作。子厚自言這是一本「小書」，由「六十七篇」文字組成，其內容基本上也可以說是以「除魅」的方式來批判《國語》書中的「誣淫」鬼神之說。[20]他認爲《國語》「好怪妄言」、「推天引神」，以華麗的文辭寄託靈奇怪誕、不合常理的思想，容易使學者「溺其文」而「信其實」，如此便與聖人的人間之道相違悖。[21]所以我們看柳宗元一系列的文章都圍繞著一個不變的觀點，他反對在氣化自然的「天」身上，加進過多的詮釋、渲染或臆想，試圖阻止人間之道與「天」之間的糾纏不清。這也正如他在〈斷刑論下〉所說的：「夫雷霆雪霜者，特一氣耳，非有心於物者也；聖人有心於物者也」。[22]在「天」的範疇內，一切純屬氣化的自然活動，並不對人進行有意識的干擾。反而是人應該在人間的秩序、規範內，效法聖人的「有心於物」，展現實際的作爲。

　　延續這個觀點而來的是，子厚將個人的命途也歸之於「蒼蒼之無信，莫莫之無神」，[23]他說：「命乃天也，非云云者

19　柳宗元的儒道關懷純在人間的秩序上，尤其是政治、社會的規範及其原理原則。詳細的論證見陳弱水，〈柳宗元與中唐儒家復興〉，《唐代文士與中國思想的轉型》，頁 265-266。

20　《柳宗元集》卷 44，〈非國語序〉，頁 1265。關於〈非國語〉的著作緣起，可參考 Jo-shui Chen, *Liu Tsung-yuan and Intellectual Change in T`ang China*, P.138-141；劉三富，〈柳子厚撰著非國語的旨趣〉，《古典文學》7：1（台北：學生，1985），頁 463-486。

21　《柳宗元集》卷 31，〈與呂道州溫論非國語書〉，頁 822-823。

22　《柳宗元集》卷 3，頁 91。

23　《柳宗元集》卷 40，〈祭呂衡州溫文〉，頁 1052-1054。

所制，余又何恨」。[24]另外他還曾經明確表達了「天地無親」的想法。[25]可見情緒的變化，也仍然無法動搖他對自然之「天」的信念。綜合以上所言，柳宗元對天人的劃隔在某個程度上與「天人感應」說是相對立的。不管是在人間秩序上，還是個人的命數上，都呼應了他自然的「天」的觀點。可是就他世界觀的本質而言，「天」、「人」是一氣同構，這跟「天人感應」思想的基本預設竟然也是相通的。足見氣化的世界觀雖構成傳統中國知識分子共通的基本看法，卻可以引伸出多樣貌的天人關係和網絡。這也是本篇論文所要探討的一個重要環節。

　　結束這方面的討論之後，我們可以進一步來分析柳宗元對「人性」問題的看法。按照他氣化的原理，人的形質生死與氣之聚散變化息息相關，而這也直接影響到他理解「性」的方式。他說：「凡天之生物也不類，精麄紛□，賢愚混同，或遠而合，或親而殊」。[26]這裏所用「精麄紛□」的詞語概念，便暗示了人在生命構成時的某種「氣化品質」。這類品質的差異，也就產生了「賢愚混同」。於是，「賢愚」乃意指自然生命所具有的本質和能力，屬於「才性」層次的問題。柳宗元則將它視爲道德品質的依準。〈天爵論〉是柳宗元一篇相當重要的文章，其中便透露了相關的訊息。他提到：

　　　　仁義忠信，先儒名以爲天爵，未之盡也。夫天之貴斯

24　《柳宗元集》卷 30，〈與蕭翰林俛書〉，頁 797-799。

25　這是出現在〈愈膏肓疾賦〉裏的一段話：「余今變禍爲福，易曲成直。寧關天命，在我人力。……誠天地之無親，曷膏肓之能極」？見《柳宗元集》卷 2，頁 67。類似的想法還可參看〈哭張後餘辭〉，《柳宗元集》卷 40，頁 1076-1078。

26　《柳宗元集》卷 40，〈楊氏子承之哀辭并序〉，頁 1081。

人也，則付剛健、純粹於其躬，倬為至靈，大者聖神，其次賢能，所謂貴也。剛健之氣，鍾於人也為志，得之者，運行而可大，悠久而不息，拳拳於得善，孜孜於嗜學，則志者其一端耳。純粹之氣，注於人也為明，得之者，爽達而先覺，鑒照而無隱，眊眊於獨見，淵淵於默識，則明者又其一端耳。明離為天之用，恒久為天之道，舉斯二者，人倫之要盡是焉。故善言天爵者，不必在道德忠信，明與志而已矣。道德之於人，猶陰陽之於天也；仁義忠信，猶春秋冬夏也。舉明離之用，運恒久之道，所以成四時而行陰陽也。宣無隱之明，著不息之志，所以備四美而富道德也。故人有好學不倦而迷其道、撓其志者，明之不至耳；有照物無遺而蕩其性、脫其守者，志之不至耳。明以鑒之，志以取之，役用其道德之本，舒布其五常之質，充之而彌六合，播之而奮百代，聖賢之事也。然則聖賢之異愚也，職此而已。使仲尼之志之明，可得而奪，則庸夫矣；授之於庸夫，則仲尼矣。若乃明之遠邇，志之恒久，庸非天爵之有級哉？故聖人曰：「敏以求之」，明之謂也；「為之不厭」，志之謂也。道德與五常，存乎人者也；克明而有恒，受於天者也。嗚呼！後之學者，盡力於斯所及焉。或曰：「子所謂天付之者，若開府庫焉，量而與之耶」？曰：「否，其各合乎氣者也。莊周言天曰自然，吾取之」。[27]

因為柳宗元在文章中表達了個人非常獨特的觀點，所以

我們取錄了全篇的內容，以便深入討論。他推翻了傳統視道德五常為「天爵」的看法，認為「天爵」不在「道德忠信」，而是在個人氣質上的「明」與「志」。「純粹之氣」表現在人身上，可稱為「明」；「剛健之氣」表現在人身上，則稱為「志」。兩者可以說都是天生之「氣」在人身上的性質展現。這與他生命是由氣聚而成的觀點，也是相吻合的。按照文中的表述，決定一個人是庸夫或者是聖人的關鍵，就在他本身氣質的差異上。子厚便將這種透過「氣」而產生的性質表現的不同，稱為「天爵」。這個理由在於，「氣質」的不同是自然加付於人的，所謂「合乎氣者也」，是一種天生資質的偶然與不平等，故加以「爵」的等級劃分。而子厚在另一方面則認為，道德五常是身為人就應該擁有的基本性質，人與人之間是沒有差別的，故不應當用「天爵」來表示。例如他說「道德之於人，猶陰陽之於天也；仁義忠信，猶春秋冬夏也。舉明離之用，運恒久之道，所以成四時而行陰陽也」。這是利用譬喻的方式表達道德五常，是凡人皆具有的本質，問題只在於如何充分的表現出這些美好的德行特質。「役用其道德之本，舒布其五常之質」說的就是這個道理。所以子厚的意思似乎是，如何改變氣性的不足，以便發揮德性本身，才是學為聖賢的著力處。文章後半所引孔子的例子，也鮮活的呈現出他這樣的看法。倘若孔子失去了「志」、「明」的資質，無法良好的展現道德五常，那他跟一般的庸夫也沒有兩樣；反之，庸夫若有孔子那般的天賦，自然也不再是庸夫，而有聖人之行了。

　　子厚在文章中並沒有很清楚的交待幾個關鍵細節，例如我們不能確定他是否認為道德五常就是「性」，全篇唯有一

句「蕩其性」提及「性」字，意思也不甚明瞭。他對學爲聖
人的問題，似乎也沒有完滿的答案。人雖然都有道德五常的
本質，但受限於生性氣質的侷障，而賢愚有別。那麼庸愚之
人是否都能藉由「敏以求之」、爲學不厭的途徑來改變氣性，
達到成聖的目的，則不見子厚正面的回答。文中大概只透露
了努力學習的必要性，至於是否每個人都可能，或都必要成
就「聖賢之事」，似乎就不那麼重要了。

　　即便如此，以上的討論仍然傳達給我們一個重要的訊
息。即當柳宗元在討論儒家的聖賢之道時，他是由性命氣質
的角度來思考德性問題的。道德五常作爲人的「本質」，只
顯示既生爲人，理論上自然會有同樣的德性素質。而賢愚的
不同及德性表現的差異，則與個人氣質的先天稟賦及後天修
養密切相關。簡單的說，一個人的「氣」，關係著一個人品
性的純粹良善與否。他曾在〈送蕭鍊登第後南歸序〉中說：

> 君子志正而氣一，誠純而分定。未嘗摽出處為二道，
> 判屈伸於異門也。固其本，養其正，如斯而已矣。[28]

　　可見「氣質」之說很難與他在道德修養上的意見分離開
來，甚至更牽涉到他如何去理解聖賢之德。

　　其實，當我們在翻閱柳《集》的時候，可以發現他所討
論的「性」，有許多跟生命的氣形本質相關的意涵。〈宥蝮
蛇文〉是他的一篇極有趣的文章，子厚利用對蝮蛇說話的方
式，抒發自己看待萬物的悲憫之情。在「陰陽」、「造化」
的偶然中，他爲蝮蛇所受氣質形軀的不良而悲憐。並伴作迴
護的說到：「凡汝之爲惡，非樂乎此，緣形役性，不可自止」。

28　《柳宗元集》卷 22，頁 602。

[29]這裏的「性」，不僅很清楚的是在說生命本質，「緣形役性」之語更充分透露一個消息，即氣化成形之後，萬物便有它各自不變的生命性質。那麼柳宗元認爲人有道德五常的「本質」，或許也就是在這個意義上說的吧！

此外，柳宗元對「性」的理解，還有來自佛教方面的影響。他自稱「吾自幼好佛，求其道積三十年」。[30]且屢屢爲佛教思想作辯護。[31]在〈曹溪第六祖賜謚大鑒禪師碑〉中，他曾這樣說：

> 自有生物，則好鬭奪相賊殺，喪其本實，諄乖淫流，莫克返于初。……吾浮圖說後出，推離還源，合所謂生而靜者。……其教人始以性善，終以性善，不假耘鋤，本其靜矣。[32]

此處的曹溪六祖即是慧能，其「性善」之說大抵即主張「明心見性」、「人皆有佛性」。故這裏的「性善」說與儒家在人性、道德上的「善」有所不同，「不假耘鋤」一語可說已給了我們解答。前面提過，子厚把道德五常看作人性的本質，但因每個人有氣質的不同，道德五常的表現並不能完全合乎理想，故有聖賢愚庸之別。於是，後天的努力和學習便成了人生最重要的一件事。所以「不假耘鋤」而「性善」的說法，顯然不能與他在儒家立場所談論的聖賢之道相混淆。儒家道德上的「善」，是需要「耘鋤」的。

29　《柳宗元集》卷 18，頁 497。

30　《柳宗元集》卷 25，〈送巽上人赴中丞叔父召序〉，頁 671。

31　例如，最常被徵引的是他在〈送僧浩初序〉中的一段話，他說：「浮屠誠有不可斥者，往往與《易》、《論語》合，誠樂之，其於性情奭然，不與孔子異道」。見《柳宗元集》卷 25，頁 673。

32　《柳宗元集》卷 6，頁 150。

　　根據以上所論，自然之「天」的信念雖然使柳宗元分離
了天人之間的若干關係，但傳統氣化的世界觀卻仍暗中溝通
了「天」與人的基本性質。這造成子厚無可避免的在生命氣
性的基礎上，來談論如何完善人的道德五常，以及成就聖賢
的問題。且另一方面，也使他對「性」的義涵產生兩種理解
的分歧。然而，這似乎也暗示了子厚的佛教信仰並沒有對他
的世界觀產生決定性的改變，甚至未曾在道德修養及成聖問
題上造成觀念的混淆。如果摒除來自佛教方面的心性觀念，
子厚也仍然有一套對生命氣質之「性」的理解，二者似乎並
行在他的思想之中而不相悖。

（二）劉禹錫

　　考察完柳宗元的思想，接下來我們將試著梳理出劉禹錫
在相同問題上的觀點和態度。劉禹錫和柳宗元在世界觀本質
的看法上，是相當一致的。夢得在〈天論〉中已肯定「天」
的自然性質，甚至還補充敘述了自然原理與人文秩序間交互
影響的方式。他在天人關係的看法上，並不如子厚那麼決絕
斷裂。另外，劉禹錫的世界觀也是一氣化成的。他在〈問大
鈞賦〉中說：

> 圓方相函兮，浩其無垠。窅冥霿闇兮，走三辰以騰振。
> 孰主張是兮，有工其神。迎隨不見兮，強名之曰大
> 鈞。……以不息為體，以日新為道。……陽榮陰悴，
> 生濡死槁，各乘氣化，不以意造。[33]

「各乘氣化，不以意造」一句，可謂簡明扼要的描述了

33　《劉禹錫集》卷 1，頁 1-2。

他對天地萬物的本質看法。所以此世的一切事物皆因氣化的作用而生滅、聚散、變化。他曾說：「乘氣而生，群分彙從，植類曰生，動類曰蟲」。[34]又說：「上下交氣兮，群生異容」。[35]基本上，「氣」也是天人關係的交聚點，這個世界就是個一氣渾淪的過程。於是，夢得仍舊以氣質不均的觀點來看待人物的紛殊。他在〈唐故衡州刺史呂君集紀〉中這麼說到：

> 五行秀氣，得之居多者為俊人。其色溢盪於顏間，其聲發而為文章。天之所與，有物來相。彼由學而致者，如工人染夏，以視羽畎，有生死之殊矣。[36]

特別是說：

> 天以大運生萬物，而以正氣鍾賢人，至和來宅，其德乃具，公實有焉。[37]

賢人也是在「氣質」稟賦上優於一般人的結果，但這裏並未提到聖人。不過他似乎認爲氣質與道德之間存在著一定的關係，所以秉「至和」之氣而生者，才有德性上的保證。在某個程度上來說，劉禹錫也是以氣質的差異來分辨賢愚的，但如何更正確的來理解賢人擁有德性的說法呢？夢得在〈名子說〉中有這樣的意見：

> 忠孝之於人，如食與衣，不可斯須離也。豈俟余勖哉？仁義道德，非訓所及，可勉而企者，故存乎名。[38]

這裏將仁義、忠孝譬喻成像食、衣那般必需的個人德性

---

34 《劉禹錫集》卷5，〈天論下〉，頁72。
35 《劉禹錫集》卷1，〈望賦〉，頁14。
36 《劉禹錫集》卷19，頁234。
37 《劉禹錫集》卷2，〈唐故朝議郎守尙書吏部侍郎上柱國賜紫金魚袋贈司空奚公神道碑〉，頁29。
38 《劉禹錫集》卷20，頁252。

品質，而且又是「可勉而企」者，似乎表示這些德性是外在於人的，而且可能是需要歷經教養學習來獲得的一種品德表現。那麼道德仁義又可以理解為後天陶養的結果。如此一來，便呈現了觀念上的差歧。〈袁州萍鄉縣楊岐山故廣禪師碑〉裏頭有一段話，或可作為我們詮釋上的佐助，其云：

> 天生人而不能使情欲有節，君牧人而不能去威勢以理。至有乘天工之隙以補其化，釋王者之位以遷其人。……（釋教）陰助教化，總持人天。所謂生成之外，別有陶冶；刑政不及，曲為調柔……。[39]

這段話所表達的最核心觀念就是，人天生具有氣質、品性上的缺陷。故其中有「乘天工之隙以補其化」之語。藉此他強調了人間刑政及佛教義理在教化「陶冶」上的功能。循著這個說法，我們可以權宜的理解：劉禹錫一方面認為人因天生的賢愚氣質而有德性的等差；但另方面又肯定利用後天的規範教化，可以使人學習、提升自我在道德上的不足。

其實，除了道德仁義自外而來的觀點之外，劉禹錫和柳宗元都同樣避不開在氣質性命的基礎上來看待賢愚和作道德上的區分。而且，這似乎是個很平常的認知。不過，在〈謁枉山會禪師〉詩中，夢得卻另外這麼說到：

> 色身豈吾寶，慧性非形礙。[40]

這裏透露的是「人皆有佛性」的觀點，並藉此否定天生形質的差異能使眾生在發慧證悟的可能性上有所不同。甚至我們曾經見到過他有「現滅者身，常圓者性」的說法。[41]從

---

39 《劉禹錫集》卷 4，〈袁州萍鄉縣楊岐山故廣禪師碑〉，頁 56-57。
40 《劉禹錫集》卷 23，頁 289。
41 《劉禹錫集》卷 4，〈袁州萍鄉縣楊岐山故廣禪師碑〉，頁 58。

這裏我們仍可以看到，夢得在氣質的層面上講說賢愚道德，但另一面則脫離形質拘限的來理解佛教的真如佛性。這種情形頗類似柳宗元討論「性」的方式。但現在我們所要釐清的是，即使他們深受佛教在心性論上的影響，但在談論道德五常或個人的德性品質時，仍離不開生命實質的「才性」、「氣性」之說。可見儒家想為道德五常注入「性」的詮釋，或在當時想提出儒家自己的「性」論，氣化宇宙思維所造成的氣質性命的概念，便無可避免的會影響到他們在這方面的理解。

正如劉禹錫所說的：「儒以中道御群生，罕言性命，故世衰而寖息」。當他在談論道德品性及賢愚氣質時，就很難將它跟佛教的心性思想放在同一個層面上來理會。所以他才認為道德可學而及，而且不將它視為人內存的本質。[42]但站在韓愈的立場，這就顯得不那麼理所當然。韓愈是在思想理念上較具革命性的開拓者，但在思想內容上卻仍然有他的限制。

（三）韓　愈

在〈天說〉中，韓愈以「元氣陰陽」來解釋天地萬物的本質。同樣的，他在詩中也曾表示過：

> 天行失其度，陰氣來干陽。重雲閉白日，炎燠成寒涼。……且況天地閒，大運自有常。[43]

---

42 劉禹錫在〈袁州萍鄉縣楊岐山故廣禪師碑〉中，不僅說「儒以中道御群生」，又言「素王立中區之教，懋建大中」，純然就以儒家作為建立規範，外塑個人道德的世間教法。在這個層面上，儒家確實對於教化及陶養道德，有積極的功能。但尚未能肯定人皆有成為聖人的本質和可能。

43 《韓昌黎集·韓昌黎詩繫年集釋》卷 1，〈重雲一首李觀疾贈之〉，頁 13。

可見韓愈的世界觀也以陰陽氣化作為本質,只是這裏自然化的說法與〈天說〉一文所交待的,有很大的不同。另外,韓愈在〈原人〉一開頭也說到:

> 形於上者謂之天,形於下者謂之地,命於其兩閒者謂
> 之人。形於上,日月星辰皆天也;形於下,草木山川
> 皆地也;命於其兩閒,夷狄禽獸皆人也。[44]

且不論他這邊詮釋「人」的特殊見解,「形於上」、「形於下」的描述或許也離不開氣化的性質。以此與〈祭董相公文〉中所說的「天高而明,地厚而平,五氣敘行,萬彙順成」[45]並讀,天地萬物之間因著一氣同構而產生的聯繫,是相當明白的。如此一來,柳宗元在〈天說〉中稱韓愈是「有激而然」,便非虛語。

但簡單的以「有激而為」作解釋,可能無法涵蓋韓愈論「天」的複雜性。前引詩中,我們看到他描述了一種氣化流行的自然運動,同樣的,〈天說〉中也看到他藉「元氣陰陽」所引伸出的功罪賞罰。同是一種氣化觀,卻有兩種看似對立的解釋。但這種解釋上的分歧,並非無法調和的。韓愈在〈原鬼〉中不曾否認鬼靈物怪的存在,其原因在於他賦予氣化世界一種相當寬闊的可能性。〈原鬼〉內容提到:

> 漠然無形與聲者,鬼之常也。民有忤於天,有違於民,
> 有爽於物、逆於倫,而感於氣。於是乎鬼有形於形,
> 有憑於聲以應之,而下殃禍焉,皆民之為之也。其既
> 也,又反乎其常。[46]

---

44 《韓昌黎集》卷 1,頁 15。
45 《韓昌黎集》外集卷上,頁 399。
46 《韓昌黎集》卷 1,頁 16。

　　雖然退之在文中說過：「鬼無聲也，無形也，無氣也」。使人無法清楚理解它是什麼樣的存在。但從這段話中仍可以看出，韓愈相信人在天地間的作爲會「感於氣」而造成鬼物的報應。所以正因爲萬化一氣，其間乃存在某種互通感應的聯繫關係。這與漢代以來「天人感應」說的看法是相一致的。或許在韓愈看來，這種氣物之間的感通相應，確實存在著某種必然的律則，甚至可說是一種自然而然的感應道理。

　　韓愈對「天人感應」說的真實看法，並不是我們討論的焦點。而是我們透過以上的分梳，可以了解到他在世界的本質看法上，也是以陰陽氣化作爲基礎的。只是他更傾向於傳統「天人感應」的理解方式。

　　依照〈原人〉的說法，人是受命於天地間之一物，而依「五氣敍行，萬彙順成，交感旁暢，聖賢以生」[47]的見解，人之中同樣因氣聚形質的差異而產生了聖賢愚庸。故歷來在性情闡述上備受批評的〈原性〉，之所以仍將人之「性」劃分出等差，其實存在著必然的思維脈絡。〈原性〉說：

> 性也者，與生俱生也；情也者，接於物而生也。……
> 性之品有上中下三。上焉者，善焉而已矣；中焉者，
> 可導而上下也；下焉者，惡焉而已矣。……上之性就
> 學而易明，下之性畏威而寡罪。是故上者可教，而下
> 者可制也，其品則孔子謂不移也。[48]

　　韓愈〈原性〉一文的著作本意，很顯然的是想爲儒家提供一套自足的性情理論，藉此奪取當時佛、老對「心性」議

---

47 《韓昌黎集》外集卷上，〈祭董相公文〉，頁 399。
48 《韓昌黎集》卷 1，頁 11-13。

題的詮釋權。[49]他對「性」的理解是以其作為「與生俱生」
的一種生命實質。故將「性」大略分為三品的理由，很清楚
的是他早已預設了人在天生的氣化形質上，是不可能相同
的。而且將儒家對「性」的看法解釋得跟「佛性」一樣本來
具足、眾生平等，也不是他作〈原性〉的主要目的。〈原性〉
所要傳達的核心意涵，只是要標舉出儒家也有自己對「性」
的一套說法，那就是以「仁、禮、信、義、智」為「性」。
在儒家內部，這類道德品性被認為是個人天生具有的氣性稟
賦的一部分，所以先天的資質決定了一個人的賢愚，也決定
了一個人的道德品質。我們討論過的柳宗元和劉禹錫無一不
是這麼認為，韓愈同樣不可能脫離這個思維的脈絡。只是柳、
劉不將道德五常直接稱作「性」，而韓愈則在重振儒道之際，
為儒家之「性」作了一次解義。但這個「性」在詮釋上實無
過多的新義。

　　韓愈曾經討論過「性」的文字，收在《文集》中的還有
〈省試顏子不貳過論〉。這是韓愈在貞元九年（793）應吏部
主試的博學宏辭科考時所作，文中主要援引《中庸》的「誠」、
「明」之說來詮釋「性」理。他說：

　　　夫聖人抱誠明之正性，根中庸之至德，苟發諸中形諸
　　　外者，不由思慮，莫匪規矩。不善之心無自入焉，可
　　　擇之行無自加焉。故惟聖人無過……〈中庸〉曰：「自
　　　誠明謂之性，自明誠謂之教」。自誠明者，不勉而中，
　　　不思而得，從容中道，聖人也，無過者也；自明誠者，

---

49 韓愈在〈原性〉文後很明白的提到：「曰：今之言性者異於此，何也？
　曰：今之言者，雜佛老而言也。雜佛老而言也者，奚言而不異」？見
　《韓昌黎集》卷1，頁13。

擇善而固執之者也，不勉則不中，不思則不得，不貳
過者也。[50]

　　這篇文章其實只藉由「誠明」和「明誠」的分別，來說
明聖人與一般人在天性道德上的不同。聖人秉賦「正性」，
道德完美，自然不會有任何的缺失；一般人則需要擇善而行，
黽勉慎思，才不會犯過。所以聖人的「正性」，約是〈原性〉
中所說的「上焉者」，故唯「善焉而已」。而能使其「自明
誠」者，則應當是具有「可導而上下」的中品之性的人。

　　再以〈答侯生問論語書〉中所提到的「聖人踐形之說」
為例。「踐形」是《孟子》書中的觀念，原文是「孟子曰：
形色，天性也。惟聖人，然後可以踐形」。[51]特別的是後面
一句。依照朱熹註本的解釋，即斷句如上。意思就是，一般
人有形體，但不能盡其理，所以無法「踐其形」；唯有聖人
有形體，而又能盡其理，故可以「踐形」。簡單的說就是，
道德修養能達到聖人的境界時，才可說是真正實踐了天所賦
予我們的性命形質。這隱含了人皆可能，而且應該「成聖」
的義涵。但侯生卻認為「賢者不能踐形」，似乎將最後一句
解讀為：只有聖人才可以踐形。這表示他認為聖人的氣質稟
賦並非一般人能及的。韓愈對「賢者」能「踐形」雖作了肯
定，但他也是語帶保留的說：「若『萬物皆備於我』，『反
身而誠』是也」。很顯然是一種假設性的語氣。按照文章的
內容來看，韓愈也只是認為「賢者」因天性資質美好，可稱
得上是聖人的「具體而微」，只要經過「反身而誠」的道德
修養工夫，必然也可以「踐形」。大抵而言，他此處對「賢

---

50 《韓昌黎集》卷 2，頁 72。
51 朱熹，《孟子集註》（台北：藝文，1980）卷 13，頁 15 上。

者」的肯定，不外乎是對「性」中品之人「可導而上下」觀念的反應。[52]

在儒家內部，人皆可以成聖的觀念，是理學興起以後才普遍流行的共識。中唐儒家在討論性命道德及聖賢問題時，由於是從氣質稟賦的角度來思考，所以韓愈即使有〈原性〉之作，「性」之善惡的問題仍然逃不離天性資質的影響。其「性三品」的觀點，至多也只是折衷反應了一個時代的思維方式。

陳寅恪先生在〈論韓愈〉一文中，認為〈中庸〉有利於「溝通儒釋心性抽象之差異」。但要使「抽象之心性與具體之政治社會組織可以融會無礙」，即心性與濟世安民之間能綰合相成，必待退之引出〈大學〉一篇。這種綰合，陳氏以為是「天竺為體，華夏為用」，且以此為後來宋代新儒學之基礎。[53]韓愈是在〈原道〉中引述了〈大學〉的話：

> 古之欲明明德於天下者，先治其國；欲治其國者，先齊其家；欲齊其家者，先修其身；欲修其身者，先正其心；欲正其心者，先誠其意。然則古之所謂正心而誠意者，將以有為也。今也欲治其心，而外天下國家，滅其天常。[54]

最後一句的「欲治其心，而外天下國家，滅其天常」是韓愈的意見，也是他在當時最具突破性的看法。[55]陳寅恪的「天竺為體，華夏為用」說，可能就來自這段將「治心」的

52　《韓昌黎集》遺文，頁 425。
53　陳寅恪，〈論韓愈〉，《金明館叢稿初編》，頁 323。
54　《韓昌黎集》卷 1，頁 9-10。
55　關於韓愈這段話的思想史意義，可參考余英時，《中國近世宗教倫理與商人精神》，頁 43-52。

心性修養與儒家治世之理的結合。但經過我們的考察，韓愈
確實也想爲儒家提出一套心性修養的理論，但由於唐代儒家
在考慮道德五常之「性」時，是在氣質稟賦的基礎上來討論
的。個人的天性或氣化品質，直接影響了善惡賢愚的產生。
也因此，儒家學者從來不敢輕忽道德教育的作用。韓愈對〈大
學〉「正心」、「誠意」的理解，當是針對此而言的。所以
「天竺爲體」一說可能並不那麼恰當。

　　總結以上的討論，中唐幾個儒家學者對世界的基本看
法，都有一種氣化的宇宙思維。他們所論辯的「天人關係」，
實際上是在爲「天」與人間秩序的運作之間，作一種聯繫觀
念上的釐清。柳宗元思想中的「天人斷裂」，只爲了反駁「天」
與人間秩序的運作有所關聯，斬除兩者之間長久存在的神祕
性關係。劉禹錫則爲這種「斷裂」的駁議作了極具建設性的
補充，他指出「天」即使是「自然」的，但人與自然秩序間
的溝通卻不能全盤否絕，反而必須清楚的去認識它。他們兩
人的看法與韓愈對「天人感應」說的依違不明，顯現出對立。
但以陰陽氣化作爲世界本質的觀點，卻是完全相通的。這種
氣化的思維，多少影響到他們對「性」的理解。總的來說，
他們在儒家立場上，都將道德賢愚納入氣質才性的範疇內來
考量。所以道德之「性」與天生的氣質才性緊密相關，聖賢
愚庸也視一個人的資質氣稟而定，在他們的思想中，並不存
在每個人都可以完美道德而成聖的觀念。

　　雖然我們隱約可以觀察到，韓愈等幾個人因一氣同構而
將「性」與「天道」的觀念聯繫起來。但他們在宇宙論上缺
乏堅強的思想資源，陰陽氣化是他們認識世界的基本方式。
其所論之「性」，更落在理學家所謂「氣質之性」的層次。

所以中唐儒家在「性與天道」思想的發展上，與北宋理學家
仍存在不小的差距。

第二節　李翱的〈復性書〉和
《論語筆解》的討論

　　相較於韓愈等人對「性」的一般理解，李翱〈復性書〉
的闡述則有著劃時代的意義。韓愈在〈原性〉中將人的「性」
分為三品，而且明白表示「下焉者，惡焉而已矣」。李翱在
〈復性書〉中的核心觀念之一，則是以人之「性」皆同，凡
人都有「成聖」的可能。〈復性書〉上篇說到：「百姓之性
與聖人之性弗差也」。[56]中篇甚至說：「桀紂之性，猶堯舜
之性也」。按照李翱的解釋，人之性皆同，「其所以不覩其
性者，嗜欲好惡之所昏也，非性之罪也」。由此牽涉到他對
「性」、「情」的說法。「性」、「情」理論的闡發，占了
李翱〈復性書〉大部分的篇幅。其主要大意為：人的本性是
善的，而現實中之所以仍充斥善惡不均的人性表現，是因為
妄邪之「情」障蔽了本然之「性」，使其善「性」無法完全
顯露出來。所以人要進行道德的修養，使「妄情滅息，本性
清明」，這也就是一個「復性」的過程。

　　關於〈復性書〉內容的詳細討論，並不是本文的主要工

---

56 關於李翱〈復性書〉的文字皆引自《李文公集》（台北：台灣商務，
　　1965。四部叢刊本），頁 5-13。以下討論將不另作註明。

作。[57]我們想要了解的是，李翱是在什麼樣的基礎上來論證人性皆同的，以及這是否與他的「天道」思維有相關的聯繫。在〈復性書〉的下篇，李翱曾表示：

> 天地之間，萬物生焉。人之於萬物，一物也。其所以異於禽獸蟲魚者，豈非道德之性乎哉？受一氣而成形，一為物而一為人，得之甚難也。……而不專專於大道，肆其心之所為，則其所以自異於禽獸蟲魚者亡幾矣。昏而不思，其昏也終不明矣。……故吾之終日志於道德，猶懼未及也；彼肆其心之所為者，獨何人耶？

這段文字頗堪尋味。依照這裏的說法，李翱也肯定了一個氣化的宇宙觀，萬物由於受氣不同，其物類形質亦不同。但人作為其間之一物，卻擁有一個共通的性質，以別於其他物類。李翱認為這就是「道德之性」。按〈復性書〉的思維脈絡，此處的「道德之性」是每個人都具足平等的，並不因天生才性氣質的差異而有所不同。李翱這個看法的提出，具有相當的突破性，它可能不單純是出自儒家內部的觀念。[58]

「誠」也是〈復性書〉中的一個重要的觀念。它代表人「復性」之後的一種道德完美的狀態。所以他說：「聖人至誠而已矣」。又云：「誠者，聖人性之也」。聖人之所以為聖人，就因為他們不為妄情所染蔽，所以能很自然的展現出

---

57 對於〈復性書〉的內容和主要觀念的討論，可參考陳弱水，〈〈復性書〉思想淵源再探 —— 漢唐心性觀念史之一章〉，《唐代文士與中國思想的轉型》，頁 290-356。

58 對於可能影響過〈復性書〉之著作的思想來源，研究考察的相關書籍和論文頗多，此不具引。這方面的精闢剖析可參閱陳弱水，〈〈復性書〉思想淵源再探 —— 漢唐心性觀念史之一章〉一文。

本然之善「性」。一般人則需要「閑邪存其誠」的修養過程。〈復性書〉還說：「道也者，至誠也。至誠者，天之道也」。這表示「誠」不僅是道德完美的「聖人」境界，也完全符合了「天之道」的狀態。「誠」顯然成了「天人合一」的接榫觀念。為了說明這點，李翱曾引了〈中庸〉裏頭的一段話：

> 惟天下至誠為能盡其性。能盡其性，則能盡人之性；能盡人之性，則能盡物之性；能盡物之性，則可以贊天地之化育；可以贊天地之化育，則可以與天地參矣。……唯天下至誠為能化。

這段引述的文字也許補充描敘了聖人之「誠」與「天之道」的關係。但仔細考察〈復性書〉的內容，李翱對「性」和「天」兩個觀念的聯繫，並沒有加入自己過多的意見。凡論及天地變化之道的地方，多原封不動的引述《易》和〈中庸〉的原文，或輾轉拼合不同典籍的說法，而他只在文句之後略作說明。所以我們很難清楚剖析〈復性書〉在「天道」觀念上的真實立場。但綜合來說，〈復性書〉仍提供了一個思考的方向，那就是人既受命於天而有「道德之性」，便應該「循其源而反其性」，這即是所謂的「道」。而當人能「復其性」、達「至誠」時，便可以「照天地而無遺」，「成天下之務」。足見〈復性書〉隱含了盡人之「性」即能與「天道」合符不失的想法。

為了更進一步的了解李翱思想的內蘊，我們將參考他在《論語筆解》書中的一些意見，再加以說明。《論語筆解》曾經被認為是一部偽作，不是出自韓、李之手。但韓愈在〈答侯生問論語書〉中曾明白表示自己注解過《論語》，且他的好友張籍（766-830）也在祭文中提及他尚未完成的注釋工

作。[59]作僞說的形成，可能主要源自後世對書名和卷數記載的差異。學界已有不少考證的成果，推斷現今所存的二卷本《論語筆解》當爲韓、李兩人闡發《論語》之作。[60]

透過檢視《筆解》中，韓、李二人對同一條語錄的不同看法，我們可以印證並突顯之前所得到幾點結論。《筆解》在每條引用的語句後，都會先附上古注，而後再加上自己的意見。《筆解》卷上引《論語‧爲政》中孔子自言的「五十而知天命」一句，便先引孔安國注云：「知天命之終始」。接著才是韓、李兩人的解釋：

> 韓曰：天命深微至賾，非原始要終一端而已。仲尼五十學《易》，窮理盡性以至於命，故曰知天命。
>
> 李曰：天命之謂性。《易》者，理性之書也。先儒失其傳，惟孟軻得仲尼之蘊。故〈盡心〉章云：「盡其心所以知性，修性所以知天」。此天命極至之說，諸子罕造其微。[61]

韓愈以爲「知天命」之說，並不是「知天命之終始」這麼簡單而已，他結合孔子學《易》的經驗，提出「窮理盡性」而後能「知天命」看法。孔子學《易》之說當出自《論語‧

---

59 參見《韓昌黎集》遺文，頁 425；《張司業集》（台北：台灣商務，1965。四部叢刊本）卷 7，頁 17 上。

60 相關的研究可參考田中利明，〈韓愈‧李翱の「論語筆解」についての考察〉，《日本中國學會報》第 30 集（1978），頁 87-102；島一，〈韓愈と「論語」〉，《日本中國學會報》第 33 集（1981），頁 58-70；王明蓀，〈論語筆解試探〉，《孔孟學報》第 52 期（1986），頁 193-214；松川健二編，《論語の思想史》（東京：汲古書院，1994）第 1 部第 6 章；查屏球〈韓愈《論語筆解》真偽考〉《文獻》1995 年第 2 期，頁 62-72。

61 《論語筆解》（台北：台灣商務，1983。故宮藏本影印文淵閣本）卷上，頁 3 上-3 下。

述而》：「子曰：加我數年，五十以學《易》，可以無大過矣」。[62]而「窮理盡性以至於命」一句，則見於《周易》的〈說卦〉傳。[63]按退之的解釋，「知天命」當是孔子經由學《易》而窮究性理後，對微奧「天命」的真實理解。雖然這段述說過於簡單，但韓愈確實根據經典將「性」和「天命」的概念聯繫起來，並肯定了《易》理在其間的作用。李翺則不僅更明白的說《易》是「理性之書」，且又引〈中庸〉和《孟子‧盡心》章的話，說明孔子言「性」之理與「天命極至之說」，還是同一個道理。

《筆解》中也引了子貢屢被提及的一段話。這是出自《論語‧公冶長》子貢對孔子學問的描述。他說：「夫子之文章，可得而聞也。夫子之言性與天道，不可得而聞也」。孔安國的解釋是：「性者，人所受以生也。天道者，元亨日新之道。深微，故不可得而聞也」。孔氏似乎認為，「性」和「天道」是兩項深微的學問，所以孔子平時並不對學生闡述相關的說法，子貢自然「不可得而聞」。底下則是韓、李兩人的詮解：

> 韓曰：孔說粗矣，非其精蘊，吾謂性與天道一義也。若解二義，則人受以生何者，不可得聞乎哉。
> 李曰：天命之謂性，是天人相與一也。天亦有性，春仁、夏禮、秋義、冬智是也。人之率性，五常之道是也。蓋門人只知仲尼文章，而少克知仲尼之性與天道合也。非子貢之深蘊，其知天人之性乎。[64]

韓愈的注解並沒有直接探討「性與天道」不可得聞的問

---

62 朱熹，《論語集註》（台北：藝文，1980）卷 4，頁 5 下。
63 《周易正義》（台北：藝文印書館，1989）卷 9，頁 3 上。
64 《論語筆解》卷上，頁 10 下-11 上。

題，卻專就孔安國的說法提出質疑。他明白點出「性與天道
一義」，認為若不知「天」，則人受何以生也將無可理解。
就觀念上來說，韓愈確實延續了「知天命」一條，聯繫「性」
與「天」的看法。但他似乎只說到人受「天命」而生，賦有
人之「性」，此外則別無闡明。我們若參考《筆解》中，他
解〈雍也篇〉的「人之生也直」一條。他直接把「直」當作
「德」字之誤（古書「德」作「悳」），而說「人生稟天地
大德」。那麼韓愈此處「性與天道一義」的說法，其實就是
肯定人受天命而生有「道德之性」。也就是說，退之對「性」
與「天道」關係的理解，只單純表達了人受生而有德性的觀
念，此外則隱晦不明。而孔子能「盡性」以「知天命」，則
意味著聖人擁有至善完美的「道德之性」，故能窮究「深微
至賾」的「天命」，為一般人所不及。將這點結論與他的氣
化性命之說合併來看，沒有絲毫的衝突，而且還可互為補充。
聖人仍然是才性出眾的人，一般人的德性沒有如此高明，自
無法領會天道的深蘊。

　　對比之下，習之的闡述則頗具深義。他的說法是「天人
相與一也」，天道之「性」表現在四季更迭，人之「性」則
發而為道德五常。依照整段文字的脈絡，人不只受「天命」
而生，人「性」的完美還可與「天道」合符，故云「仲尼之
性與天道合」。按〈復性書〉的思想，若人能「復其性」，
即是「至誠」；「誠」也就是「天之道」。所以這裏所說的
「率性」，也就是「復性」。人能率其本性，展現「五常之
道」，其實就與天道運化、四時合序同樣表現了一個完滿之
理。這也是「性與天道合」的真實涵意。這個核心觀念的提
出，基本上已塑造了北宋理學家「性與天道」思想的雛型。

　　《筆解》中尚有一段註解,可作爲闡發李翱思想的佐證。
這是《論語・陽貨》篇裏的兩句話:「子曰:性相近也,習
相遠也。子曰:惟上智與下愚,不移」。韓愈注解這兩句話
的出發點與〈原性〉相同,皆從氣質稟賦的角度切入,故對
人「性」能否改變的問題發生了猶疑。他認爲前一句的「習
相遠」,暗指人「性」可「習而遷」,但又感到和下句「不
移」的看法有矛盾之處。於是他援引《論語・季氏》中「生
而知之,上也;學而知之,次也;困而學之,又其次也;困
而不學,民斯爲下矣」的這段話作爲調和,認爲可與「此篇
二義兼明」。但事實上,韓愈並沒有真正解決人性實質的問
題,這大概與他不敢肯定人皆可以成聖的信念有關。李翱的
詮釋則詳細而明白,其說法多可與〈復性書〉的內容相呼應。
《筆解》載:

> 李曰:窮理盡性以至於命,此性命之說極矣,學者罕
> 明其歸。今二義相戾,當以《易》理明之。「乾道變
> 化,各正性命」。又利貞者,情性也。「一陰一陽之
> 謂道,繼之者善也,成之者性也」。謂人性本相近於
> 靜,及其動感外物,有正有邪。動而正則爲上智,動
> 而邪則爲下愚。寂然不動,則情性兩忘矣。雖聖人有
> 所難知。故仲尼稱顏回「不言如愚,退省其私,亦足
> 以發,回也不愚」。蓋坐忘遺照,不習如愚,在卦爲
> 復天地之心,邈矣。亞聖而下,性習近遠,智愚萬殊,
> 仲尼所以云「困而不學」,「下愚不移」者,皆激勸
> 學者之辭也。若窮理盡性,則非《易》莫能窮焉。[65]

　　此段文字意謂著人性的本質是「靜」的，就這點而言，每個人都是相同的。而只有在人性感物而「動」的時候，才會表現出善惡問題。這段解義的意思大體上與〈復性書〉所說的並沒有不同。李翱最主要還是想突顯出「人性皆同」的看法，並且只要人能各復其性，便即是盡性之聖人。

　　但對於李翱而言，仍有一個未發之覆。他在〈復性書〉中說過，人皆「受一氣而成形」。那麼在中唐儒家的思想預設中，他如何能夠保證人性的氣化品質皆可以是相同的？他肯定百姓之性和聖人之性無有不同的思想基礎何在？在北宋理學家的思想體系裏頭，由於對人性的闡述背後皆有一套宇宙原理的支持，因此我們可以理解人何以本性是善的。但李翱的作品中雖已重新強調儒家「性與天道」的基本主張，卻未曾發展任何具體的宇宙理論，故這個成聖的意識的背後是缺乏有效的「天」之實質意涵的。

　　實際上，中唐儒家討論「人性」實質的問題時，是離不開生命的氣化思維的。「性」被視為個人生命氣化的品質的想法，在儒家士群裏頭是一個相當普遍的看法，這大概也是自漢儒以降流行已久的既定觀念。因此，中唐儒家相信人性有氣稟之差異，而且也沒有足夠的思想動機去推演出修性成聖的意圖。譬如大約在貞元前後，以儒家立場來闡述性命之理的，還有歐陽詹的〈自明誠論〉，以及皇甫湜的〈孟荀言性論〉。[66]他們也想為人性問題試作新的詮釋。皇甫湜為調

---

66 關於兩人作品的寫作時間，以及他們在交遊和思想上，與韓、李的關係，可參考末岡實，〈中唐期における性說の展開と役割 —— 歐陽詹「自明誠論」・皇甫湜「孟荀言性論」を中心として〉，《日本中國學會報》第 34 集（1982），頁 109-121。

和孟、荀兩家之見，把性分爲三品，故依舊有「下愚、中人、上智」的區分。他並認爲「窮理盡性，唯聖人能之」。[67]所以後儒紛紛的言論都沒有辦法解決人性的根本問題，以致使異端之言大作。皇甫湜面對現實的人性差異，只作出調和的說法，並沒有提出新義。倒是歐陽詹在文章中表達了人性雖有先天品質的差異，但「學而知之者」還是可以「自學達誠」的。[68]歐陽詹的論述並非試圖解決人性的根本問題，而是講求教育、學習的重要性。事實上他依舊迴避去探究人性的實質與善惡產生的問題，當然也未曾觸及跟「性與天道」有關的「超越」意識。

第三節　小　結

在這一章中，我們對一向被視爲是北宋理學興起之遠源的中唐儒家作了概要的回溯和分析。從韓愈、柳宗元和劉禹錫三人的思想檢討中，可以發現他們對於「天人之際」的討論，不是由人性的角度來作思考的，爭論的焦點不在心性修養和天道法則的關係，而在人間治道與天道之間複雜糾葛的政治思維問題。柳宗元對於具有超自然色彩的「天」的理念，採取嚴厲的批判態度。所以他思想中的「天」接近自然主義式的觀點，是單純氣化的。也因此，柳宗元認爲傳統儒家對

---

67 皇甫湜，〈孟荀言性論〉，《皇甫持正文集》（台北：台灣商務，1965。四部叢刊本）卷2，頁4下-5下。
68 歐陽詹，〈自明誠論〉，《歐陽行周文集》（台北：台灣商務，1965。四部叢刊本）卷5，頁63上-64上。

於「天」的神聖性詮釋與崇拜是相當荒謬的行為,「天人相應」式的政治類比,造成本該關注人群社會的儒士大夫們忽略了具體的人間事務和責任,反而陷在許多無意義的超自然想像之中。劉禹錫對「天」的看法基本上和柳宗元並無不同,只是強調人文的秩序和活動與天地自然間仍有不可分割的關係,他矯正了柳宗元在天人問題上的絕對分離立場,但很清楚的是他思考的焦點仍放在治道的秩序面上,而未牽涉到人性修養與宇宙問題的討論。韓愈的觀點則呈現較濃厚的天人感應思維,在天地萬物皆由一氣化成的基礎之上,他並不能完全排除感應的存在。因此人間的行事表現和道德活動都可能與「天」之間有某種形式的感通和反應。

　　但上列的這些討論可能只是觀點詮釋上的差異,因為柳宗元和劉禹錫也同意這個世界是一氣同構的,但他們顯然不願意接受任何具有神秘意義的感應和比類的關係。氣化的宇宙觀是中唐儒家相當重要的人性論基礎,因為這種思維直接影響到他們對於「人性」素質的劃分。總的來說,他們在儒家的立場上,將道德品性和才智高下都納入氣質才性的範疇內來考量,所以德性問題也就等於是資質問題。因此,他們不保證人性皆善,更不可能發展出人皆可以成聖的信念,韓愈的「性三品說」就是一個顯明的例證。然而,從柳、劉和韓愈的比較中也可以發現,柳宗元等人接受了佛教心性論的講法,有肯定「性善」的傾向。不過由於佛教所言之「性」是抽象的形上根據,與中國傳統自然氣化的「人性」有相當大的差距,所以無法直接引入儒家內部,而不免產生了兩者並行的現象。柳宗元一方面鼓勵道德教育以改變氣性,提高人性品質,另一方面又依佛教的立場表示「人之性善,不假

耘鋤」，恰巧可以說明其中的兩面性。

中唐儒家思想最具突破性的一環是李翱〈復性書〉的出現。〈復性書〉肯定人皆可以成聖，百姓之性和聖人之性並沒有不同，從儒家立場重揭成聖意識的意義上來看，李翱無疑是北宋理學興起前的孤明先發。而且從〈復性書〉和《論語筆解》的討論中也可以獲得一個事實，李翱為了重振儒家的心性思想，於眾多的儒家典籍中抉發了相關的思想資源，其中更以「性與天道」思想的討論最具思想史意義。在《易傳》、〈中庸〉、〈樂記〉等文字的觸發之下，李翱認為「天命」謂「性」，人性本是善的，故當去其染而復其性。又百姓之性和聖人之性同，天道的性格是「誠」，而聖人之性又是一個「至誠」的境界，因此復性的觀念本身就蘊涵了「性與天道」的思想結構及理想追求。人格、德性的理想就是符合於「天之道」的。

但從另外一個角度看，李翱並未能發展出任何具體的宇宙理論，以此充分說明「性與天道」的實質意涵，這是他的時代限制。因此，當我們說李翱是理學家的先驅時，便不免要考慮到幾個問題：李翱的思想足夠成為促成理學興起的契機嗎？缺少了宇宙理論的支持，後李翱而起的理學家又從何處獲取了相關的思想資源？或者說，理學「性與天道」的思想另有重要的思想淵源？這些疑難都將是我們接下來幾個章節所企圖解答的問題。

第三章　北宋前期的儒家思想

　　北宋立朝初葉的八十年，向被視爲理學興起前的醞釀階段。《宋元學案》卷二〈泰山學案〉黃百家引《黃氏日鈔》云：「宋興八十年，安定胡先生、泰山孫先生、徂徠石先生始以師道明正學，繼而濂、洛興矣。故本朝理學雖至伊、洛而精，實自三先生而始」。[1]宋初三先生作爲理學萌發的近源，因黃震（1213-1280）的這條論說，幾乎已成爲定論。但胡、孫、石三個人並沒有深入心性的議題，在宇宙的思維上更與理學家大異其趣。那麼這項說法的根據何在呢？余英時先生在《朱熹的歷史世界》上卷的〈緒說〉中，引朱熹的話來證明「三先生」爲理學家提供了「推明治道」的典範，而「治道」恰是宋代儒學的中心關懷。[2]從政治文化的角度透析，這段論述是非常精到的。但仍然未對北宋理學「性與天道」思想的來源有所解答。由宋初「古文運動」的儒學轉向談「天道性命」的理學，這種思想的轉變光從儒學史的脈絡來追尋，似乎還是不足夠的。[3]

1　《宋元學案》（台北：世界書局，1991）卷 2，〈泰山學案〉，頁 43。
2　余英時，《朱熹的歷史世界》上卷，〈緒說〉，頁 160-174。
3　余先生大抵將理學看成宋代儒學整體的一個部分，而且是承接宋初「古文運動」及政治改革運動而出現的最後階段。其書中斷定宋代儒學的整體動向是秩序的重建，因此「治道」仍是理學的核心關懷。「天道性命」之學是爲了提供由「內聖」通向「外王」的整體要求而出現的，

　　余先生其實已爲這段論說提供了非常合理的解釋，至少
讓我們清楚的認識到，宋初儒學與理學之間有著一脈相承的
政治關懷。但即便宋代儒學的演變與政治文化密切相關，北
宋理學家的思維方式確實表現出一種特殊性。尤其他們「性
與天道」的思想迥異於同時代的儒者，是個明顯的事實。[4]所
以我們必須追問，在宋初的儒家內部，是否已爲理學的興起
做好了思想上的準備？又若我們放開視野，宋初學術界的三
教融合思想非常盛行，「古文」的呼聲在一開始是相當微弱
的。理學家既有承續宋初儒學而起的重建秩序的企圖，難道
沒有從儒家之外汲取建構「性與天道」思想的相關資源？本
章即要重新檢視北宋初年儒學復興的特質，以及儒家思想的
幾個相關內涵，藉此反思單純從儒學史的角度來探尋理學思
想的淵源和形成過程，是否有充分而足夠的解釋脈絡。如果
沒有，那我們便應當更進一步的試圖找尋影響理學「性與天
道」思想的其他可能。

其圍繞的還是重建秩序的主軸。也因此，理學「性與天道」思想的形
成和淵源，並不是余先生關心的焦點。關於北宋儒學的階段性演變，
錢穆已有類似的說法。參見錢穆的《宋明理學概述》書中，對於「宋
學」的分期討論。

4 張載的弟子范育在爲其師的《正蒙》作序時便承認：「惟夫子之爲此
書也，有六經之所未載，聖人之所不言，或者疑其蓋不必道」。見《張
載集》（台北：里仁，1979），頁 4。程顥也說過：「吾學雖有所授受，
天理二字卻是自家體貼出來」。見《宋元學案》卷 13，〈明道學案上〉，
頁 331。至於周敦頤和邵雍，其學術承自方外者多，更表現出個人的特
色。如馮友蘭便直截地說：「道學家中，引道教之思想入道學者，周
濂溪、邵康節，其尤著者也」。見馮友蘭，《中國哲學史》，頁 820。

第一節 北宋初年的政治環境與儒學復興的關係

《宋史·文苑傳》的序文中說到：

> 自古創業垂統之君，即其一時之好尚，而一代之規
> □，可以豫知矣。藝祖革命，首用文吏而奪武臣之權，
> 宋之尚文，端本乎此。太宗、真宗其在藩邸，已有好
> 學之名，作其即位，彌文日增。自時厥後，子孫相承，
> 上之為人君者，無不典學；下之為人臣者，自宰相以
> 至令錄，無不擢科，海內文士彬彬輩出焉。[5]

這短短的一段敘述，是《宋史》的編撰者對宋代崇文抑
武、獎掖文教之國策的概要說明。從歷史演變的結果來看，
宋初對文教學術的的鼓勵獎崇，確實是儒學復興的一個契
機，也的確是恢復唐末五代以來政治、社會秩序的良策。但
在當時朝廷的政策和一般官員的認知之中，復興儒學卻似乎
不是一個觀念中的課題。

宋初提倡文教，主要還是希望透過文學應舉的途徑，來
獲得文官秩序的體現，這可能是宋初君臣於政治上一致認定
最切合實際的作為。所以政策上提倡文教，或重用文人官僚，
並不表示和崇儒就劃上了等號。宋初君主和朝臣對「右文」
的定義是相對寬廣的。舉宋太宗對圖書的修纂為例，他認為

---

5 《宋史》（台北：鼎文，1980）卷439，〈文苑一〉序言，頁12997。

書籍文獻是「教化之本，治亂之源」，所以其實圖書的搜集和編纂也帶有政治的目的，可視爲他崇揚文教的一環。[6]其中幾部大型的類書，如太平興國二年（977）詔修的《太平御覽》，是一部「雜採經史傳記小說，自天地事物，迄皇帝王霸，分類編次」的總集。[7]同年詔修的《太平廣記》則是「野史小說」的匯編。[8]太平興國七年（982）又開始纂修繼梁昭明太子的《文選》之後，續成的諸家文集的總集《文苑英華》。這一系列的文化作爲，顯然都是在太宗「尚文教」的觀念下展開的，我們並沒有見到儒學被特別提倡的事實。

宋初著名的文學之士徐鉉（917-992）曾在一篇文告中說到：

> 自三五以還，文質迭變，百王之法，六籍渙然。……蓋百家之說，雖其道不同，奉而行之，皆足以致理。[9]

這表現出，在朝臣的一般觀念裏，文治之道可以涵括諸子百家的內容，只要其典籍中有任何適用於治理的主張。約略同時而稍後的田錫（940-1003）是宋初有名的儒者，他在一篇〈試進士策〉中也不得不承認說：

> 化民導俗，本貴儒玄。尚玄以清淨爲宗，尊儒以禮樂爲本。[10]

同樣透露了宋初的文治之風，並不單純是爲了儒學的復

6　苗書梅等點校，《宋會要輯稿》，（開封：河南大學出版社，2000），〈崇儒四〉，頁234。

7　王應麟，《玉海》（上海：江蘇古籍，1990）卷54，頁34下，引《書目》語。

8　同上，卷54，頁34下-35上，〈太平廣記〉條。

9　徐鉉，〈冊秀才文〉一，收入《全宋文》（四川：巴蜀書社，1988-1994）卷20，頁391。

10　田錫，〈試進士策第一道〉，見《全宋文》卷90，頁155。

興而設，它可能涵括了各種符合現實需要的文教理念和治理
方針。所以，即使宋初朝廷的君臣都同意文治的現實功能，
希望藉此來改造政治秩序和變革社會風氣，但所謂「文治」
的內容卻不單單是儒學方面的。甚至可以說，這不只是學術
思想上的問題。前引《宋史‧文苑傳》的那段話中，已認為
「用文吏而奪武臣之權」，也屬於「尚文」的範疇。這就表
示與晚唐五代以來的武蠻失序風氣對立的，即可能被列入「文
治」的一環。宋初的朝臣士大夫中，包括了五代遺留下來的
多數文吏、詞章之士、儒學保存者、甚至於是被招睞的隱士，
他們都可以作為北宋朝廷中推行文治的中堅，也是被歸類為
文士的一群人。因此，儒學復興在宋初頂多只是支相當微弱
的伏流。徐鉉在太平興國五年（980）所作的〈重建宓子賤碑
陰記〉中詠嘆說：「皇宋撫運，書軌大同，人文化成，清靜
為理」。[11] 藉由清靜的治理原則，使人心風氣改善，亦是一
種「人文化成」的工作。田錫在〈答何士宗書〉也提到：

> 今主上以文明之道化四海，良相以清靜之理育萬
> 方……余欲以六經為寰區，以史籍為藩翰，聚諸子為
> 職方之貢，疏眾集為雲夢之游。[12]

　　這不僅道出當時政治上主要以清靜為治的實態，並展現
所謂文明教化之道，可以包羅各種文化上或思想上的資源。
真宗還曾經說出「詞臣，學者宗師也」的話來，顯示宋初「右
文」的政策中，能辭善文之士扮演了主要的角色，而純粹的
儒學者或經學家則相較之下顯得默默無聞。[13]

---

11 徐鉉，《徐騎省集》（台北：台灣商務，1939）卷 28，頁 276。
12 田錫，〈答何士宗書〉，見《全宋文》卷 89，頁 132。
13 李燾，《續資治通鑑長編》（北京：中華書局，1992）卷 71，大中祥

　　前面的討論，已隱約顯露了一個事實，宋初士大夫的政治思想中，儒家治道並不是唯一的信仰。甚至可以說，當政者並非為了弘揚儒學而提倡文治教化，而是儒家的某些主張確實符合了宋初政治上的實用主義，當然也成為「崇文」政策的一環。宋初名臣呂蒙正（946-1011）曾記載了宋太宗的一段話，這是在他太平興國八年（983）所寫的一篇碑銘文章中的內容：

> （宋太宗）謂皇道既以平，華戎又以寧，爾乃凝神太素，端拱穆清。闡希夷之風，詮真如之理。間則披皇墳而稽帝典，奮睿藻以抒宸章，哲王之能事備矣，太平之鴻業成矣。居一日，乃御便殿，謂侍臣曰：「朕嗣位以來，咸秩無文，遍修群祀。金田之列剎崇矣，神仙之靈宇修矣，惟魯之夫子廟堂未加營葺……」。[14]

　　這段文字非常寫實的吐露了宋初朝廷關於三教政策的實質面貌。太祖、太宗的家庭信仰本即是佛教，故對佛學義理及其教化人心的作用本來就相當熟悉，其延續五代十國以降提倡佛教的政策也是非常順理成章的事。另外，宋初政治頗崇尚黃老清靜的治術，前面的幾段引文已有表露，那是朝臣所感染的政治見解。下面再舉幾個例子。宋太宗在至道元年（995）的〈呂端拜相制〉中，就曾指示了一個「體黃老而行

符二年元月，頁 1589。另可參考包弼德（Peter K. Bol）在《斯文》書中的討論，Peter K. Bol, *"This culture of ours"*: *Intellectual Transitions in Tang and Sung China*（Stanford, Calif.: Stanford University Press, 1992），vol.5. 中譯本參閱劉寧譯，《斯文：唐宋思想的轉型》（南京：江蘇人民出版社，2000）。

14 呂蒙正，〈大宋重修兗州文宣王廟碑銘並序〉，見《全宋文》卷 102，頁 345。

化，用致乎無爲」的政治方向。[15]可見宋初國策以清靜理國爲宗，在教化上則務行清靜之化。同時的宰臣李昉（925-996）也說：「天地之德，不宰而功自成；帝王之道，無爲而民自化。範圍易簡而取法，權輿清淨而致理」。[16]這個政治的氛圍一直延續了數朝，一直到仁宗初期，呂夷簡（979-1044）當政時，仍上言：「希夷之域，清靜爲宗，陛下虛中觀妙，執象抱一，無爲而治，不令而行，不曰法道乎」？這也可見當朝的許多士大夫都服膺著道家無爲而化的想法。[17]在這種情形下，宋太宗把對孔子廟堂的注意力放在釋、道之後，自然能夠理解，也證明了崇儒並非宋初君臣的唯一或最重要的關懷。

宋初實用的政治方針相當清楚，凡是對治道有所幫助的，都會儘量優容獎倡。宋太宗就曾對趙普（922-992）等人說過：「浮屠氏之教有裨政治，達者自悟淵微，愚者妄生誣謗，朕於此道，微究宗旨」。[18]佛教不只是他的信仰，還可以是導致政治清平的輔弼。宋真宗在〈崇釋論〉裏也主張「釋氏戒律之書，與周、孔、荀、孟迹異而道同，大指勸人之善，禁人之惡」。[19]佛教教義不只在感化人心，他的戒律也同儒家的綱常倫理一般擁有規範的功能。真宗雖然意在調和三教，但他的確也深知釋教對他的安邦定治有實際的正面幫助。

---

15 《全宋文》卷 73，頁 620。

16 李昉，〈帝堯廟碑記〉，見《全宋文》卷 45，頁 19。

17 有關北宋初年政治上流行黃老治術的情況，可參考張其凡，〈呂端與宋初黃老思想〉，收在《宋史研究論文集》1984 年年會編刊（杭州：浙江人民出版社，1984）。

18 《續資治通鑑長編》卷 24，太平興國八年十月，頁 554。

19 宋真宗〈崇釋論〉的內容，可參閱《續資治通鑑長編》卷 45，咸平二年八月，頁 961-962。

　　同樣的，在宋初的政治觀念中之所以崇尙黃老清靜的治術，也離不開現實的考量。《續資治通鑑長編》卷三十四淳化四年十月丙午條記載了太宗君臣的對話意見：

> 太宗謂蒙正及端曰：「清靜致治，黃老之深旨也。夫萬務自有為以至于無為，無為之道，朕當力行之」。
> 端曰：「國家若行黃老之道以致昇平，其效甚速」。
> 蒙正曰：「老子稱治大國若烹小鮮。夫魚撓之則潰，民撓之則亂」[20]。

　　太宗的話好像是在自勉，而實際上訓示臣僚的意味更大。宋初剛由戰亂離喪的景況中建立起統一的局面，一切清靜從簡，不妄加擾民的政策確爲一個相當務實的方針，也難怪太宗常對臣僚有這樣類似的勉勵。呂端深知箇中要領，故能道出「其效甚速」的話來。呂蒙正的話則反應了宋初政治會採取黃老清靜之策略，實以安定去亂爲主旨。故說宋初君臣是以謹慎求治的態度，來採納或包容各種符合治平之道的理念，或許是較合歷史實情的。

　　但儒學能在北宋這樣的政治環境中逐漸匯爲巨流，脫穎而出，也絕非偶然的。基本上，儒學向來就是傳統政治、社會秩序的核心價值。在宋初的「右文」政策中，儒學對於維繫秩序仍具有較顯著而切實可行的功能，尤其是「規範倫理」層面的種種理念和教化。徐鉉是道教的信仰者，但他認爲身爲士人，便有責任教化和體恤百姓，「爲之立上下之節，正長幼之序」，倘若「闕之則亂」。[21]張詠（946-1015）是宋初具有多面向思想信仰的典型士大夫，擅長於辭賦。他依然肯

---

20 《續資治通鑑長編》卷 34，淳化四年十月，頁 758。
21 徐鉉，《徐騎省集》卷 24，〈出處論〉，頁 241-242。

定儒家對政治社會的重要功能。在〈答友生問文書〉中，他就說到：

> 君臣父子，非文言無以定其分；朝會揖讓，非文言無
> 以格其體；政以正之，非文言無以導其化；樂以和之，
> 非文言無以節其變。咸跡于行事，播為文章。[22]

張詠相當看重文章對當時治道的作用，但他「文治」的內容很顯然包涵了儒家在倫理、政教和禮樂上的種種理想。其主張非常鮮明，卻不是個獨特的例子。田錫也曾表示：「夫人之有文，經緯大道。得其道則持政于教化，失其道則忘返于靡漫」。他所謂的持政教化，即承繼孟、荀、韓、柳等人以文「激揚教義」，使人心歸於純正的路徑。[23]前文曾提到過，田錫認為「化民導俗」可有「尚玄」的「清淨」之術，或「尊儒」的「禮樂」之教，他並不專以儒家為重。而田錫對儒家內涵的看重，則來自於儒家之禮樂具有教化上的積極性。

其實黃老的清淨治術，也具有風俗改善的作用。其理念的基礎來自於人本來具有純樸的本性，只因長時間的人世紛亂，貪瀆、鬥惡交爭，使人性逐漸腐化敗壞，社會秩序才更動盪不休。所以黃老清淨的做法，只是不再去擾亂人心，使每個人都能恢復純樸的本性。借用北宋初年宋鸞在〈道德經篇章玄頌序〉中所說一段話：

> 伏聞淳樸之性，本乎自然；機智之源，生于習作。乃
> 知結繩闡化，可行于太古之時；染素興悲，漸變于中
> 和之氣。[24]

---

22 《全宋文》卷 107，頁 425-426。
23 田錫，〈貽陳季和書〉，見《全宋文》卷 88，頁 121。
24 《全宋文》卷 10，頁 252。

　　這是崇尚道家治術者的信念，也是久亂思安時一個較爲平和而保守的政治觀。宋初君臣之所以信賴黃老清淨的治道，田錫會認爲「化民導俗」，儒玄兼有其功效，可能都以這個觀念作爲基礎。

　　這個討論可以突顯教化觀的不同，也就是清靜治術較傾向於民「自化」，儒家則比較強調當政者主動的教化，特別是把「規範倫理」普及在政治、社會秩序之中。宋初的士大夫之中，即使不是專意提揭儒家治道的人，也都能注意到儒家治道的理念核心。所以，對人間秩序的關切並非宋初儒家獨占的思想特色，只是儒家在秩序規範的維繫安定上，更有一套實際的措施罷了。

　　以宋初首先獨尊儒學、倡導古文的柳開（947-1000）爲例。他認爲他所作的「古文」是載道之文，具有現實的意義，目的是要施行儒家之「道」。在〈與李宗諤秀才書〉中，他就明白的說：「文章之所主，道也」。[25]〈應責〉一文則詳細敘述：

> 古文者，非在辭澀言苦，使人難讀誦之，在于古其理，高其意，隨言短長，應變作制，同古人之行事，是謂古文也。……吾若從世之文也，安可垂教于民哉？[26]

　　可見古文是講求「作制」、「教化」等等功能的，也就是儒家能夠維繫秩序的治世典制和「道德仁義」的教化。以「道德仁義」作爲教化之本，是宋初儒家學者的共同目標。而古文可能就是他們認爲最佳的實現方式。同是宋初的古文家孫何（961-1004）就說：「王化基乎儒學，而治本根于文

---

25 柳開，《河東先生集》（台北：台灣商務，1979）卷9，頁4下。
26 同上，卷1，頁11上。

章」。[27]所以「文之隆淺，繫乎王政之厚薄」。[28]趙湘則在〈本文〉中將「文」的本源歸之於「道」，並逕指「道」即是儒家之倫理綱常。[29]這是從唐代古文運動延續下來的「文以載道」思想，它使詩文蘊涵了一種積極的教化功能。

宋初古文運動的呼聲延續著韓愈的訴求而來，「文」所本的「道」，就是韓愈〈原道〉所提的儒家之道，只是兩者所處的時代脈絡不同罷了。北宋天台山外派的名僧釋智圓（976-1022）也以倡導古文著稱，他的意見同樣反映了宋初古文運動的主流看法，他說：

> 所謂古文者，宗古道而立言，言必明乎古道也。古道者何？聖師仲尼所行之道也。……仁義五常謂之古道也，若將有志于斯文也，必也研幾乎五常之道。……老、莊、揚、墨，棄仁義，廢禮樂，非吾仲尼祖述堯舜、憲章文武之古道也。[30]

智圓認為儒家所行的「道」就是仁義五常之類的道德倫理，古文所要表述的、倡議的也就是以此為內容。可見宋初的古文運動正承繼了韓愈為古文運動所賦予的揭揚道德綱常的精神，意欲以文章教化重建一個政治、社會以至家族的倫理秩序。這個理想在慶曆前後的儒學復興潮流中表露無遺。如孫復（992-1057）的名文〈儒辱〉，即針對佛老對儒家價值的破壞而疾顏厲色的說到：

> 夫君臣、父子、夫婦，人倫之大端也，彼則去君臣之

---

27 孫何，〈上真宗請復設制科〉，見《全宋文》卷 185，頁 160。
28 孫何，〈上楊諫議書〉，見《全宋文》卷 185，頁 174。
29 趙湘，《南陽集》（台北：台灣商務，1975）卷 4，頁 15 下-17 上。
30 釋智圓，《閑居編》（《續藏經》本，第 101 冊）卷 29，〈送庶几序〉，頁 69 上。

禮，絕父子之戚，滅夫婦之義。以之為國則亂矣，以
之使人賊作也。儒者不以仁義禮樂為心則已，若以為
心則不得不鳴鼓而攻之乎！[31]

宋初以來的儒家士大夫特重秩序之重整是毫無可疑的，
這是北宋儒學復興的主流。[32]而當時儒家所追求的人文秩序
的完善，其實就是要使人間的倫理綱常、規範合理化。從孫
復的批評中，已可見到他關心的核心問題正是綱常禮教。石
介（1005-1045）在〈辨私〉文中且直謂：「孔子之道，君臣
也，父子也，夫婦也，朋友也，長幼也。……孔子之道，治
人之道也，一日無之，天下必亂」。[33]可見儒家自北宋建國
之後，就一直企圖建立一個人皆具道德仁義，能符合規範倫
理的人間秩序。但是在早期的政治環境裏頭，儒學只是作爲
有益治道的其中一環，專言儒家治道理想的儒者並不多見，
因此像柳開一樣講求所謂「作制」、「教化」的呼聲並不強
烈。然而，仁宗朝儒家復興的潮流其實就是由這樣微弱的呼
聲逐漸匯聚而成的。

從前引的例子中，不管是早期的柳開、趙湘，還是方外
的釋智圓，或者仁宗朝的孫復、石介，都指向一個事實：古
文所提倡的儒家之道是以仁義道德和禮樂秩序作爲核心的。
若借柳開的話來作簡單的區分，前者即儒家的陶冶教化工
作，後者則是儒家落實在人間秩序上的作制規範。今存《石

---

31 孫復，《孫明復小集》（台北：台灣商務，1983。景印文淵閣本四庫
全書），頁 37。
32 關於這一點，余英時先生在《朱熹的歷史世界》上卷的〈緒說〉中，
已有詳細的論證。參閱該書，頁 28-251。
33 石介，《徂徠集》（台北：台灣商務，1983。景印文淵閣本四庫全書）
卷 8，頁 6 下。

徂徠文集》中，收有石介的〈二大典〉一文，裏頭有句話說到：

> 《周禮》、《春秋》，萬世之大典乎……嗚呼，《周禮》明王制，《春秋》明王道，可謂盡矣。[34]

　　倘若也試著爲這段話作一詮解，《周禮》可看成是儒家重建秩序典制的依歸，這是制度、規範面的事務；而「明王道」的《春秋》則可視爲人間之倫理綱常的表現，藉由理解孔子在《春秋》中的筆削之法，獲得道德五常等等「規範倫理」上的認識。石介既以這兩部典籍作爲儒家之道的根本，從這個角度來理解似乎也恰好符合宋初以來儒學的主流觀念。所以我們看他在〈送趙先生書〉中，對古文所載之道的堅持，也不外乎「本於教化仁義，根於禮樂刑政，而後爲之辭」。[35]足見「立法作制」和「道德教化」確乎爲宋初儒家古文運動潮流中最核心的兩個基調。

　　此外，在《宋元學案》的〈安定學案〉中，也記載了一段相當有名的問答，這是宋神宗與胡瑗（993-1059）高弟劉彝的對話。從劉彝的歸納中，我們可以窺見胡瑗也是處在同一個主流觀念之中的。茲先引錄於下：

> 神宗問曰：「胡瑗與王安石孰優」？對曰：「臣師胡瑗以道德仁義教東南諸生時，王安石方在場屋中修進士業。臣聞聖人之道，有體、有用、有文。君臣父子，仁義禮樂，歷世不可變者，其體也。《詩》、《書》、史傳子集，垂法後世者，其文也。舉而措之天下，能潤澤斯民，歸于皇極者，其用也。國家累朝取士，不

34　《徂徠集》卷7，頁3上-3下。
35　《徂徠集》卷12，頁9下。

以體用為本，而尚聲律浮華之詞，是以風俗偷薄。……
今學者明夫聖人體用，以為政教之本，皆臣師之功，
非安石比也」。[36]

　　這裏將「聖人之道」區分為「體」、「用」、「文」三
者。「體」是萬世不變的道德價值及綱常倫理；「用」則顯
然是「體」之用，應當是能推展仁義禮樂於天下斯民的治道，
其最終則歸於「皇極」；「文」是足供後世取法的傳統經典，
依照劉彝的意見，其中囊括了經、史、子、集四部之書。但
據「國家累朝取士，不以體用為本，而尚聲律浮華之詞」的
批評看來，其必然只限於符合儒家之道的內容。此外，依照
前述古文運動的觀點，胡瑗學術的「體」，或即是仁義道德
與治世典制的理念價值。我們看引文的最後一句就明白表
達：「明夫聖人體用，以為政教之本」。劉彝也解釋過「君
臣父子，仁義禮樂」就是胡瑗的學術之「體」。那麼由「體」
而發的「用」，毫無疑問的就是指政、教兩方面理想的實踐
和舉措。明白一點的說，即可解釋作治世典制的落實和教化
之推行。

　　胡瑗在門弟子所輯的《洪範口義》中，曾對「皇極」一
詞有如下的說法，他說：

皇，大；極，中也。言聖人之治天下，建立萬事，當
用大中之道。所謂道者何哉？即無偏、無黨、無及、
無側、無有作好，遵王之道；無有作惡，遵王之路是
也。……而使民無傾危之過者，皇極之義也。故一門
之內得其中，則父義、母慈、子孝、兄友、弟恭；朝

---

36 《宋元學案》卷1，〈安定學案〉，頁17。

廷之內得其中，則君義、臣忠、四海無□朋之人；一
鄉一黨則無遺親，此皇極之道行也。[37]

　　胡瑗所說的「皇極」之義，乃具有倫理五常和人間治道
的普遍意義，它既是儒家政教的原則，也是施之於一切行事、
規範的最佳狀態。正所謂「欲極天地之彝倫，治國家之大法，
而將登太平之域者，惟用皇極而後可」。[38]顯然作爲「大中
之道」的「皇極」，是綰合儒學之「體」、「用」的中心概
念，而它的內涵也相當清楚的指向兩個主脈：仁義道德之「規
範倫理」，以及禮樂典制的治世法則。

　　因此，若仔細回顧宋初以來儒家復興的主流，它關切的
既是人間秩序的整頓，其中的主調更離不開仁義道德的教化
及禮樂制度的建立。這是宋初儒學一開始就爲人所共認的主
要功能，包括許多非純粹依儒學處世的士大夫，都是因此而
肯定儒家的治世之道。在這樣的氛圍之下，儒家不僅有強烈
的人間性格，而且所追求的古文之道，必然以仁義道德的教
化及政治、社會制度的落實爲主要內容，或者說，這是他們
唯一認爲符合孔子之道的儒家內涵。

第二節　北宋前期儒家士大夫的 「天人關係」思想

　　延續前一節的討論，我們進一步將要探索一個研究北宋

---

37 胡瑗，《洪範口義》（台北：台灣商務，1983。景印文淵閣本四庫全
　　書）卷上，頁7。
38 《洪範口義》卷下，頁11。

儒學的演變都會遇到的難題，即理學家的宇宙思維既關係著人間秩序，卻又不同於一般儒者對天道的觀察和解釋。在這一節裏頭，我們暫且不深入分析理學家的宇宙思維特質的問題，先循著宋初儒學發展的脈絡來考索，前理學時期的儒學如何詮釋天道，又用什麼樣的方式對「天人合一」的概念提出解說。

　　從前面的論述中，我們獲得了一個簡單的結論，宋初儒學關切的是人間秩序的問題，它一直以推行治道作為實踐的場域。所以宋初天人關係的思考，也一向圍繞在以政教秩序效法天道常軌的觀念上。田錫作〈天機論〉，發明的是天有「賞機」、「罰機」的作用，要為人君者恭勤於政，以德治天下。[39]夏竦（985-1051）也表示過王者當法天順人，如此才能使無民怨，和氣應天。這就是所謂的「法天之道也」。[40]陳充（944-1013）在景德三年〈上真宗乞恭勤守治〉書中，引《周易》「天行健，君子以自強不息」的話來表達「聖人之道，宜取法上天」的想法，希望真宗在政治上能「勤而不息」使「政教克舉，華夏以寧」。[41]所以當時對天人關係的解說，確實是與政治秩序直接相關的。

　　但在天道與人間秩序之間，宋初的儒者仍然保有一種審慎的態度。這類態度透露了儒家士大夫缺乏對宇宙探討的興趣，以及刻意在現實的人間治道與虛渺難測的天道之間保持著距離。張景（971-1019）在討論《尚書》中的〈洪範篇〉時，曾說：「夫〈洪範〉九疇，其始也言五行之常性，其中

39　《全宋文》卷 91，頁 165-166。
40　夏竦，〈順時令策〉，見《全宋文》卷 345，頁 47。
41　《全宋文》卷 101，頁 316。

也言政教之常道，其末也言五福六極之常理。學者宜先通政教之得失，則五福六極各知其所自矣。……政教者，本也；災異者，末也，學本而不學末斯可矣，學末而不學本不可也」。[42]可見即使他不否認「天人感應」以降福禍，卻難免要提醒學者應當把研讀〈洪範〉的注意力放在政教事務上，而不是汲汲地去探知天道災異的實質。

李清臣（1032-1102）曾著有〈易論〉三篇，其中在〈易論〉的上篇也專就《易》理的天人關係思維表達了疑慮。他認爲談《易》時切勿迷溺於象數，過於涉足天道問題。因爲既然天道難以窺知，所以專研它只是徒增紛擾，不如只究人事。其云：「夫是非定於目前而難以眩者，人事也；易僞而不可詰者，天道也」。[43]他的這類看法，實際上普遍存在於關心治道的儒家士大夫之間。歐陽修（1007-1072）在〈易童子問〉中便說到：「聖人，人也，知人而已。天地鬼神不可知，故推其跡；人可知者，故直言其情。以人之情而推天地鬼神之跡，無以異也。然則修吾人事而已。人事修，則與天地鬼神合矣」。[44]永叔不管在治經態度上或是所發表的政論裏頭，都依循著人情事理，不喜夸妙誕奇，所以自然不願學者過於深談天地鬼神的變化之跡。[45]他想要將天人關係的焦點放在人事治道問題上的意圖相當明顯。在他編撰的《新五代史·司天考第二》中，也開宗明義的說到：

---

42 張晦之的這段文字收在林之奇，《尚書全解》（台北：台灣商務，1983。景印文淵閣本四庫全書）卷 25，頁 29 上-29 下。

43 《全宋文》卷 1711，頁 702。

44 歐陽修，《歐陽修全集》（北京：中華書局，2001）卷 76，頁 1109。

45 關於歐陽修的治學態度與經學解說的特色，可參考劉子健，《歐陽修的治學與從政》（台北：新文豐，1984），頁 19-46。

自堯、舜、三代以來，莫不稱天以舉事，孔子刪詩、
書不去也。蓋聖人不絕天於人，亦不以天參人。絕天
於人則天道廢，以天參人則人事惑，故常存而不究
也。……易曰：「天道虧盈而益謙，地道變盈而流謙，
鬼神害盈而福謙，人道惡盈而好謙」。此聖人極論天
人之際，最詳而明者也。其於天地鬼神，以不可知為
言；其可知者，人而已。……人事者，天意也。書曰：
「天視自我民視，天聽自我民聽」。未有人心悅於下，
而天意怒於上者；未有人理逆於下，而天道順於上
者。[46]

　　歐陽修雖然守著傳統的說法，以為「不絕天於人」，但
從這段陳述可以明顯的看出他對「天道」之類的問題，是採
取不深論和「不可知」的態度。特別是「常存而不究」一語
更點破他在宇宙論上不願意有所發揮的想法。這個傾向與他
在治《易》時，總歸本於人情事理的表現完全符節。

　　但從歐陽修的發言中，我們確實看到了一個訊息，那就
是儒家「莫不稱天以舉事」的傳統。雖然宋初的儒家以實踐
治道、重整秩序作為第一要務，但從先秦的典籍之中，他們
仍認識到人世間秩序、規範的合理性，必然有一個終極不變
的準則，那便是天道之源。所以如前面所舉的例子，不管是
閱讀〈洪範〉、究研《易》理，還是談論歷史之變遷，追究
天道上的根源似乎是個不變的通則。雖然傾重人文實際的態
度，使他們都認為關注政教才是當務之急，但參究「天人之
際」的思維卻是儒家典籍時常流露的觀念，也是宋代儒者無

---

46 歐陽修，《新五代史》卷 59，〈司天考第二〉，頁 705-706。

可迴避的問題。《續資治通鑑長編》記載著慶曆四年（1044）的一紙詔書云：「儒者通天地人之理，明古今治亂之源，可謂博矣」。[47]歐陽修自己在《崇文總目敘釋‧小學類》中也說到：「儒者究極天地、人神、事物之理，無所不通，故其學有次第，而後大成焉」。[48]可見北宋人對儒者的定義，乃是一個能通究「天人之際」的道理的博通之士。這也顯示了即使宋初儒學指向一個建立人間新秩序的理想，「天道」依舊是一塊不能割裂開來的學術整體的一部分。

然而，北宋早期的儒者並不把太多的心力放在宇宙的思維上，關注天道的表述通常都是從政治思維的角度出發，作一種政權正當性或行政合理性與否的權衡。一般的說法就是承受「天命」或順循「天意」與否的問題。據《續資治通鑑長編》所載，淳化二年宋太宗召近臣問時政得失，當時任樞密直學士的寇準（961-1023）即對曰：「〈洪範〉天人之際，其應若影響。大旱之證，蓋刑有所不平」。[49]寇準根據《尚書‧洪範》中就天道論人事的講法，認為治國的政刑舉措都會聯繫著天地的變化和回應，因此為政之人必當察究天道，審慎人事。這很顯然是「天人感應」的論調。仁宗皇祐三年，時知諫院的包拯（999-1062）也上言：「天之於人，上下相應，故天變於上，則人亂於下，是天人相與之際，甚可畏也」。[50]可見宋初的儒家士大夫對天人關係的看法，都是以一種「天人感應」的政治思維方式表現出來的。

---

47 《續資治通鑑長編》卷 147，慶曆四年三月，頁 3563。
48 《歐陽修全集》卷 124，頁 1884。
49 《續資治通鑑長編》卷 32，淳化二年三月，頁 713-714。
50 《續資治通鑑長編》卷 171，皇祐三年十一月，頁 4118。

前文頻見宋初儒者多從〈洪範〉引伸出「天人相與」的
政治哲學。這是由於〈洪範〉既被視爲儒家政制的理想典範，
自然很容易引發宋初企圖重建人間秩序的儒者鑽研的興趣。
再加上其內容普遍涉及到君王的行爲規範和行政舉措，而這
些道德、事務都必然依循著一個「天道」的法則而運作，因
此「天人相與」的政治觀念就反應在一般儒者的論述中。另
外還有一個明顯的例子，就是宋仁宗不僅精研過《尚書·洪
範》，還曾有御撰的《洪範政鑒》一書。書中推衍了「天人
一體」、「天人之表」的思想，且大量羅列春秋以迄五代歷
朝的種種休徵和咎徵，以使天子、輔臣心存敬畏，奉天脩德。
故其中所講的「五行」、「五事」、「建用皇極」等觀念，
既是治國的「大法」，也涵括了天道的權威及合法性。[51]

儒家在政教層面上所談論的合天人之道，初期還可以胡
旦爲例。他在咸平五年所寫的〈義門記〉中先引《易經》中
「立天之道，曰陰與陽。立地之道，曰柔與剛。立人之道，
曰仁與義」的這段話，接著則主要圍繞在君主「則乎天，法
乎地，理乎人」的政治施爲上。[52]胡旦所依據的是《易經》，
而且並未牽扯到陰陽災異的問題，但他對實際政治活動與理
論思想的強調，則涵蓋了天、地、人三個領域。換言之，《易
經》作爲儒家的重要典籍，它對宋儒的影響就表現在以一種
宇宙整體觀的角度來討論人間的秩序及其合理性。只是宇宙
的實質爲何？如何解釋人間的政教秩序也作爲宇宙整體的一
個部分？這方面的問題似乎不爲其所措心。後來的韓維

---

51 參考宋仁宗御撰，《洪範政鑒》，收在《續修四庫全書》（上海：上
　　海古籍，1995），第 1060 冊。
52 《全宋文》卷 59，頁 279-280。

（1017-1098）也在給司馬光（1019-1086）的信中引〈中庸〉
的話說：

> 《經》曰：「唯至誠為能盡其性。能盡其性，則能盡
> 人之性；能盡人之性，則能盡物之性；能盡物之性，
> 則可以贊天地之化育」。然則位天地，育萬物，蓋聖
> 人得位者之所能也。孔子曰：「予欲無言」。「天何
> 言哉？四時行焉，百物生焉」。此聖人有其道無其位
> 者也。[53]

我們一方面能窺見北宋儒家士大夫對參政施用的熱烈期
盼和理想，另一方面也應該注意到，他們思考的取向及關注
的焦點幾乎是放在現實的人事問題上，至於宇宙思維的興趣
和性命之終極意義的探索，其突破性並不顯著[54]。故所思所
言仍延續著傳統儒家在政治議題上，藉人事施為而對天道所
賦予的價值和權威。〈中庸〉所說的「盡性」而「贊天地之
化育」，也成為得位行道者的權利，而並未從個人道德心性
的本然價值的角度去理解。

這類的思想確實比較接近今日由所謂的政治學的立場所
投射出來的一種宇宙觀，所以可以稱它作「政治天文學」
（Political Astronomy）或「國家占星學」（Judicial Astrology）。
其內容強調的是政治機制的秩序規範和行政法則，所以「天
人感應」或「天人相與」事實上不涉及個人性命的修養和實

---

53 韓維，《南陽集》（台北：台灣商務，1971）卷 30，頁 14 下-15 上。
54 侯道儒的研究也指出了這點，他認為對於北宋初年的儒家士人而言，
　　在引述天人相關的討論時，特定的政治目的和關懷遠比建構一個系統
　　化的宇宙理論還要重要。參見 Douglas Skonicki, "Employing the Right
　　Kind of Men : The Role of Cosmological Argumentation in the Qingli
　　Reforms", *Journal of Song-Yuan Studies* 38（2008），P.39-98.

質，頂多關涉到帝王的德性和爲政者的道德行爲，但這也是
從整個政治規範的角度所作的思考[55]。所以，即使其中有強
烈的「天人合一」的論述，但這種聯繫性和個體心性的實質
似乎關係頗遠。

　　除了由治道的角度出發所關懷的「天人感應」的聯繫之
外，儒者對綱常倫理的強調，通常也離不開援引天道爲說。
上引劉彝解釋說「君臣父子，仁義禮樂，歷世不可變者」。
胡瑗在《洪範口義》中更藉「天人合一」的思維，將人道的
一切價值秩序推源於天道，以天道作爲此「歷世不可變」的
保證。故他說：「上天之定民，固有常道」。[56]可見他認爲
人間的倫理、秩序自有定則，儒家所追尋的完美治道就是能
符應此一「天命」之「常道」。在《周易口義·繫辭》裏頭，
胡瑗說過：

> 易之所起，始於乾坤，故首言天地之道；然天地始判，
> 而萬物之情已在其間。……是故聖人，仰則觀象於
> 天，俯則觀法於地，揆人事之理，盡萬物之情。[57]

　　基本上，這是自然、人文的整體觀，就胡瑗的思想特質
而言，人事之理與理想秩序的建立，都脫離不了按法天道的
過程。故他明說：「聖人法天地之義也」，又言：「聖人既
能法天之生物，順其萬物之情，成其至道之要……天下之人，

55　天人之間的關聯性思考，一直在中國傳統的政治論述中扮演著重要的
　　角色。即便宋代學者對於漢儒的天人感應理論頗有不滿，但在現實政
　　治的應用上，卻未曾廢棄。詳細的討論可參考小島毅，〈宋代天譴論
　　的政治理念〉，收入溝口雄三、小島毅主編，孫歌等譯，《中國的思
　　維世界》（南京：江蘇人民出版社，2006），頁 281-339。
56　《洪範口義》卷上，頁 2。
57　胡瑗，《周易口義·繫辭》（台北：台灣商務，1983。景印文淵閣本
　　四庫全書），頁 14 上。

既親比之，久而不朽，此聖人之道至大者也」。[58]足見「聖
人」為治的定義在能夠知天道之理，並依其標準建立起最合
宜的人間法則和文化秩序。下引胡瑗在《周易口義‧觀》中
的一段話，也能夠加強這個觀念，並了解到何以要稱儒者「通
天地人之理」了。其云：

> 聖人以神道設教而天下服者，此廣明其義也。言下之
> 人，既觀上之道以為法則，而聖人又觀天之道以為法
> 則也。神道者，陰陽不測之謂也。天運，至神之道，
> 生育萬物，春生夏長，秋成冬固，使物皆順其性而不
> 可推測。其用四時之行，無或差忒，聖人法之，亦以
> 至神之道設為仁義之教，以成治天下，使天下之人各
> 安其性而懷其業，不知其所以然而然也。[59]

胡瑗這段解釋是發揮《周易》觀究天道的說法，以人道
秩序當上秉天道，以天道律則作為治道之依歸。故人道法天，
正建立在「上天之定民，固有常道」的基本預設上，他認為
聖人之所以要知天、法天，就是為了奠建人間歷世不可變的
彝倫常秩。這就表示，胡瑗的儒學必然涵括了天道思維，而
且是人間論述的出發點。然而，即使胡瑗的《周易口義》多
援天道來表述人道，但在他的思想中，天道的意涵卻不甚顯
豁。因為他並未真正深入地去究察宇宙的實質，或專意在發
展宇宙論的內涵。所以這或許就可以解釋說，宋初儒者在抒
發個人理想的政治或人間秩序時，雖仍從一個宇宙整體觀的
角度出發，「不絕天於人」，但其核心關懷卻毫無疑問的是
落在實際的人間事務上。這點論斷看似矛盾，卻真實地呈現

---

58 《周易口義‧繫辭》，頁 3 上、10。
59 《周易口義‧觀》，頁 32 下-33 上。

了一個時代的思想傾向。歐陽修也是這個思想背景之下，既言儒者「通天地人之理」、「不絕天於人」，卻又小心翼翼的不願多談天地鬼神的變遷之跡及運化之理的代表性學者。

胡瑗的《易》理解釋比較傾向將天道視為自然的法則，而較少論及天人感應或災異問題，或將其詮釋為「神道設教」的傳統。但天道仍是人間秩序的價值之源，人由觀究天道而獲取安民定制的常道規範的思維依舊不變。人道取象天道只是因為它循其常軌而自然生成，故推證出人道亦當有彝倫定制而百世不變。胡瑗另一高弟徐積（1028-1103）在他的《荀子辯》中也談到：「一陰一陽，天地之常道也。男有室，女有歸，人倫之常道也。君必有民，民必有君，所以為天下也。不然，何以為天下」？[60]這似乎也暗示了宋初儒家確實相信人間秩序自有一個永恆不變的彝倫規範，而它可信的根源就來自於天道。

胡瑗之所以多方表述「天道」，其實與其儒家的治道理想頗有關係，這是儒學轉化過程中，因強烈的政治感而誘發的對傳統典籍的新詮釋。[61]雖然在心性與宇宙論的議題上，胡瑗尚未能有深入的發揮，但他「天人一道」的學術特質卻深刻的成為後來理學家推進「性與天道」的基礎。如《河南程氏遺書》曾記載了一段對話內容，茲引如下：

> 問曰：「人有言：『盡人道謂之仁，盡天道謂之聖。』此語何如」？曰：「此語故無病，然措意未是，安有知人道而不知天道者乎？道一也，豈人道自是人道，

---

60 《宋元學案》（台北：世界書局，1991）卷1，〈泰山學案〉，頁23。

61 相關的論述研究，可參考金中樞，〈宋代學術發展之轉關──胡安定〉，收在氏著《宋代學術思想研究》（台北：幼獅，1989），頁257-333。

天道自是天道？中庸言：『盡己之性，則能盡人之性，能盡人之性，則能盡物之性，能盡物之性，則可以贊天地之化育。』此言可見矣。楊子曰：『通天地人曰儒，通天地而不通人曰伎。』此亦不知道之言。豈有通天地而不通人者哉？如此云通天之文與地之理，雖不能此，何害於儒？天地人只一道也。纔通其一，則餘皆通。如後人解易，言乾天道也，坤地道也，便是亂說。論其體，則天尊地卑；如論其道，豈有異哉」？[62]

這段問答是程頤針對當時人對天、人之道的看法所提出的檢討。據其答話內容，問題的癥結顯然就在於伊川認為天人不異道，只是一個道理，但有些儒者雖然主張要通天人之道，卻仍以天道、人道為不同的範疇，必須一一去理會、貫通。故有分以「盡人道謂之仁，盡天道謂之聖」的講法出現。同樣意思的評述也出現在討論王安石的話題上。同是《遺書》所載的資料，其中提到：

又問：「介甫言『堯行天道以治人，舜行人道以事天』，如何？」曰：「介甫自不識道字。道未始有天人之別，但在天則為天道，在地則為地道，在人則為人道」。[63]

這段話也是收在伊川的語錄裏頭。據其內容所述，安石的說法也有蹈陷天人二道的危險，畢竟他將堯、舜的治道行事分作兩類，似乎也認為天道與人道仍可區別出不一樣的道理。為了證明這點，我們可藉由考索王安石作品中的講法來相互比照。在《臨川先生文集》的卷六十二，有一篇〈郊宗議〉說到：「始而生之者，天道也；成而終之者，人道也」。

62 《二程集·河南程氏遺書》（北京：中華書局，2004）卷 18，頁 182-183。
63 《二程集·河南程氏遺書》卷 22 上，頁 282。

[64]分明是截天人爲二道。此外，他還曾作有〈老子〉一文，裏頭也同樣主張：

> 道有本有末，本者，萬物之所以生也；末者，萬物之
> 所以成也。本者出之自然，故不假乎人之力，而萬物
> 以生也；末者涉乎形器，故待人力而後萬物以成也。[65]

　　介甫此處以「道」作爲宇宙萬物的本源，應該是依據《老子》書中的概念所作的闡發。不過在這之中，他仍然將「道」分爲「本」、「末」兩截。作爲「本」的天道主要在生化萬物，出於自然而不假人力；爲「末」的人道則依自然之生化而成就出人文，屬人爲之創造。這段話顯然也視天人爲二道，實可與〈郊宗議〉互爲發明。[66]

　　然而，王安石對天人關係的看法畢竟較受道家《老子》的影響，天道的自然觀念濃厚，雖仍承儒者「通天地人之理」的傳統，卻很少爲人間治道的規範秩序尋求一個來自於天的恆常依據。他曾表示：「至乎有待於人力而萬物以成，則是聖人之所以不能無言也，無爲也。故昔聖人之在上，而以萬物爲己任者，必制四術焉。四術者，禮樂刑政是也，所以成萬物者也」。[67]可見他認爲禮樂刑政等等的人文制度都是由聖人所創造的，而聖人面對的是自然的狀態，他絲毫不需要

64　王安石，《王安石全集》（台北：河洛圖書，1974）卷 7，頁 57。

65　同上，卷 43，頁 142。

66　又據劉惟永《道德真經集義》卷 10 所引〈丞相新說〉云：「天能生而不能成，地能成而不能治，聖人者出而治之也」。反映出王安石同樣的觀點。收入《中華道藏》第 12 冊，頁 392-393。又可參閱夏長樸，《李覯與王安石研究》（台北：大安出版社，1989），頁 215-224；〈王安石思想與道家的關係〉，收在陳鼓應、馮達文主編，《道家與道教：第二屆國際學術研討會論文集》。

67　《王安石全集》卷 43，頁 142。

援用任何天道上的保證。雖然胡瑗在《周易口義》中也曾表示：「天之變易，則歸乎生成，而自爲常道」，[68]但他對天人二道的聯繫思維顯得相當的慎重，人間的秩序和價值乃根源於天道，是一個重要的基本觀念。可是王安石將天道與人道分付於自然和人文，在理論上自然毋須「法天」，也不必去追究天人一道的理論基礎何在[69]？但對於胡瑗卻不同了，這些都是他該面對的問題。

在這裏我們必須指出一個宋初儒學的強烈取向，即關注的重心幾乎是在一個人文治道的層面，而相對的缺乏了宇宙論上的興趣，對心性之精微議論也相當淡薄。前面所談到的天人關係中，思考的焦點都放在整個人道秩序、規範與天道之間的感應、對照，這代表他們所探索的是整體之人文治道的問題，而不是內求一個與天道聯繫的性命之理的問題。換言之，宋初儒者是由整體的治道來追尋天人二道的關係，而非由個體心性的層面出發。這讓我們想起宋初以降儒學復興潮流中的兩個主調，立法「作制」和道德「教化」。前者毫無疑問的是人間秩序重整的制度面問題，許多儒者從這個角度出發，援引天道而討論了許多倫理綱常的人道價值，並藉此規畫出最理想的制度藍圖。只是因爲人間性的強調，我們看不到宋初儒者在天道問題上有太多的用心和創發。另一方面，道德教化既作爲宋初儒學復興的一個重點，它所呈現的思考取向是否也曾影響了儒家人性論的觀點呢？我們接著就

---

68 《周易口義・發題》，頁 2 上-2 下。

69 正如余英時所言，王安石「似乎並不需要一個包羅萬有的『天道』或『天理』來爲人間秩序的實現作客觀的保證。這一點與他不盲從『天命』有很密切的關係」。見《朱熹的歷史世界》，頁 157。

是要探究這個問題。

第三節　北宋前期儒家士大夫的人性論

　　爲了論述上的方便，首先可以舉釋智圓對宋初儒學的觀察來開啓我們的討論。在釋智圓的文集《閑居編》中，他對儒家的贊揚溢於言表。由佛教僧人的角度肯定儒家的作用，或許便突顯了宋初政治、社會方定，一般人亟欲整頓秩序、重新塑建倫理規範的意圖。智圓在〈法濟院結界記〉中自道：「吾學佛外，讀仲尼書，知禮樂者，其安上治民、移風易俗之本與」？[70]很清楚的表達出他肯定儒家的方面正在世教禮樂的治理與風化上。因此儒家的思想系統在他看來，是屬於外教的。他曾明白的說：「吾學佛以修心，學儒以治身」。[71]而在他所自述的〈中庸子傳〉上篇中，對於這個看法則說得更詳細。其云：

> 夫儒、釋者，言異而理貫也，莫不化民，俾遷善遠惡也。儒者，飾身之教，故謂之外典也；釋者，修心之教，故謂之內典也。惟身與心，則內外別矣。……夫非仲尼之教，則國無以治，家無以寧，身無以安。國不治，家不寧，身不安，釋氏之道何由而行哉？故吾修身以儒，治心以釋，拳拳服膺，罔敢憮慢，猶恐不至于道也，況棄之乎？[72]

---

70 《閑居編》卷 13，頁 47 下。
71 《閑居編》卷 17，頁 53 下。
72 《閑居編》卷 19，頁 55 上-下。

　　這裏所提到的儒家價值不外乎是由個人的「修身」到「寧家」、「治國」的一系列政治、倫理規範。所以智圓在劃分儒、釋兩家思想的基本特質時,特別將儒家歸於「飾身之教」,而不及於佛教的「修心」。此中的分別不單純是方外的一偏之見,還傳達了宋初儒家在道德教化問題上的思維。

　　在〈師韓議〉文中,他讚賞韓愈因「心味五常之道,乃仲尼之徒也」。[73]這個說法由〈送庶幾序〉的幾段話更能表達:

> 夫所謂古文者,宗古道而立言,言必明乎古道也。古道者何?聖師仲尼所行之道也。昔者,仲尼祖述堯舜,憲章文武,六經大備。要其所歸,無越仁義五常也,仁義五常謂之古道也。若將有志于斯文也,必也研幾乎五常之道。[74]

　　智圓對所謂古文、古道的重視,幾乎是以三綱五常的倫理規範作為依歸。他在文集中歷述的關於儒家的言論,讚揚儒道的價值,可以說不出仁義五常在人倫禮秩上的功能。他不僅在〈道德仁藝解〉中批評何晏把道德仁義推之於虛無放蕩而不可體的說法,且再次肯定「道德」的核心內容便是「五常」。[75]〈謝吳寺丞撰閑居編序書〉也說到:「繇是知五常者,其周孔之化源乎」?[76]〈松江重祐和李白姑熟十詠詩序〉更充分高揚儒家的「詩之道本于三百篇也,所以正君臣、明

73　《閑居編》卷 28,頁 68 上。
74　《閑居編》卷 29,頁 69 下。
75　《閑居編》卷 28,頁 68 下。
76　《閑居編》卷 22,頁 60 下。

父子、辨得喪、示邪正而已」。[77]因此釋智圓在標舉儒家的從「飾身」到「寧家」、「治國」之說時，其意義內涵是個人處事上的行事倫理及秩序上的規範法則。儒家的教化，便是使人可以遵行仁義五常等倫理道德規範而處事。此即「君子志在五常，故曰志于道；既志慕之，則據杖而行之，使得其宜，故曰據于德」的真正指謂。[78]若引孟子的話來說，智圓思想中作為教化內容的「五常」，是屬於「外鑠」的，約略在「規範倫理」的層次，而非內在本具的德性。智圓之所以不認為儒家講到了心性內層，和他在這方面的認知也相當有關係。再如他於〈病夫傳〉中也說到：「行五常，正三綱，得人倫之大體，儒有焉」。[79]因此，我們幾乎可以確定，智圓肯定儒家的價值正在倫理規範上的三綱五常，講求的是「規範倫理」的教化，而不涉及心性論上天生內涵的德性價值。

依循著智圓對宋初儒家的歸納看法，我們回過頭來仔細尋繹儒者本身的意見，是否當時儒家關注的道德教化只是一個「規範倫理」層面的問題。田錫有一篇政論似乎符證了這個說法。其〈政教何先論〉中提到：

　　《禮》曰：「教猶寒暑」。謂寒暑違于常，則歲功失矣；教喻失于早，則人性塞矣。《語》曰：「性相近，習相遠」。故君子慎乎始習；矧以五常之教，欲澄清于人性之初乎。……故聖人夕惕若厲，用天之道，而為國之政」。[80]

77　《閑居編》卷 33，頁 75 上。
78　《閑居編》卷 28，頁 68 下。
79　《閑居編》卷 34，頁 76 上。
80　《全宋文》卷 91，頁 162。

　　這篇文章將教化視爲國政之一環，反映出它在宋初儒學重建秩序過程中的重要性。但最重要的一點是，田錫由自然人性的角度出發，認爲人性的本來面貌是清淨澄明的，故云「性相近」，肯定人性具有無限的可塑性。不過，如果後天沒有給予良好的教化，人之性也可能塞閉而染惡，這就是「習相遠」之由來。故田錫此論至少透露了三點訊息：第一，他的自然人性說，並不主性惡或性善，而是認爲天生人性相近，其表現皆有賴教化的陶養引導，故也可善可惡。第二，由他明言「以五常之教，欲澄清于人性之初」，可見他認爲仁義五常的倫理觀念都是需要由後天的教育來形塑規範的，因此更強化了儒家的道德教化對自然人性的重要性，以及他們思考的仁義五常並不是個內在本具的德性價值。第三，在田錫的思想中，德性教化的重要性和急迫性，似乎遠遠大於探討人性本質到底爲何的問題。關於第三點，我們還可以作進一步的申論。

　　考察宋初儒家的一般思想，人性本質的問題並沒成爲關切的焦點。所我們時常可以看到在那些揭舉儒家統緒的文章中，孟子、荀子、揚雄乃至韓、柳等人兼推並尊的情況。當時儒者關心的問題主要還是在治道上，以我們前舉的仁義道德的教化及規範制度的落實爲主要之內容。所以即使上舉諸人的人性觀點相互懸異，由揭揚儒家治道的角度來看，大抵都是儒統中的佼佼者。故考辯人性之實質，針對孟、荀在心性論的歧異作判別的觀念，似乎尙未形成。

　　宋初儒家在人性的看法上，主要有兩個特點，一個是自然人性論，另外就是氣化論的思維。由於宋初儒家的世界觀大概都傾向一個單純的氣化宇宙思維，認爲萬物皆由氣化所

成，故人之性也可以視爲氣化之品質。這和中唐儒家的看法依然相近。以下簡單舉幾個例子。如胡旦認爲：「天地一氣也，萬民一性也，政教一體也。若清若濁者，爲善爲惡者，好仁好義者，固有不同」。[81]劉述也說：「人稟一元之氣，而生所稟有厚薄，故其質有美惡之別焉」。[82]呂陶的〈有性可以爲德論〉也說：「天之生斯人，均是一氣也。而人之有生，何其紛紛而不一乎！或聰明睿智而爲聖，或修慎飭勵而爲賢，或頑冒庸妄而爲愚」。[83]這表示宋初的一般儒家士大夫都認爲，人性天生就有所不同，而且氣稟之厚薄也就導致人性的善惡清濁之別，因此德性、倫理之教化也就成爲非常重要的事。

　　在宋初儒者之間，鮮少將修性關聯到成聖問題上。或者說，當時儒家尚未形成一個修養德性以成聖人的意識。一個較爲清楚的現象是，宋初儒者之所以討論到人性問題，其實背後更關鍵的因素是要強調秩序的和諧需要有教化的基礎。也就是認識到自然人性不可能生來就保證有良好的品德，故而必須加予道德倫理上的教育陶養。這也使得人間秩序能夠在個人德性的完善中取得理想的維繫。

　　宋初的趙湘有幾篇文章，恰好足供我們來印證這個觀念上的問題。他在所作〈薰蕕論〉中提出的看法，與前引數人在人性論上的觀念型態是相同的。他說：

　　　在人之所稟，莫非一氣、莫非一性。言乎其要，則上中下明矣；考乎其微，則賢不肖別矣。……不馨不臭

81　《全宋文》卷 59，頁 281。

82　劉述，〈上五事奏〉，見《全宋文》卷 616，頁 132。

83　《全宋文》卷 1608，頁 390。

之性，猶中人居上下之間，雖不必臭可也，為上智與
下愚不移。[84]

趙湘同樣有一個氣化的宇宙思維，認為人的生命體都是
由氣所化成的，故謂「莫非一氣」。此外，又言「莫非一性」，
這所謂的相同人性是就有別於其他物類之性而說的為人之
性，即「人之異於禽獸」之性。倘若要在人的「一性」中進
一步劃分，則又有上中下三品之性。就趙湘〈薰蕕論〉這篇
的主旨來看，似乎認為人之性有很大部分是由天賦所決定，
不是絕對可以改變的。也就是上智與下愚不移之性，而只有
上下之間的中人能改變其性。這和韓愈的性有三品之義近乎
相同。而就在他的另一篇文章〈正性賦〉中則主張：「性，
天性也，不可以不正。……從而正之，則為仁，為義，為剛
直，為果毅。……反而邪之，為詭，為詐，為淫亂，為錯雜」。
[85]在〈薰蕕論〉天生性品上下不移的定見下，此賦所關照的
應該是中人之性的教化陶養問題。由文中可導為仁義或引入
邪詭的說法來看，趙湘思想中的「性」應該也是不具德性內
容的自然人性，故他所劃分的性品也只有本質上的優劣之分。

宋初許多儒家學者的人性論都是自然人性的主張，故未
曾思考到修性成聖的問題。而且當這個主張和氣化思維結合
之後，引伸出來的人性通常會有性品上的差別。於是宋初儒
者在人性觀點上的最大特點就是強化德性教化的根本基礎。
其思想興趣並不是直接在探究人性的精微。再以李覯為例，
他也接受性三品之說。其〈禮論第四〉云：

賢人之性，中也。揚雄所謂「善惡混」者也。安有仁、

---

84 《全宋文》卷 166，頁 747-748。
85 同上，頁 737-738。

> 義、智、信哉？性之品有三：上智，不學而自能者也，
> 聖人也。下愚，雖學而不能者也，具人之體而已矣。
> 中人者，又可以為三焉：學而得其本者，為賢人，與
> 上智同。學而失其本者，為迷惑，守於中人而已矣。
> 兀然而不學者，為固陋，與下愚同。是則性之品三，
> 而人之類五也。[86]

　　李覯的人性論有自己的獨特說法，但基本上還是在宋初
儒學的大脈絡之中。由於自然人性的思維，李覯也主張人性
有三品之別。但其中只有「中人」有教化改變的可能，因此
中品的三類人才是施教的對象。再者，李覯似乎不認為中品
的賢人之性天生內涵有仁、義、智、信等德性，而必須依靠
後天的教育學習。同篇中就一段對話明白的說明了這點：

> 或曰：「仁義智信，疑若根諸性者也。以吾子之言，
> 必學禮而後能乎」？曰：「聖人者，根諸性者也。賢
> 人者，學禮而後能者也」。[87]

　　嚴格的說來，李覯也把仁義之類的德性視為「外鑠」者，
而並非普遍內涵於人性之中的。所以必須學禮而後能之。因
此如天命謂性之類的說法，李覯切重的就非「天」的這個源
頭，而是後成人為的「修道謂教」的教化這部分。故言「本
乎天謂之命，在乎人謂之性；非聖人則命不行，非教化則性
不成。……導民以學，節民以禮，而性成矣」。[88]因此，可
以歸納出宋初儒者在談論人性的同時，最後是要引伸出德性

86　李覯，《旴江集》（台北：台灣商務，1983。景印文淵閣本四庫全書）
　　卷2，〈禮論第四〉，頁8下。
87　同上，頁7下。
88　《旴江集》卷4，〈刪定易圖序論六〉，頁20下。

教化的課題，而非就性之本源談性命之精微。

　　因關注人文秩序中的教化問題，而專就強化道德規範之必要性來談論「人性」的思想流脈，在李覯之後依然普遍存在於儒家士大夫之間。韓維的〈送滕寺丞之官序〉中提到「人之性，湛然其純，穆然其和，放而不大以學，固亦君子之所歎惜也。玉之璞，必追之琢之而後器可成也；人之性，必脩之發之而後道可入也」。韓維賦予人性「湛然其純」的想法，與前引田錫認為人性生來澄明的觀念相近，都不為人性加賦內在的德性本質。所以顯然重點是主張經由後天的施教，陶化出建全的品德人性。從以上的討論中，我們幾乎可以確定宋初儒家的道德教化理念，帶著比較強烈的普及「規範倫理」的意圖，而很少觸及個人內在德性價值的問題。而且這項普及「規範倫理」的道德教化工作，也同是宋初儒學重建人間秩序的重要基調之一，故也深具政治性。舉孫抃（996-1064）所作的〈辨孟〉為例，其文章內容雖主要在調和傳統的人性說，但歸納出的結論卻主要著眼在施政面上。其云：

> 嗟呼！性之紛亂也久矣。……言乎皆善者，是天下貴於聖；舉乎皆惡者，使人得稔於姦；混而論之者，則止述中賢，而遺其上下。……上聖晚道而達變，中材造形而悟理，下愚執器而不反。達變，故教化有所祖；悟理，故制度有所襲；不反，故刑罰有所施。此忠論之確然。[89]

　　這是將性三品的差別結合著政制教化來講，故問題並非在探究人性之本質，而是認為將人性分為三品最能符合實際

---

89 《全宋文》卷 475，頁 690-691。

的情況，這也是把人性問題歸宿到政治規範面來討論的一個實例。

另外，順便提到〈中庸〉在宋初心性學發展上的一個面向，也可以支持我們以上的推論。《宋史》卷四三一〈儒林‧邢昺傳〉記載著他在景德四年辭朝要回曹州的一段故事。「入辭日……特開龍圖閣，召近臣宴崇和殿。……昺視壁間《尚書‧禮記》圖，指〈中庸篇〉曰：凡為天下國家有九經，因陳其大義，上嘉納之」。[90]這是最早提揭〈中庸〉的儒家史料，但專以「外王」論〈中庸〉，與後來的趨向明顯不同，這顯示作為宋初儒家思想內容之一的〈中庸〉，並不是一開始就被作為闡述心性義理的經典而受到關注的。所以後來像張方平也作有〈中庸論〉數篇，他其中就說到：

> 聖人知天下之性可使同也，故執乎一，以制天下之動，通乎誠，以合萬化之原。……夫是而天下之俗安以和，各復其正，性命之理得矣。……故其穆人倫，移風俗，使民德歸厚，物性合和，其本自乎一人之化而已。是故極性命之說，通天人之際者，中庸之教而已矣。[91]

針對〈中庸〉裏頭闡釋性理的文字，張方平給予的歸納論述並不是在性命問題上作深入的剖析，而是改就如何敦化倫理風俗、使人性歸正的政治措舉來進行議論。其論文的主軸是以聖人之教、君王之化為核心的政治思維。

因此，在我們考索了宋初儒學有關人性議題的討論之後，確實印證了智圓對當時儒家學說的觀察，有相當大的程

---

90 《宋史》卷 431，〈儒林‧邢昺傳〉，頁 12799。
91 《全宋文》卷 816，〈中庸論〉中篇，頁 468-469。

度是符合實情的。宋初儒學所關心的，無非是治道上的現實問題。這是它能夠在宋初獎倡文治，卻又傾向實用主義的政治環境中脫穎而出的重要因素。所以當儒家在討論人性問題時，關切的焦點是面對了什麼樣的人性，以及在治道上採取道德教化和倫理規範的重要性。故智圓單以「世教」視之，且認為它的重要功能是在治世與維護倫理綱常的層面上。另外，我們從前面的討論中也稍稍得知，宋初儒家從自然人性的觀點出發，很少觸及心性內層的問題。也鮮少認為人生來便具備德性本質的看法。所以比較普遍的觀點是，對應著性品差異的自然人性思維，儒家更在意經由道德教化的過程和倫理規範的陶冶制約，使每個人都能盡量符合綱常倫理的軌範，以建立和諧而秩序化的人文世界。所以也大抵符應了智圓的結論：宋初儒家多半訴求的是「規範倫理」的教化陶養，而較少肯定心性內涵有德性價值。所以也僅止於「飾身」之教。

　　歐陽修的意見也可以提供一個互證。歐陽修在北宋「古文運動」的潮流中，扮演了一個非常重要的角色，這不僅是因為他改變了一代的文學形式，更重要的還是他所倡導的「古文」背後的古之「道」，它深蘊了關注治道的時代精神。在明道二年給張棐秀才的書信中，歐陽修曾為儒家之「道」作了如下的定義。他說：

> 君子之於學也務為道，為道必求知古……。其道，周公、孔子、孟軻之徒常履而行之者是也；其文章，則六經所載至今而取信者是也。其道易知而可法，其言易明而可行。……仲尼曰吾好古，敏以求之者。凡此所謂古者，其事乃君臣、上下、禮樂、刑法之事。……

此君子之所學也[92]。

歐陽修心目中的儒家之「道」，即是「君臣、上下、禮樂、刑法之事」。說穿了也就是人間秩序中的各種政制、倫理的內容，注意的同樣是實際治道的問題。因此他著名的〈本論〉認為，儒家若能建立起一個理想的禮義秩序，自然能夠使佛教的勢力消退，所以他思考的方向是發展儒家擅場的治道來壓制佛教的義理和信仰，而不是為儒家建立起自己的心性理論。他在〈答李詡第二書〉中明言「修患世之學者多言性，故常為說曰：夫性，非學者之所急，而聖人之所罕言也」。[93]這點意見可能來自兩個因素：第一、他著眼的是治道上的規範和教育，他以為「君子者，以修身治人為急，而不窮性以為言」。人性的本然是善是惡的討論，在他看來是無意義的先驗課題，因為不管結論如何，並沒有人能自外於後天的修身和學習。第二、歐陽修認為每個人都應該通過禮樂的教化而成善成德，在〈送張唐民歸青州序〉中，他便主張三代賢士之眾多，即由於禮樂完備、興學教民所致。其中說到：「王道備而習俗成，仁義禮樂達於學，考慈友悌達於家，居有教養之漸，進有爵祿之勸，……然則士生其間，其勢不得不至於為善也」[94]。良好德性的確立，在歐陽修看來，非有一個完善的政教禮樂之環境不可，這和他〈本論〉的主張，恰好遙相呼應。所以歐陽修顯然也看重「規範倫理」的教化陶養，而較不願意去考究心性內涵的德性價值問題。〈送祕書丞宋君歸太學序〉即云：「夫生而不溺其智，此蓋其天性。

92　《歐陽修全集》卷 67，〈與張秀才棐第二書〉，頁 978。
93　《歐陽修全集》卷 47，頁 669-670。
94　《歐陽修全集》卷 44，頁 627。

其見焉而不動於中者，由性之明，學之而後至也」。[95]等於已說出他爲何側重「規範倫理」的外鑠教養，而對人性實質的探究和肯定興趣缺缺了。但值得注意的一點是，歐陽修也說到其「患世之學者多言性」，那麼談論個人性命之實質的問題也顯然逐漸有匯爲波瀾之勢。[96]

由宋初儒學演變的脈絡觀察下來，被認爲是開理學之先的宋初三先生之一的胡瑗，在性命之理的闡述上似乎有一定的推進作用。他在《周易口義・乾》中，對人的性情問題有過如下的看法：

> 蓋性者，天生之質，仁、義、禮、智、信，五常之道無不具備，故稟之爲正性。喜、怒、哀、樂、愛、惡、欲七者之來，皆由物誘之于外，則情見于內，故流之爲邪情。唯聖人則能使萬物得其利而不失其正者，是能性其情，不使外物遷之也。然則聖人之情，固有也，所以不爲之邪者，但能以正性制之耳。……聖人有其情則制之以正性，故發于外則爲中和之教，而天下得其利也。小人則反是，故以情而亂其性，以至流惡之深，則一身不保，況欲天下之利。[97]

又《周易口義・繫辭上》也說：「性者，天所稟之性也。……然而元善之氣，受之於人，皆有善性。至明而不昏，至正而不邪，至公而不私」。[98]則胡瑗當認爲人生來所稟之性皆屬善，而且本然內涵了五常之德性，人之所以會爲流於邪惡，

---

95 《歐陽修全集》卷 44，頁 630。
96 余英時先生對宋初性命之理的談論風氣曾有過細密的討論，參考氏著，《朱熹的歷史世界》上冊，頁 67-102。
97 《周易口義・乾》，頁 34 下-35 下。
98 《周易口義・繫辭上》，頁 36 下。

都是由於所發之情產生了欲望和偏失。但胡瑗對「正性」的肯定似乎還是停留在「聖人」身上，並不是每個人都能如此的。他在《周易口義·節》中就說到：「夫人本五常而生，其性有全有偏，唯聖人受性之全，賢人則才智有所偏」。[99]綜合以上的意思可能是說，雖然人在理論上都有五常之善性（此亦所謂人「莫非一性」，乃有別於禽獸之處），但因天賦氣質的不同，其「五常」之性仍有全偏厚薄的差別表現。換句話說，胡瑗即使肯定爲人者皆具有五常德性，但依每個人天生才性、氣稟的不同，德性之品質依然產生了區別。所以我們看他在《周易口義·乾》中便如此說到：

> 性者，天生之質，有剛柔遲速之別也；命者，人所稟受，有貴賤夭壽之等也……至於草木之性，有甘，有苦，有益人者，有害人者，皆天所賦性命之然也。[100]

胡瑗雖對人性問題有所陳述，卻沒有人皆能成聖的保證。他思想中的「性」，仍然落在後來理學家所說的「氣質之性」的層次上，思考尚嫌淺薄。當然更不用說他在心性思想上能對後來的理學家有多大的啓發了。

第四節　小　結

　　從宋初儒家復興的漸進演變而發展出理學思想，長期以來一直是不可挑戰的共識，或許這可以視爲《宋元學案》所提出的一種詮釋「典範」。本章的討論也沒有嘗試去否定這

99　《周易口義·節》，頁 20 上。
100　《周易口義·乾》，頁 16 下。

樣的看法，只是從思想的內在脈絡去重新梳理、剖析，要提醒一個思想史上的問題：承續著儒家的時代精神和核心關懷的理學，其思想資源並不會只拘限在儒學的舊框架中，因為當我們回溯前理學時代的儒學內涵時，就發現了宋初儒家和理學之間，仍然表現出許多思想上的差異。

　　北宋初期的儒家之所以能在朝廷的右文政策中逐漸受到重視，主要正是因為他們對政治和社會秩序的安定，具有相當大的現實功能。仔細回顧宋初以來儒家復興的主流，他們所關注的焦點無非是實際治道的兩個面向：一是人間秩序的制度性重建，就儒家而言，便是禮樂典制的恢復；另外則是倫理規範的道德教育，儒家稱之為仁義五常的教化。這兩個面向的主張，都顯露出儒家強烈的經世性格，也可以算是儒家「外王」之學的範疇。所以毫無可疑的，在宋初的政治氛圍下，儒家所追求的古文之道，必然以人間秩序的整頓為第一義，任何超出人間治道過遠的思想，可能都被排除或置於孔子之道的邊緣地帶。

　　傳統儒家一向重視「天人之際」的問題，在宋初的儒學中也同樣守著「不絕天於人」、「莫不稱天以舉事」的傳統。但宋初的儒家以實踐治道、重整秩序作為第一要務，故對「天」的詮釋相當有限，並不存在建構宇宙論的整體意識。故當時的儒家談論「天人」問題，所表現出來的特色有二：一是對「天人關係」的論述，普遍著眼於政治機制的秩序規範和行政法則是否具有合理性的問題，也就是引據「天」的權威來指導當前的政治和君王道德。一般來說，這類言論中的「天人感應」或「天人相與」思想，並不涉及個人心性的修養和實質的問題，頂多關涉到帝王的德性，但這也是從整個政治

規範的角度所作的思考。所以即使其中有強烈的「天人合一」的觀點，其天人之間的聯繫卻是一種人間治道和天道軌範的比類，而不存在個體心性與天道理則間的「超越」意識。其次，經世性格的濃厚也常使宋初的儒者在天道與人間秩序的思考之間，仍然保有一種審慎的態度。這類態度透露了儒家士大夫缺乏對宇宙探討的興趣，以及刻意在現實的人間治道與虛渺難測的天道之間保持著距離。由於這個緣故，即使宋初的儒家士大夫亦涉及「天人之際」的討論，卻沒有發展出任何具有實質內涵的宇宙思想。如此一來，宋初儒學對理學在宇宙觀上的形塑和建構，其影響可能是比較淺薄的。

此外，北宋前期儒家的人性論也表現出幾個特點。首先是把人性的說法和氣化的宇宙思維結合起來，認為萬物皆由氣化所成，故人之性也可以視為是氣化的品質。這和中唐儒家的看法依然相近。故當時儒家士大夫在人性本質的問題上有各類意見，卻基本上脫不出「氣質之性」的見解。一般而言，最多的意見是人性天生就有所不同，資質氣稟之厚薄直接導致人性的善惡賢愚，因而也就把後天的陶養教化視為德性塑造的關鍵因素。另一方面，宋初儒家的核心關懷是現實的治道問題，強烈的經世性格使儒者多半關注禮樂政教的建立，而不是去探索個人天生內涵的德性價值為何。人性論的思考在這種氛圍下原本就無法獲得良好的發展，再加上強調秩序的和諧需要有教化的基礎，於是德性陶養的重要性和急迫性，似乎遠遠大於探討人性的本質問題。因此，我們幾乎可以確定宋初儒家的道德教化理念，帶著比較強烈的普及「規範倫理」的意圖，而很少觸及個人內在德性之本然的探索和肯定。仁義五常之類的德性被視為是「外鑠」者，而非普遍

內涵於人性之中的，因此必須學禮而後能之。早期儒家如李觀、石介等人都倡導禮樂典制的確立和道德教化的普及，就是把焦點放在「規範倫理」層面的重視。歐陽修的〈本論〉主張以禮義之「本」來戰勝佛教，並拒絕探索心性的問題，也正是同一種思想潮流下的表現。

　　於是，我們可以很清楚的看見，北宋初期的儒家並未在思想內容上爲理學家提供充分的準備。若單純的以爲宋初儒學經過一層深化或轉化，即可產生理學，而未考慮到其他方面的思想來源，那麼理學思想的形成過程便將永遠存在一個充滿猜測的空間了。以下幾章，我們將試圖從道教思想的流脈考察來填補上原有的不足。

第四章　唐中葉以前的道教思想

── 兼論其與佛教思想的交涉

　　前兩章的論述是從儒家這一條線索所作的回顧和分析，大略可以澄清北宋理學形成前，中唐和宋初的兩個儒家復興的階段，在「性與天道」的思想問題上所進行的若干討論。而其結論也一定程度的顯示，就思想史的演變脈絡來看，理學「性與天道」思想的形成，可能不全然是由儒家內部所促發而轉化出來的。不管是宇宙觀之思想體系的建立，或者是人皆能成聖的意識和追求，北宋初期的儒家在這些方面並未展現出充分的思想興趣，更遑論能夠提供思想上的資源。

　　於是這一章將另闢蹊徑的追問，北宋理學「性與天道」思想的形成是否另有佛、道的背景和淵源？學界對理學和佛、道兩家的關係討論已多，本文不同的地方在於，以「性與天道」的思想作爲中心主題，形成一個較明確的切入點和深入探討的界限，避免全面觸及佛、道兩家龐大的思想內容。「性與天道」的思想最主要涉及到宇宙觀、人性的本質、成聖的意識以及人性和宇宙的關係等等幾個重要的核心概念，它們是理解和釐清理學家「性與天道」思想的焦點，同時也是追溯其思想淵源的最佳切面。儒家在宇宙論議題上的闡述，自漢末以降即逐漸式微，代之而起的是道教從修道理論

出發，對宇宙終極之「玄道」的探微。在養生得道的目標追求下，道教特別重視個人性命和宇宙「道體」之間的關係，並且依「修性合道」的信念，致力於「成仙」的理想轉化。道教的得道升仙思想，在某種程度上也表現出「天人合一」的意識，它指示了人既由「道」而生，人性中便涵蘊了與「道」相同的本質，故每個人都可以藉著修養自己的性命，以契合於天地自然之「道」。因此，我們認爲考察道教在中古時期的流傳和演變，是找尋理學「性與天道」思想淵源的重要線索。

　　此外，道教在南北朝至中唐的一段時間裏頭，與佛教於思想上有過激烈的論爭和交涉過程。故在探索中古道教思想的同時，不免要兼論其與佛教思想的交涉情況。這在論述上也將帶給我們兩個方便之處：一方面透過佛、道兩家思想的交流和演變情況，得以重新檢討佛學與中國思想之間的根本性差異及其影響理學的限制；另一方面則可從佛、道思想的對照中，突顯道教作爲中國傳統思想的一支，它的世界觀、性命理論以及「天人合一」的修道理想與結構形態，如何地更接近於理學家，也因而可能更直接的啓發了理學思想的形成。

第一節　南北朝以前道教之「道」、「性」兩個觀念的關係考察

　　北周沙門釋道安曾在〈二教論〉中，對佛、道兩家的根

本教義作了區分。他說：

> 佛法以有生為空幻，故忘身以濟物；道法以吾我為真
> 實，故服餌以養生。[1]

南朝梁的劉勰也於〈滅惑論〉中引南朝齊道士所作的〈三
破論〉說：

> 道家之教，妙在精思得一，而無死入聖。佛家之化，
> 妙在三昧禪通，無生可冀，詺死為泥洹。[2]

這分別是釋子和道士兩方面的意見，但劃判二教的標準
卻相同。佛教以為世界是「空幻」的，所以修證的重點在求
慧悟解脫，超離世間的因果；但道門肯定生命和所處的世界
是真實的存在，故修鍊的目標在求長生久視，不脫離此世而
別覓樂土。這其中所透露的不僅是修鍊法門的差別，還存有
對世界之基本性質的看法的歧異。

佛教初入中國時，很難被一般人所理解，其中一個重要
的原因即佛教對宇宙事物的解釋和傳統中國的世界觀有很大
的不同。早期的「格義」佛學可當作一個例子。[3]佛教的《般
若》學原是在遣除一切的執著，體認萬法皆「空」，從而獲
得心靈的超脫。因此，它掃一切相，以「一切法畢竟空寂，
同泥洹相，非有非無，無生無滅，斷言語道，滅諸心行」。
所以宇宙之實相，本無相可得；宇宙之本體，亦非能生化生

---

1 《廣弘明集》卷 8，〈仙異涅槃第五〉，頁 139。收在《大正藏》（台
　北：新文豐，1983-88）第 52 冊。
2 《弘明集》卷 8，劉勰〈滅惑論〉引〈三破論〉語，頁 49。收在《大
　正藏》第 52 冊。
3 參考湯用彤，《漢魏兩晉南北朝佛教史》（北京：北京大學出版社，
　1997），頁 163-193。

命萬物而爲具體可窮究之源。[4]故「格義」佛學常蹈的「本無」之說，偏以虛無爲本，仍以爲可追溯到一個宇宙根源性的存在，並不能代表佛教眞實的世界觀。[5]一直到鳩摩羅什來華，闡述龍樹的「中道」思想，明標「無本」之說，才眞正透顯了《般若》學的精義。[6]

由於認知世界的差異，使修鍊的問題展現出不同的風貌。佛教否定一切事物的眞實性，以爲萬法皆「空幻」，其修養方式乃傾向心靈的澄靜和覺悟。生命形質不僅是虛幻的，還可能成爲心靈解脫的蔽障。站在道門的立場上來看，自然是「三昧禪通，無生可冀」。

道教的基本立場則是認爲宇宙間有一個本源的或終極的

---

4 鳩摩羅什，《大乘大義章》第十二，轉引自湯用彤，《漢魏兩晉南北朝佛教史》，頁 225。按此處「本體」的意思，並不同於西方的 ontology。在西方哲學傳統中，有「本體」與「現象」之別，兩者判然二分，是二元的。但中國認知的世界一向是一元的，這在〈緒論〉中已經有過說明。此處用「宇宙之本體」，其指稱的是「宇宙初始的或本然的體狀」。並非外於此世而欲尋一個終極的實體。文中若非特別註明，所用「本體」一詞都同樣是這個意思。

5 南朝宋僧曇濟在〈六家七宗論〉中就列有「本無」和「本無異」兩宗。據《名僧傳抄・曇濟傳》（台北：新文豐，1975）引〈六家七宗論〉說「本無宗」云：「本無之論，由來尚矣。何者？夫冥造之前，廓然而已。至於元氣陶化，則群像稟形。形雖資化，權化之本，則出於自然……由此而言，無在元化之先，空爲眾形之始，故稱本無。非謂虛豁之中，能生萬有也。夫人之所滯，滯在末（原文作未，誤。）有。苟宅心本無，則斯累豁矣。夫崇本可以息末者，蓋此之謂也」。這樣的言論實與當時流行的玄學思維頗有關係，且其「元氣」之說也明顯受到中國宇宙論的影響。對於玄學和本無宗思想的關係討論，可參考湯用彤，《魏晉玄學論稿》（台北：里仁，1995），頁 50-52。

6 關於羅什以「中道」觀闡述「無本」的說法，參考湯用彤，《漢魏兩晉南北朝佛教史》，頁 222-227；《注維摩詰經》卷 6，頁 386-387。收在《大正藏》第 38 冊。

存在，一般稱它為「道」。道教修鍊的目標便是「守道」、「合道」而致長生升仙。道教內部關於「道」的解釋和說法複雜多端，但大體上都同意「道」是宇宙之源，能誕孕天地，而生化萬物。早期的道經如《太平經》、《老子河上公注》及《老子想爾注》，都將「道」視為宇宙的本源。《太平經》的說法是：

> 夫道何等也？萬物之元首，不可得名者。六極之中，無道不能變化。元氣行道，以生萬物，天地大小，無不由道而生者也。[7]
>
> 道無所不能化，故元氣守道，乃行其氣，乃生天地。……自然守道而行，萬物皆得其所矣。天守道而行，即稱神而無方。上象人君父，無所不能制化，實得道意。地守道而行，五方合中央，萬物歸焉。三光守道而行，即無所不照察。雷電守道而行，故能感動天下，乘氣而往來。四時五行守道而行，故能變化萬物，使其有常也。陰陽雌雄守道而行，故能世相傳。凡事無大無小，皆守道而行，故無凶。[8]

可見《太平經》的基本看法是，「道」作為宇宙之源，既能涵育天地萬物，並推動著陰陽、四時、五行等一切的自然變化。宇宙間的事物法則和變化理路，也在符合「道」的情況下達到一個和諧的狀態。

另外，河上公注《老子》，也秉承著《老子》「道生萬物」之說，通篇一貫以「道」作為創化世界之源。其解「有物混成，先天地生」一段即言：「謂道無形，混沌而成萬物，

---

7 王明，《太平經合校》（北京：中華書局，1960），頁16。
8 《太平經合校》，頁21。

乃在天地之前」。[9]但《老子想爾注》則有略微不同的說法，注中直接以「道」作爲構成天地萬物的「氣」。《想爾注》「復歸于樸」句下云：「樸，道本氣也」。[10]又說：「道炁常上下，經營天地內外」。[11]「有道精，分之與萬物，萬物精共一本」。「道精」也就是「道氣」。[12]可見《想爾注》並不強分「道」、「氣」兩個觀念。

其實，《太平經》和《老子河上公注》雖然都以「道」作爲宇宙的本源，但在化成世界時是離不開「氣」的概念的。《太平經》便認爲「夫物始於元氣」。[13]又說：「天地開闢貴本根，乃氣之元也」。[14]《老子河上公注》在解釋「以閱眾甫」句時，同樣有這麼一段話：

> 閱，稟也。甫，始也。言道稟與，萬物始生，從道受氣。[15]

這裏給我們的訊息是：「道」縱使是宇宙生化及活動的本源，但沒有「氣」就無法蘊涵出天地萬物。所以《想爾注》才逕稱「道氣」。《太平經》和《老子河上公注》則比較傾向將「道」視爲形而上的玄妙體性，而藉形而下的「氣」作爲形質、發生變化。如《太平經》云：

9　王卡點校，《老子道德經河上公章句》（北京：中華書局，1993），頁 101。
10　饒宗頤，《老子想爾注校箋》（香港：著者，1956 序），頁 39。
11　《老子想爾注校箋》，頁 18。
12　同上，頁 29。同頁有一句話便說：「所以精者，道之別氣也。入人身中爲根本」。足見「道精」可視爲「道氣」的異名。
13　《太平經合校》，頁 254。
14　同上，頁 12。
15　《老子道德經河上公章句》，頁 87。

元氣行道，以生萬物，天地大小，無不由道而生者也。[16]

而且實際上，這個世界既由「道」、「氣」所孕化構成，任何事物就脫離不了此一世界的軌範。上引《太平經》「自然守道而行，萬物皆得其所矣」等句，即涵有此義。《河上公注》說：

萬物皆得道（之）精氣而生，動作起居，非道不然。[17]

同樣是這個意思。說得明白些，從早期道教的經典來看，他們所體認到的世界是以「氣」作爲存在的本質，而「道」則無所不在的運化天地萬物。這在一定程度上就表示，道教認爲這世界的一切事物既由「道」分化生出，其所稟之氣亦涵有「道」之性質，其活動也自然當順循著「道」的本然理則而行，這種「道遍萬物」的想法和其一元的氣化宇宙觀有相當大的關聯性。

道教早期的部分思想頗重視長生、成仙的問題，而這正透露了要恆存於此世的企望。「氣」既作爲存在的根本，道教的鍊養乃常常離不開「氣」。《河上公注》以爲「萬物中皆有元氣」，[18]所以「抱一」保氣就成爲長生的關鍵：

人能抱一，使不離於身，則（身）長存。一者道始所生，太和之精氣也。[19]

保養精氣一類的說法，不僅歷見於《河上公注》中，在《太平經》及《想爾注》裏頭更不勝枚舉。[20]它說明了道教

16 《太平經合校》，頁 16。
17 《老子道德經河上公章句》，頁 87。
18 同上，頁 169。
19 同上，頁 34。
20 這方面的論述可參考湯一介，《魏晉南北朝時期的道教》（台北：東大圖書，1988）第二、四章；卿希泰主編，《中國道教史》（成都：四川人民出版社，1988）第一卷，頁 75-83、93-121、184-192。

修鍊對生命永存的強烈企求。故《河上公注》甚至解《老子》的「非常道」一句云:「非自然長生之道也」。[21]足見道教追求的「道」,即永續其生命;換句話說,能長生不死其實就是「合道」的結果。《想爾注》便認爲「人行道歸樸,與道合」。[22]「能法道,故能自生而長久也」。[23]所以道教的修行鍊養是一種具體生命的永久追求,與佛教的基本教義在捨離、超脫世間的形質因果,達於真空涅槃,是絕然不同的修行觀。

　　以上所做的概括性整理,首先是爲了表示道教認肯一個宇宙實體的存在,此即是「道」。它是天地萬物生化的根源,也是一切事物在變動中所該依循的唯一標準。其次是生命的修鍊相當重要,「氣」作爲存在的本質,更是一個討論的焦點。道教所關注的也就是如何讓個體生命能夠「守道」、「合道」,乃至得以長存不滅。從這裏我們可以引伸出一個觀點:不管「道」與「元氣」是否爲相通的概念,人們若想要達到與「道」相合的目的,依藉內化於生命中的「氣」的修養,即是一種可能的途徑。換句話說,天地萬物都是「道」依一氣所化成的,人們想「合道」而長生成仙,在理論上,修鍊自己性命中的「氣」,無非是一種辦法。《想爾注》「道本氣也」的說法,可能就是在上述的修養觀念催促下,逐漸形成道教內部的共識。

　　道教關於長生、成仙的理論和方法並不少,但究竟仍以合「道」作爲其共同的目標。東晉葛洪是服丹成仙的信仰者,

21　《老子道德經河上公章句》,頁 1。
22　《老子想爾注校箋》,頁 39。
23　同上,頁 10。

他認為透過一般的方術來修養性命只能延壽長生，並無法得道升仙。[24]《抱朴子・極言》就說：

> 不得金丹，但服草木之藥及修小術者，可以延年遲死耳，不得仙也。[25]

然而，從《抱朴子》一書的內容來分析，葛洪的宇宙觀還是「道」為本源，氣化所成的。他明說：「道也者，所以陶冶百氏，範鑄二儀，胞胎萬類，醞釀彝倫者也」。[26]〈暢玄〉也說：「玄者，自然之始祖，而萬殊之大宗也。……胞胎元一，範鑄兩儀，吐納大始，鼓冶億類」。[27]因而「玄」也是「道」的同義語。所以儘管金丹成仙是魏晉道教神仙信仰的主流，但在當時道教一般的宇宙觀中，仍然以「道」作為一切事物存在的根本。至於「道」所誕化的這個世界，依然是一氣化成的。《抱朴子》書中不只一次述及氣化的宇宙觀，茲舉二例如下：

> 渾茫剖判，清濁以陳，或昇而動，或降而靜，彼天地猶不知所以然也。萬物感氣，並亦自然，與彼天地，各為一物，但成有先後，體有巨細耳。[28]
> 夫人在氣中，氣在人中，自天地以至萬物，無不須氣以生者。[29]

---

24 有關葛洪專注於鍊丹成仙，以金丹作為成仙的至上法術的意見，可參考李豐楙，《不死的探求 —— 抱朴子》（台北：時報文化，1981），頁249-306；李大華，《道教思想》（廣州：廣東人民出版社，1996），頁40-62。
25 王明，《抱朴子內篇校釋》（北京：中華書局，1985），頁243。
26 同上，〈明本〉，頁185。
27 同上，〈暢玄〉，頁1。
28 同上，〈塞難〉，頁136。
29 同上，〈至理〉，頁114。

因此，葛洪即使強調金丹的神妙性，認為服食金丹能夠使人身肉體產生變化而成仙，但仍未忽視守道和保氣的觀念。尤其在前引〈暢玄〉的一段話之後，他說到：

> 故玄之所在，其樂不窮。玄之所去，器弊神逝。夫五聲八音，清商流徵，損聰者也。鮮華豔采，或麗炳爛，傷明者也。宴安逸豫，清醪芳醴，亂性者也。冶容媚姿，鉛華素質，伐命者也。其唯玄道，可與為永。[30]

可見保守「玄道」仍然和生命的恆存有密切的聯繫。但葛洪所給予的「玄道」定義相當廣泛，不可一概而論。它除了具有宇宙論上的定義之外，或許還表示其思想理論和方術的統括。[31]

「玄道」的概念雖然抽象，但落實在養生成仙的方術上，卻仍離不開「氣」的存續問題。《抱朴子》中廣採了當時流行的各種養生方法，其中〈對俗〉篇引《仙經》曰：「服丹守一，與天相畢；還精胎息，延壽無極。此皆至道要言也」。〈地真〉篇則歸結為：「長生仙方，則唯有金丹；守形却惡，則獨有真一，故古人尤重也」。[32]這兩段話除了都提及他信仰的關鍵：金丹成仙，也並舉了「守一」（守「真一」）的重要性。「守一」近於後世所謂「內丹」的生理修鍊，包括了虛心靜慮、少思寡欲等等的「養神」內鍊的修持。道教內、外丹法的思想基礎都在於減少氣的虧損，或增益氣之存續，

---

30 同上，〈暢玄〉，頁 1。
31 關於這點，盧國龍有詳細的闡述。參考氏著，《道教哲學》（北京：華夏出版社，1997），頁 160-170。
32 分別見於《抱朴子內篇校釋》，頁 47、324。

依此而使生命達到永存不朽。[33]因此，或許我們可以合理的推斷，早期道教修鍊成仙的方術雖然很多，但保氣合道的觀念則一直存在於道教思想家之間。

　　前面說過，不管「道」、「氣」是否爲相通的概念，人們若想要達到與「道」合一的目的，依藉內化於生命中的「氣」的修養，也是一種可能的途徑。所以即使道教內部有各種神仙修鍊的方法，保養精氣一直都是個重要的養生方式。從養氣的問題，我們可以引伸來討論隋唐之前的道教是如何理解「性」的。一般說來，隋唐以前的道教講養「性」、修「性」，都是對生命的鍊養。「性」即是「生」的意思。[34]由於道教的生命觀離不開「氣」化說，所以早期「性」和「氣」的概念也是相當緊密的。《太平經》曾說到養性的問題：

> 元氣自然，共爲天地之性也。……故守一之道，養其性，在學之也。[35]

　　這裏的養「性」就是鍊養生命，「守一之道」大體就是「守氣合神，精不去形」的三合爲一。[36]這段文字及其前後的內容，主要就在講如何協調身體中的「氣」，來達到延續生命的目的。南朝齊梁的道士陶弘景也頗注重養生問題，他的《養性延命錄》就是節錄許多古籍的養生辦法而成書的。

33 參考李豐楙，〈不死的探求——道教信仰的介紹與分析〉，收在《中國文化新論‧宗教禮俗篇：敬天與親人》（台北：聯經，1993），頁212-229。

34 這個說法是依照陳弱水的綜合研究成果，參見氏著，〈隋代唐初道性思想的特色與歷史意義〉，收在《第四屆唐代文化學術研討會論文集》（台南：國立成功大學，1999）。後來又收入《唐代文士與中國思想的轉型》，頁141-163。

35 《太平經合校》，頁17-18。

36 參閱卿希泰，《中國道教史》，頁109-113。

所以「養性」同樣是「養生」之意。[37]但他在《真誥》裏有
一段話說得更爲精采，可以讓我們知道當時道教理解「性」
的另一個側面。這是〈甄命授第一〉的開頭文字：

> 道者混然，是生元炁。元炁成然後有太極，太極則天
> 地之父母，道之奧也。故道有大歸，是為素真。故非
> 道無以成真，非真無以成道。道不成，其素安可見乎？
> 是以為大歸也。見而謂之妙，成而謂之道，用而謂之
> 性，性與道之體，體好至道，道使之然也。[38]

下注云：「此說人體自然，與道炁合。所以天命謂性，
率性謂道，修道謂教。今以道教，使性成真，則同於道矣」。
這整段話是道教修養性命的宗旨，用字非常精簡，但大意仍
然非常清楚。它主要指出：人的生命既然是氣化而成的，那
麼受命形質的原貌應該是一種「自然」之氣，與「素真」的
「道炁」是沒有什麼不同的。所以凡人修鍊後天的生命，是
可以使其最終與本源之「道」相合的。在這段話裏頭，「氣」
一直是個重要的概念。人能達「道」歸「真」，也是因爲生
命本身即由道氣所孕化。故理解了「人體自然，與道炁合」
這句話後，可以很明顯的看出來，「用而謂之性」、「天命
謂性」及「使性成真」中的「性」字，指稱的都是一種氣化
的生命性質。同書的卷六也提到：

> 夫可久於其道者，養生也，常可與久遊者，納氣也。

---

37 可參見陶弘景，《養性延命錄》的〈序〉文。收在胡道靜、陳蓮笙、
  陳耀庭選輯，《道藏要籍選刊》（上海：上海古籍出版社，1989），
  第 9 冊，頁 397。
38 陶弘景，《真誥》（台北：台灣商務，1983。故宮景印四庫全書文淵
  閣本）卷 5，〈甄命授第一〉，頁 1 上-下。

　　氣全則生存，然後能養至，養至則合真。[39]

　　「使性成真」的方法就是養氣。「氣」是「道」與個體生命共同的原素，也是兩者相合的可能基礎。所以「性」在隋唐以前的道教裏頭，不僅代表的是生命，而且充滿氣化的色彩。東晉的張湛在《列子注》中，曾說：「聖人知生不常存，死不永滅，一氣之變，所適萬形」。[40]而他論「性」則言「稟生之質謂之性，得性之極謂之和」。[41]他對「性」的認知毫無疑問的也是一種生命義涵，而「性」的最佳狀態就是所謂的氣性之和。張湛雖然不是道門中人，但他的氣化宇宙觀和性命原理，確可代表中土思想家的一般看法。

　　由於道教的世界觀是一氣溥化萬物的，討論養生和鍊形時，與「氣」的觀念完全分不開。所以早期所談論的「性」，指涉的不僅是生命，而且還是氣化的形質。在這個背景底下，此時期修「性」合「道」的說法較接近一種修鍊後天之形氣，以復返純粹元氣（道氣）的觀念。故為了強化修道合真的可靠性，依憑氣化的原理而產生氣無不在，道無不在的說法，似乎是很自然的事。如此一來，凡人才能藉由養氣修性而與道合真，獲致長生。在《西昇經》中已有「道非獨在我，萬物皆有之」的說法。[42]這個說法的思想基礎可能就是認為宇宙純粹的「道氣」溥在萬物之中，構成萬物之生命與形質，所以氣無不在，是以道亦無不在。《西昇經》的〈虛無章〉便說：「萬物抱一而成，得微妙氣化。人有長久之寶不能守

39 《真誥》卷 6，〈甄命授第二〉，頁 11 下。
40 張湛，《列子注》（台北：世界書局，1986。景印摛藻堂四庫全書薈要），〈天瑞第一〉，頁 7 下。
41 同上，〈黃帝第二〉，頁 1 上。
42 《西昇經》卷下，頁 649。收在《道藏要籍選刊》，第 3 冊。

也,而益欲尊榮者,是謂去本。天地之道也」。[43]《西昇經》以返樸歸真的體道思想爲旨歸,而氣化觀念仍是它論述的主軸。《西昇經·治身章》說:「夫聖人通玄元混氣,思以守其身」[44]。「玄元混氣」是兩儀未判的混沌狀態,通之即復歸本初之道,也就是純粹的道真之境。南北朝的韋處玄注《西昇經》時,同樣以氣化的思維來理解其中的觀念。《西昇經·虛無章注》說:

> 天地萬物皆從道生,莫有能離道者。復謂之一,一之布氣,二儀由之而分,故曰一生二也。萬物莫不由天地氤氳之氣而生,故曰天地生萬物也。[45]

宇宙的一切都由「道」所創生,故云「莫有能離道者」。下文接著說「復謂之一,一之布氣」,再次強調萬物也「莫不由天地氤氳之氣而生」。這與《西昇經》所表達的氣無不在,道亦無不在的說法非常類似,都是即「氣」言「道」的變說。韋處玄在注解《西升經·皆有章》的「道非獨在我,萬物皆有之」一句時更說:「道無不在,豈聖人獨有而萬物皆無哉。《莊子》云:『道在屎溺』。屎溺猶有其道,而況萬物者乎」。[46]可見韋處玄也贊同「道在萬物」的看法。「道在萬物」的說法雖並不一定以氣化說作爲基礎,《莊子》的「道在屎溺」說就不依此立論。但《西昇經》和韋處玄的確是從氣化的立場來看待這個問題。《西昇經》最直接印證這個觀點的說法是〈在道章〉所說的:

---

43 同上卷中,頁641。
44 同上卷下,頁650。
45 陳景元,《西昇經集注》,頁610。收在《道藏要籍選刊》,第3冊。
46 同上,頁623。「道在屎溺」之說出自《莊子·知北遊》。

> 人在道中，道在人中；魚在水中，水在魚中。道去人
> 死，水乾魚終。[47]

依據《西昇經》以萬物得「微妙氣化」而有生的觀念，這裏「人在道中」的譬喻，實際應該是指「人在氣中」，「道」、「氣」兩個概念的分別顯然並不那麼絕對。頗受佛經影響的《太上洞玄靈寶昇玄內教經》曾譬喻說：「人之若魚，道之若水，魚得水而生，失水而死，道氣不居人身，人身則空，人身既空，何得久生」。[48]恰可印證《西昇經》道遍萬物的說法，可能就是「道氣」遍在萬物的略說。否則《西昇經》這段譬喻就顯得很難理解了。韋處玄於經注中的解釋也是一樣，《西升經・我命章注》云：「天地與我俱稟自然一氣之所生，各是一物耳……各守本根之一氣則與道同久矣」。[49]可見修性、保氣便能與「道」相合而長生同久。在《西升經・道虛章注》中他甚至說：「道氣復歸其身則忘身，忘身則德合天地矣」。[50]逕說人身內在的氣為「道氣」，更印證了主張修氣養生的道教學者，常常直接認為溥在天地萬物之氣皆為「道氣」，因此修性養氣即等於修「道」。

約出現在南北朝的《太上大道玉清經》，其卷七有一段話說到：「無上大道，分身為氣，天上地下，無所不在。……

---

47 《西昇經》卷下，頁 649。
48 《太上洞玄靈寶昇玄內教經》卷 7，〈中和品〉，頁 98。收在《中華道藏》（北京：華夏，2004）第 5 冊。此經今僅存敦煌抄本殘卷，本文所據乃《中華道藏》所整理收錄的經文。該段文字原見於津藝 176 號抄本，《中華道藏》以其為底本，並據 P.3341 號抄本作了參校。
49 《西昇經集注》，頁 618。
50 同上，頁 614。

道無不在，方知萬物皆有道性，得一道者，無不太平」。[51]此書以「元氣」爲大道，以寶氣爲無上至法。故「氣」無不在與「道」無不在並說，同樣是指「道氣」。此處所說萬物皆有的「道性」，可能也離不開氣化的生命性質。[52]又《太清境太清經》也從同樣的角度說到：「皇天之炁悉下生，后土之炁悉上養，五行之炁悉相生，四時之炁悉相通。凡天下之民，均同是性」。[53]此「性」字更明確表達了一氣同化的義涵。

---

51 《太上大道玉清經》卷 7，頁 30。收在《正統道藏》（台北：新文豐，1985-1988）第 56 冊。全書體裁文詞多模仿佛經，暢言道義、道法，但仍貫串著氣化的宇宙觀。如卷 2，頁 11 說：「大道無生滅，元氣不終休」。卷 4，頁 11 說：「大道元乎虛朴，虛朴散爲元氣」。卷 10，頁 15 則言：「天地萬象，元氣所生。未有一物，不由元氣。……得氣則存，失氣則亡」。《太上大道玉清經》的成書年代可能不晚於南北朝末期，北周宇文邕令通道觀學士所編纂的《無上秘要》卷 45 已徵引此經的部分內容，故任繼愈，鍾肇鵬所編《道藏提要》（北京：中國社會科學出版社，1991）以其爲六朝時道書。參閱《道藏提要》，頁 1033-1034。但山田俊則從此經的部分思想內容推測，其成書時間可能晚至初唐以後。參考氏著，〈隋唐期に於ける「道性」思想の展開〉，《日本中國學會報》第 42 集（東京，1990），頁 122-123。另外，有關《太上大道玉清經》中「道性」說與「道氣」觀念的思想聯繫性，可參閱山田俊，《唐初道教思想史研究 ──『太玄真一本際經』の成立と思想》（京都：平樂寺書店，1999），第三編第二章，頁 546-550。

52 「道性」一詞在後來變成一個有特定義涵的名詞，詳見下節。又可參考山田俊，〈隋唐期に於ける「道性」思想の展開〉；陳弱水，〈隋代唐初道性思想的特色與歷史意義〉。但由內容來看，此經之「道性」說仍有非常強烈的氣化義涵，應爲道氣在身的一種合道性質。如卷 2，頁 11 云：「有情無情，稟道而生，人寶元氣，故能長存。元氣爲神，與氣合併，能入無形，與道合真」。卷 2，頁 24 云：「百骸九竅，俱受道氣，此人之身，與道不異」。「與道合真」的根據仍在內化於人身之中的「道氣」。

53 《太清境太清經》，頁 1。收在《正統道藏》第 2 冊，《太上三十六部尊經》。此經約成書於南北朝的末期，《無上秘要》卷 37 已著錄此經。

　　約成書於南北朝至唐初的《太上妙法本相經》，雖然內容有不少受到佛教的影響，但也說：「一切萬法，各稟道氣而生」。[54]敦煌本《太上妙法本相經》則云：「一切萬物有生之性，皆受之於道炁」。[55]可見此「性」還是生命性質的意思。若追溯它的根源，則萬物都是由道氣所構成，並無分別。然而《正統道藏》所收《太上妙法本相經》書中也說到：「我見一切眾生性不同，同體而異名，陰陽不同，受化不等，依斯理物，各有類氣，不相改異」。[56]故即使「眾生性」同樣依藉「道氣」（同體）而成，但在氣質內容上仍然必須有所分別，這也是氣化的宇宙觀所衍伸出來的結論。因此，「眾生性」之不同，僅代表了化育出的生靈在後天形氣上的差異和混雜，至於「道氣」遍在的觀念才說明了萬物和「道」之間本質性的相同，以及一切眾生修性合道的終極可能。敦煌本《太上妙法本相經》所說的「諸一切含形之類，悉有道性。有能志務之者，皆得去離苦惱之中，將來皆神仙之道。長夜苦魂，悉得光明之輝」。[57]此「道性」一詞或許即從氣化的宇宙思維和眾生修性合道的企望中凝塑出來的觀念，它也代表著「道」和「道」的創生物之間本質的一貫性。

---

54 《太上妙法本相經》卷下，頁9。收在《正統道藏》第42冊。
55 敦煌本《太上妙法本相經》，〈廣說普眾捨品卷二十一〉，頁41。收在《中華道藏》第5冊。該品乃依據敦煌S.2122號抄本整理而成。同句下還認為水石之物亦有道之性，這完全是氣化萬物的宇宙思維。但就生命體來說，道教一向認為「氣」是生命的重要本質。故「氣」的思維一直能貫通在生物與無生物之間。另外，《太上妙法本相經》也曾說：「人不可去其道，魚不可離其水。人去道則亡，魚離水則死」。這和前引《西昇經‧在道章》及《昇玄內教經》的講法相當類似，可視為南北朝道經中普遍流行的看法。參見《正統道藏》該書卷中，頁8。
56 《太上妙法本相經》卷下，頁2。
57 敦煌本《太上妙法本相經》，〈廣說普眾捨品卷二十一〉，頁38。

隋唐之前的道教講養性合道，實多以氣化的宇宙觀作為基礎。鍊養的既是生命形體，生命又是一氣所構，故「道遍萬物」的觀念似乎與道教講求修養自身本然之自然元氣有關。所以實際上，很早就有把養「氣」看成修「道」的看法。[58]陶弘景在《養性延命錄》中，便引《服氣經》說：「道者，氣也」。[59]齊梁間的顧歡在注《道德經》時說「治身愛氣，則性命自延」。[60]又言「人不厭生，生不厭人，人不棄道，道不棄人。故曰生與人相保，人與道相得」。[61]從他養生保氣的觀念看來，「人不棄道」中的「道」其實也頗見「道氣」的影子。所以南朝梁的劉勰在《滅惑論》中引齊道士的《三破論》說「道以氣為宗」，不是沒有道理的。[62]

再舉上清派的存思鍊養為例。如東晉出世的《大洞真經》記載的是上清派典型的修鍊方式。[63]南宋程公瑞稱此經宗旨是「存心養性以事天，聚精會神而合道」。明代張宇初則謂此經的修鍊之道「必本於養炁存神，逐物去慮，然後炁凝神

---

58 麥谷邦夫已注意到早期道教在「道」、「氣」詞義上的模糊問題。參見氏著，〈道と気と神 —— 道教教理における意義をめぐつて〉，《人文學報》（京都：京都大學人文科學研究所，1989）第 65 期，頁 93-98；氏著，〈南北朝隋唐初道教教義學管窺〉，收入《日本學者論中國哲學史》（板橋：駱駝，1987），頁 275。

59 《養性延命錄》，頁 404。

60 參見（宋）李霖編，《道德真經取善集》（上海：上海古籍，1995。續修四庫全書子部道家類）卷 11，頁 341。

61 同上，頁 347。

62 《弘明集》卷 8，劉勰〈滅惑論〉引〈三破論〉語，頁 51。

63 《大洞真經》是六朝古《上清經》之首經。陶弘景《真誥》的卷 5 即云：「若得《大洞真經》，則不必求金丹。誦此經萬遍，立致神仙」。參見《道藏提要》，頁 8-9。

化，物絕慮融，無毫髮之間礙，而後復乎溟涬混沌之始」。[64]
兩人皆認為上清派教法是在鍊養形質心神而後合道。此「道」
是宇宙之本源，亦是「氣」的純粹之始。

　　這個情況最後清楚的反映在南北朝至唐初佛道思想的論
辯上。唐初法琳在對道士的詰難中，便有「氣為道本」之說。
據《辯正論》卷六的記載，法琳開頭即以「造化本乎陰陽」
的觀點，引了《靈寶九天生神章》的話說：「氣清高澄，積
陽成天，氣結凝滓，積滯成地」。故「人之生也，皆由三元
養育，九氣經形，然後生也。是知陰陽者，人之本也；天地
者，物之根也。根生是氣，無別道神」。簡單的說，法琳為
道教教義作了一個結論：天地萬物皆為一氣所化，故生死等
如氣之聚散；此世一切的變化只以「氣」作為本質，故氣即
是道，此外「無別有道」，亦沒有一個造世之神。接續又引
《養生服氣經》的「道者，氣也」之說，認為「保氣則得道，
得道則長存。……能養和氣以致長生，謂得道也」。故可說
這篇文字乃總結了隋唐以前道教修氣即是修道的講法。[65]

　　我們再回到道教論「性」的問題。前面曾引《太上大道
玉清經》所說的「道無不在，方知萬物皆有道性」。依照它
行文的脈絡，我們斷定此「道性」一詞的定義應屬氣化的生
命之「性」，近於「道氣成性」的說法。這與隋唐以後從「佛
性」觀念轉變而來的「道性」的定型說法頗有差異。為了說
明這點，我們再舉南朝梁道士宋文明在《道德義淵》中的一
些說法來作為討論。今存敦煌殘卷有宋文明所撰《靈寶經義

---

64 程公瑞和張宇初的說法皆見《上清大洞真經》的後序，參閱該書卷6，
　　頁18-20。收在《正統道藏》第1冊。
65 參見法琳，《辯正論》，頁536-537。收在《大正藏》第52冊。

疏》的抄本，其內容多以氣化的觀念作爲理論基礎。如《義
疏》中說到：「一切萬有，莫不以精炁爲用也。故二儀既判，
三景以別，皆以精炁（行）乎其中，萬物莫不有精炁者也」。
[66]這可以提供我們在理解《道德義淵》內容時的參考。宋文
明在《道德義淵》中，首先談到「自然道性」的問題。他引
據經典的說到：

> 河上公云：輔助萬物自然之然。即此也。夫性極為命。
> 《老子經》云：「復命日常」。河上公云：「復其性
> 命」。此言復其性命之復，日得常道之性也。《經》
> 云：「道法自然」。河上公云：「道性自然，無所法
> 也」。《經》又云：「以輔萬物之自然」。物之自然，
> 即物之道性也。……性與道合，由道之體，體好至道，
> 道使之然也。[67]

　　最後一句話與《真誥》的「性與道之體，體好至道，道
使之然也」近似，而且說得更明白些。宋文明在這裏對「性」
的說法可算是對之前理論的進一步發揮。其中他強調「性命
之復」即得「常道之性」，這與陶弘景所說的「使性成真」
是同一個意思。只是他更明白的點出「物之自然，即物之道
性也」。當萬物能復其自然純粹的本然性命時，即「性與道
合」，此時之「性」即可視爲「物之道性」。我們這個解釋

---

66 宋文明《靈寶經義疏》的抄本原在敦煌殘卷 P.2861 和 P.2256 號中。
　　此段引文是以《中華道藏》第 5 冊整理收錄的《靈寶經義疏》作爲依
　　據。參見該冊，頁 512。「行」字原缺，據《洞玄靈寶玄門大義》補。
67 「復其性命之復」的「性命」原作「三命」，據文義改。又首句「河
　　上公云：輔助萬物自然之然。即此也」。可能錯簡，當在下文「《經》
　　又云：以輔萬物之自然」句後。參見宋文明，《道德義淵》，頁 521。
　　收入《中華道藏》第 5 冊。

可獲得《道德義淵》其他內容的證實。他在同篇文章的下一
段又說：

> 論道性以清虛自然為體。一切含識，各有其分。先稟
> 妙一以成其神，次受天命以生其身。身性等差，分各
> 有限。天之所命，各盡其極。故外典亦云：「天命之
> 謂性，率性之謂道」。又云：「窮理盡性以至於命」。
> 故命為性之極也。今論道性，則但就本識清虛以為言，
> 若談物性，則兼取受命形質以為語也。一切無識，亦
> 各有性，皆有中心，生氖由心，故性自心邊生也。[68]

文中指出「道性以清虛自然為體」，這顯然是道教傳統
氣化說的延伸，也就是以為「道性」是萬物氣化最純粹自然
的本原狀態。故宋文明才又劃分「論道性，則但就本識清虛
以為言，若談物性，則兼取受命形質以為語」。「物性」指
涉的是天地間各種萬殊的氣化生命或形質，所以「物性」的
型態各異；而「道性」則是生命氣化最清虛純粹的本質，故
就本源上來說，萬物的「道性」是無有不同的。因為既然一
切萬有都是由氣化而成的，其原來的狀態肯定都同樣具有「清
虛自然」的性質，這也就是萬物的「本體」。所以普遍之「道
性」可以被理解作一般「物性」的「性之極」的修養成果。
而因為這個理由，宋文明才為「若談物性，則兼取受命形質
以為語」這段話，下了「兼取」一詞。其中意味著「物性」
已涵蘊了達致「道性」之可能。最後一句，宋文明還特別指
出：「一切無識，亦各有性」，其原因仍在宇宙氣化本質的
一貫性。而且此「性」義當是「道性」無疑。

---

68 同上。

　　雖然宋文明只明白表示過「一切含識皆有道性」，但他卻認爲「有識所以異於無識者，以其心識明闇，能有取捨，非如水石，雖有本性，而不能取捨者也」。可見水石也具有「道性」。當宋文明在分辨人與蟲獸之別時，也曾說過：「人蟲既其交換，則道性理㤅通有也」。可見「道性」既作爲「㤅」最本原純粹的性質或狀態，天地萬物便因氣化的本質而皆有之。就「譬如泥，搏和之爲人，則成人狀，解之爲獸，則成獸象」。理論上來說，各有「物性」，也就各具「道性」。只是有識能夠「取捨」，才有機會藉著修行鍊養而使其「物性」歸返於「道性」。[69]

　　前引宋文明說：「今論道性，則但就本識清虛以爲言」。早期的道教並不強調「有識」、「無識」的區分，「識」概念的提出應該是受到佛教思想影響的結果。前面說過，「道性」可能是遍在於萬物的，但只有「有識」者能取捨而復返本性，那麼心識作用必然與「道性」的完成有直接的關係。宋文明在《道德義淵》的〈第三詮善惡〉章說到：

　　　　夫有識之主，靜則為性，動則為情。情者，成也。善成為善，惡成為惡。……《四本論》或謂性善情惡，或云性惡情善，皆取無矣。《定志經》云：「不亦為善，離此四半，反我兩半，處於自然乎」？其中又云：「為善上升清虛，自然反乎一」。即反道性也。[70]

　　這段話顯示，心識對修成「道性」的作用並不只是在能知修養的層面上，最重要的一點是指出復返「道性」的修養，不單單是身體的生理鍊養，還包括了道德心智層面的修習和

---

69 以上據以討論的文字，具見《道德義淵》，頁 521-522。
70 《道德義淵》，頁 521。

體悟。依引文所述，他認為要返於「道性」，必須能夠修養心識所發的「情」，使之趨善。可見合道長生已非本源之「性」的唯一內容，隨著「道性」說法的出現，道教學者也更加看重其心靈層面的完整性。

　　然而，「道性」作為氣化之純粹性質的看法，仍然沒有改變。下引這段論述就是一個可靠的證據。它恰好可以提供我們對之前的論說作一個總結。這是宋文明在〈第四說顯沒〉章的闡述：

> 得道之所由，由有道性。如木中之火，石中之玉，道性之體，冥默難見，從惡則沒，從善則顯。所以然者，萬物之性有三：一曰陰，二曰陽，三曰和。《玄女》云：陽和清虛，陰炁滯濁，陽和多善，陰分多惡。故性之多陽，知者多善；多陰，知者多惡。（多）惡則乖道，多善則合真；合真則道性顯，乖道則道性沒也。《玄女》又云：陽和三合，乃能敵陰；陽炁滯濁，濁對陽和；和陽清虛，滯陰堅實。是以樸散之後，以善微惡盛，此之由也。[71]

　　由這段話可以歸結出宋文明的幾點看法。第一，「道性」的顯化是修「氣」問題，故說「陽和多善」，「多善則合真」，「合真則道性顯」。這和陶弘景的修氣合真說法仍相當接近；第二，首句言「得道之所由，由有道性」。人能得道，是因為擁有「道性」。句末則說「樸散之後」云云，可見這就如前面所談到的，萬物因氣化而生，故就其本質而言，都是清虛而純粹的。只是因為落於形質之後，其陰陽氣化的性質不

---

71 同上。

同，故遠於「道性」。這落入形質的說法，也就是「樸散」一語的真實涵義。故宋文明所論之「道性」，絕不脫氣化的觀念。第三，一旦「道性」問題與善惡道德之品質發生了關聯，那麼道教的修性思想就不可能只注意到身體鍊養的生理層面。此修性思想必已逐漸開啓了心性層面的修鍊課題。

　　按：南北朝以前的道教說到「歸根復命」，多指復返於初生或未生的狀態，也就是生命之氣最純粹的自然狀態。一般認爲，這是生命鍊養的極致，也就是與「道」或「元氣」的相同一致。故所謂的「修性合道」，其實就是保養生命、鍊就氣質的一段工夫。「性」除了生命意義外，也是氣化性質的。大約到了南北朝的中期，道教的修性、養性逐漸重視心靈層面的問題，但使氣性能返樸歸真、復性之純粹的觀念並沒有改變。經過宋文明《道德義淵》這篇文獻的考察，我們可以更清楚而完整的理解，隋唐以前論「性」合「道」的主要取向，是使氣化性命能復歸本源的自然、純粹狀態。氣化的世界觀是整體思維的核心主軸，即使道教討論修「性」問題時，逐漸有了心識、心性化的傾向，這個基本的情況仍舊沒有改變。

　　但隨著佛教思想的衝擊，以及「佛性」觀念在南北朝時代的流行。宋文明那種比較傳統典型的「道性」思想，逐漸被新的「道性」觀念所取代。隋代唐初一些新造的道經中所出現的「道性」說法，其實已是「佛性」觀念的道教版本。而且連帶的，道教氣化的世界觀也隨之發生了改變。下一節就是要仔細檢討這個問題，以見南北朝末期至唐初的一段時間內，佛、道兩家思想的一些交涉和變化。

第二節　唐初「道性」觀念的流行與道教世界觀的轉變

　　在南北朝之前，不管道家學者、道教徒們是否相信能長生不死，至少都肯定世界為實有，天地、萬物基本上是由氣化構成的，背後則是一個本源的、整體的「道」。所以他們安身立命之所，是不離於天地自然的。湯用彤先生在其《漢魏兩晉南北朝佛教史》中也論到：「中國之言本體者，蓋可謂未嘗離於人生也。所謂不離人生者，即言以本性之實現為第一要義。實現本性者，即所謂反本。而歸真、復命、通玄、覆道、體極、存神等等，均可謂為反本之異名」。[72]經過我們第一節的討論，湯先生這段話確為真知卓見。而且很重要的一點是，中國所說的「本體」不僅不離於人生，亦不離於此世。就如我們前面談到的，道教所實現之本性，是復返純粹自然的氣性之命。所要冥合的「本體」，即是「道」或「元氣」。故其所謂「本體」是宇宙的本源或實際體狀，而不是要設法超越、脫離世界的另一種體相。就這一點而言，是佛、道兩教教義判別的根本問題。蓋佛教認為此世為幻有，執著於虛幻的現實世界是一切苦惱的根源，解脫之道在認識人生之空幻而去一切執，故必須依藉智慧的證悟來達到涅槃。這是否定此世、超脫此世的見解，和道教主張養氣合道或肉體

---

72 湯用彤，《漢魏兩晉南北朝佛教史》，頁192。

飛昇，目的都是爲了長生久視，與道冥合，永遠存在這個世界，有根本性的差異。

由於這項差異的存在，佛、道兩教在原來的修養理論上也表現出不同的特色。佛教重視心性智慧的明悟，依此認識世界本質的空幻無常，而獲致心靈的解脫。道教的修鍊則主要關注在生命體的合道恆存，故心智的解悟在一開始並不是個核心的問題。道教雖也講「養神」，然「神」之修鍊往往不是指「覺悟」的提高，而是指精純之「氣」的鍊養。蓋因「神」也是一種氣化之性質，心神的靜修存養也是整體生命純粹化的一環。如早期的《太平經》即說：「三氣共一，爲神根也。一爲精，一爲神，一爲氣。此三者，共一位也，本天地人之氣」。[73]所以將道教所說的「精」、「神」與西方傳統心物二分之下的「精神」（spirit）義等同而論，是個非常嚴重的誤解。因爲即使道教言「神」有心智、心靈之義涵，嚴格說來卻不能劃割於氣化的生命整體之外，這是根源於中國傳統生命之整體觀的思維。[74]

在生命整體觀的思維之下，道教即使重視鍊形長生，卻也提出了「神形不離」的主張。道教在神仙修鍊的方術中，有一些內修法門就涉及到「守一」、息慮全神等問題。當然，這項修鍊的目的是爲了生命全體的和諧，並沒有純就智慧解悟而達致心靈之昇華的意圖。所以像之前所討論的「修性合道」問題，其修「性」之義絕非專指心性的陶養，而更接近

---

73 參見《太平經合校》，頁 728。

74 關於中國傳統思想中的生命整體觀，可參考蔡璧名，《身體與自然 —— 以《黃帝內經素問》爲中心論古代思想傳統中的身體觀》（台北：台大文學院，1997）。特別是第二章第一節對「身體」的界義部分。

於使生命全體之「氣質」，回復到元氣源始的自然純粹狀態。

但這個情況在南北朝的中後時期已逐漸有了變化。魏晉時期是神仙道教盛行的時代，服丹飛昇或鍊形成仙大約是每個道教學者的最終目標。但自南北朝中期以後，因佛教思想的衝擊，道教內部發生了一次不小的思想革命。依智慧解悟而得道的觀念，在當時造作的道經中普遍流行開來。成書於南北朝後期的《太上洞玄靈寶昇玄內教經》即反映了當時道教由肉體成仙向智慧解脫的觀念轉化。《雲笈七籤》卷四十九《玄門大論‧三一訣》引了《昇玄經》的說法云：

> 《昇玄經》太上告道陵云：「汝昔所行，名為真一道者，是則陰陽之妙道，服御之至術耳！非吾所問真一，此昔教也」。[75]

這段話主要表達了對傳統餌食、房中等道術的排斥，但對於《昇玄經》所提出的「真一」之道則尚未能明瞭。敦煌本《太上洞玄靈寶昇玄內教經》內有段文字或許能提供我們一些線索，其中說到：

> 當知導養之法，是小乘之行。小乘之人俗氣強盛，不能內達大志，心合道真，斷絕五苦八難之行，逕登上仙，而假託外助，階級漸進。……服藥延年，亦復如是。雖壽百千萬歲，猶復輪轉，還生五苦八難之世，終不能得昇入無形，與道合德。[76]

依照前一節的說法，道教傳統的修養合道論，主要是鍊

---

75 張君房編，李永晟點校，《雲笈七籤》（北京：中華書局，2003）卷49，頁1095。

76 敦煌本《太上洞玄靈寶昇玄內教經》卷2，頁85。該卷依據敦煌 P.2445 號抄本整理，品名不詳。

養形氣。其「與道合眞」的意思是使整體的生命之氣能達到像宇宙元氣一般清虛純粹的狀態。但《昇玄經》此處卻認為導養形氣之法是「小乘之行」，眞正要「與道合德」依藉的是心志的修養。此外，「服藥延年」也在摒棄之列，生命的延長已不是人生根本的解決之道，他訴求的是脫離此世，不再入於生死輪轉。由這段內容，我們可以很明顯的看到它深受佛教義理的影響，講求的是心志的鍊養，依藉心靈智慧的體悟而離世間苦，與「道眞」合而獲得解脫。

其實《昇玄經》本身的「昇玄」一詞已是對傳統長生飛仙說的離棄，它追求的是得道昇玄，重視的是內心境界的體會。[77]所以敦煌本《昇玄經》中乃又說到：「所謂內教者，眞一妙術，發自內心，行善得道，非從外來」。[78]足見它對之前道術的批評，是不滿足於以鍊形長生作為修養的目的，而認為「眞一」妙術該當是內修心志層面的問題。「內教」的說法原本出自中土佛教為判別自己與他教在教義上的根本性不同，所提出的對應詞語。依此，中古佛教認為本身教義的核心在「治心」，與儒、道兩家或偏世務、或主「鍊形」有所差別。「治心」之教即稱為「內教」，其他未關注到心性問題的則稱作「外教」。如《廣弘明集》卷八即稱引北周道安所作〈二教論〉「云內教外教也。練心之術名三乘，內教也；教形之術名九流，外教也。道無別教即在儒流」。[79]故《昇玄經》表明「內教」才是「眞一妙術」，甚且經名即為

---

77 參考盧國龍，《中國重玄學》（北京：人民中國出版社，1993），第二章第五節，頁 83-96；萬毅，〈敦煌本《昇玄內教經》試探〉，《唐研究》第一卷（1995 年），頁 67-86。

78 敦煌本《太上洞玄靈寶昇玄內教經》卷 2，頁 85。

79 《廣弘明集》卷 8，頁 136。收入《大正藏》第 52 冊。

《昇玄內教經》，透露了南北朝時期道教的修養方式，正逐漸因佛教的影響而走向心性陶養的路子。[80]

　　道教原來也有內修的傳統，但如前所述，息慮養心、靜定全神等修養方法和整個生命體的氣化和諧是有直接關係的。這種內修並非強調智慧的解悟，更不可能否定生命之實質。但事實上《昇玄內教經》已有許多內容對「性」的意涵提出異解。其中說到：「偽性假合，名之為有；體無實故，名之為無」。又言：「有無二名，生于偽物。形見曰有，形亡曰無，相因而然，並非真實。真性常一，未始暫有，未始暫無。無形而可求，無聲而可聞」。[81]甚至《道教義樞》卷八〈道性義〉也引《昇玄經》云：「臣知道反俗，何以故？法性空故」。[82]這些說法的出現，暗示道教的世界觀正開始在產生變化，逐漸接近佛教所認肯的萬法性空、體無自性的看法。比較不同的一點在於，《昇玄內教經》雖然認為事物變遷不定，都是有條件性的因緣假合，但仍存在一個「真性常一」的宇宙終極之實體。這是它與佛學的性空思想略微不同的地方。

　　《昇玄內教經》既然否認事物存在的實有性，對於生命

80　《無上秘要》卷 42，〈修學品〉也引《洞真太上隱書經》說到：「夫仙者心學，心誠則成仙。道者內求，內密則道來。真者修寂，洞靜則合真」。同樣表現了當時道教重視心性修養的思想趨向。見《道藏要籍選刊》第 10 冊，頁 142。有關道教在南北朝中後期，因受到佛教衝擊而轉向重視心性陶養之思想革命的觀點，乃受到陳弱水〈隋代唐初道性思想的特色與歷史意義〉一文的啟示。參見《唐代文士與中國思想的轉型》，頁 152-162。

81　敦煌本《太上洞玄靈寶昇玄內教經》，頁 113。這兩段文字皆出自敦煌 P.2343 號抄本，該抄本首尾殘缺，不見卷題，只存部分殘卷。

82　《道教義樞》卷 8，〈道性義〉，頁 573。收入《中華道藏》第 5 冊。

的保養延續便不再擁有熱情和理論根基，甚至是完全否棄傳統道教對生命的重視。其內容曾提到：「一切有識，稟受形質，若干不同，或好或醜，長短白黑，皆如幻化，非有常法，皆歸消滅，死病臭爛，無一可貪之想」。[83]由此可以察覺到，當《昇玄內教經》在提高心性修養的必要性時，同時也正在進行著一次世界觀的轉換。《無上祕要》卷三十一〈經德品〉曾引《昇玄內教經》的一段話說：

> 夫昇者，上也。是諸十方大聖不生不死真人得道者，莫不昇度三界，上登金闕，身生水火，與空合德，彌綸至精，邈豁无窮，……昇上无形，湛體自然。玄者，無光之象，無物之狀，迎之無首，追之無後……有得之者，即名昇玄。[84]

這代表「昇玄」即主張藉由心靈智慧之覺悟，使感官脫離一般事物的幻存暫有及無常變化之認知，而去體認「湛體自然」、不生不滅的宇宙終極。《昇玄經》卷九文末也說到：「是我持誡者，行智慧之便，拔生死之難，絕一切之想，就滅度之地者也」。[85]可見其「昇玄」旨趣已頗類似於佛教的「智慧解脫」之道。上引文句中還出現了「與空合德」一詞，顯示道教在宇宙實體的描述上，也頗受佛教依「空」義言究竟實相的影響。

然而，《昇玄經》的思想表現尚見有一種過渡的性質。前據《無上祕要》所引，已見其中有「與空合德」之說，顯

---

83 同上，頁 92。
84 《無上祕要》卷 31，〈經德品〉，頁 103。
85 敦煌本《太上洞玄靈寶昇玄內教經》卷 9，〈无極九誡妙經〉，頁 108。該卷乃以 P.2750 和 P.2430 兩件首尾相連之抄本綴合成底本，參校以 S.4561、BD11244、S.9523 等殘抄本而成。

示「空」可作爲道體的描述詞。又敦煌本《昇玄內教經》卷九〈无極九誡品〉也說：「於道求滅度，便得虛無之要。空無寂靜爲道宗也」。[86]《昇玄經》並沒有對道體之「空」義進行系統性的闡述，但這確實是採自佛教的觀念，毫無可疑。只是在同時，《昇玄經》卷八〈顯真戒品〉卻也說到：「大道玄妙，出於自然，生於无生，先於无先，挺於空洞，陶育乾坤，號曰無上、玄老、太上三炁。三炁玄元始也，无上正真道也」。[87]這不僅說明「道」是宇宙涵育之本，也仍然以玄元始三「氣」來表示其體狀及陶育乾坤萬物之功能。這樣的情況在隋代唐初之際已更加式微，面對佛教在義理上的詰難和論爭，許多道經改以「空」或「理」等較具形而上色彩的定義來詮釋「道體」，而逐漸將形而下的具體存在之「氣」抽離開對「道」的界義範圍。[88]所以《昇玄經》之後的道經多以「空」來界定「道」的性質，而直接以「氣」作爲描述的反而少了。然而，必須注意的是道經使用的「空」字，不全然是佛教的「空」義，像前引《昇玄經》「空無寂靜爲道宗」的「空」，即是「空無」二字的連用，可能也還是「無」的意思。《昇玄經》約成書於南北朝的中後期，當時佛、道兩教在義理論爭和思想交流上都處於非常劇烈的活動狀態，再加上《昇玄經》本身並非成於一人一時，而是合編之書，因此更能反映出當時代道教思想的複雜性，及其義理發展的

---

86 同上，頁 106。

87 敦煌本《太上洞玄靈寶昇玄內教經》卷 8，〈顯真戒品〉，頁 101。該品據多件敦煌殘卷補綴而成，此段文字主要見於 P.2474 號抄本，並依 P.2456《大道通玄要》抄本及《一切道經音義妙門由起》卷 1 之引文補成。

88 參考麥谷邦夫，〈南北朝隋唐初道教教義學管窺〉，頁 275-278。

遞嬗變遷之跡。[89]

　　同樣的，大略成書於南北朝末期以後的《太上妙法本相經》，也表現出複雜多樣的思想。《經》中說：「一切萬法，各稟道氣而生，因空而成。何以故？道者無形，應氣萬質；空者無段，通運有形。無空無氣，蕩絕言想；無言無想，萬有隱沒。是故道者萬物之父，空者萬物之母」。[90]這也是在氣化的宇宙觀念下接納佛教言「空」的一個例子。但《本相經》中的「道」最主要還是能運化天地自然的實體。其云：

> 道生天地，置立陰陽，布造日月，安設星辰，周天三
> 百六十五度，盈縮之數，四時代謝，毫分無失，乃生
> 民人萬類之形名，匠成一切，而獨弘之於人乎？……
> 是以道性淡泊，無有親疏，亦無彼此，慈恩子養，平
> 等一切。[91]

　　從這段話來理解，《本相經》仍然非常強調「道」對世界上一切事物的生化規範能力，也就是說，宇宙間的變化活動並不是沒有意義的因緣假合，而是有實然的運化理則的。文中還提及「道性」一詞，其所指的可能是宇宙實體的根本性質。而據它的描述，「道」最顯明的性質就是能普遍化育世間的一切事物。所以像《經》文中還說到：「真性無形，誕生虛無，非色非像，妙炁自然。……著炁成形，宣濟萬形」。

---

89 關於《太上洞玄靈寶昇玄內教經》的成書問題，可參考萬毅，〈敦煌本《昇玄內教經》補考〉，《道家文化研究》第 13 輯（1998），頁271-294。此外，六朝末期道經受到佛教影響的討論，可參閱山田俊，《唐初道教思想史研究──『太玄真一本際經』の成立と思想》，頁51-62。

90 《太上妙法本相經》卷下，頁 9。

91 《太上妙法本相經》卷上，頁 3。

[92]「真性」就是「道性」，這裏所要表達的還是「道氣」能普遍造化宇宙萬物的功能。由此而論，《太上妙法本相經》比《昇玄經》更接近道教傳統宇宙論的思想，萬法為「空」或道性「空」的色彩尚不強烈。不過《本相經》的修道思想也有往心性內養方面發展的趨勢，故它說：「學士修道，貴在會理。多年而無成者，心不會理」。而同卷臚列出來的修道條目如：「講化律，誦經籍，習仙氣，修齋直，思神明，檢口過，束五心，逝六情……」等等，也多有涉及到澄明心性境界的工夫。[93]

　　總結以上的觀察，南北朝後期的部分道經不管是在世界觀或修道思想上，顯然都正在經歷一個變動的過程。不過，在道教仿習佛教義理及發展自身理論的演變中，影響最鉅的可能是以《太上真一本際經》為主的「道性」觀念及相關思想的改造。《本際經》所形塑的「道性」觀念，其思想內涵的絕大部分是轉借自「佛性」說而來的，最大的變革是它脫離了具體生命的範疇，而更接近於一種形而上的內在合道「根據」。從前面的文章，我們可以看到許多南北朝的道經中已出現過「道性」一詞，但實際上和《本際經》以降的「道性」說法尚有區別。以下就依這個觀念的相關演變來討論隋代唐初道教義理的一些微妙變化。[94]

---

92 《太上妙法本相經》卷中，頁 7。

93 《太上妙法本相經》卷上 10，頁 13。

94 現今學界對隋代唐初「道性」觀念的研究成果頗豐，但比較能全面展示「道性」說及相關之思想變化的，則仍以對《太玄真一本際經》的專門研究為主。本篇論文無法深入地論述「道性」觀念的流變或《本際經》的整體思想，只是想藉著《本際經》中「道性」思想的分析，來探討當時代道教的世界觀與心性論的關係和面貌。

　　《太玄真一本際經》爲隋代道士劉進喜、李仲卿所造作的經典，以它爲主討論「道性」的文字，一方面將「道性」理解作「道」的性質，即宇宙實相的本然性質；另一方面則是指世界萬物皆具備的一種內涵性質，就眾生而言，它就是悟道、得道的可能性。[95]

　　「道性」作爲宇宙實相的性質，也可以理解作「道」的「體性」。但由於受到佛教的影響，《本際經》多逕以「空」的概念來進行詮釋，這是它在隋代更全面的吸收佛教義理的結果。其中〈道性品〉裏的一段話就說：

> 言道性者，即真實空。非空不空，亦不不空。非法非非法，非物非非物，非人非非人，非因非非因，非果非非果，非治非非治，非終非非終，非本非末，而為一切諸法根本，無造無作，名曰無為。自然而然，不可使然，不可不然，故曰自然。悟此真性，名曰悟道。[96]

　　這裏的「道性」就是「真性」，指稱的是終極之「道」的性質。其陳述方式明顯援用佛教中觀的雙遣句法，最後要呈現出「道性」即「真實空」，是超越有無、因果等條件的絕對體相。[97]最後一句「悟此真性，名曰悟道」，更點出此

---

95 《太玄真一本際經》的作者事蹟，可參見盧國龍，《中國重玄學》，頁 220-223；砂山稔，《隋唐道教思想史研究》（東京：平河出版社，1990），頁 213。另外，這裏有關「道性」意涵的劃分，是依據陳弱水的綜合研究成果。參見氏著，〈隋代唐初道性思想的特色與歷史意義〉，《唐代文士與中國思想的轉型》，頁 142-152。

96 《太玄真一本際經》卷 4，〈道性品〉，頁 352。以下本書經文皆以鎌田茂雄所收《道藏選錄佛學思想研究資料》（台北：新文豐，1997）爲本。按：此書的日文書名原爲《道藏內佛教思想資料集成》。

97 對於《本際經》受到佛學中觀思想影響的研究，可參閱：姜伯勤，〈《本際經》與敦煌道教〉，《敦煌研究》1994 年第 3 期，頁 1-16；〈論敦煌本《本際經》的道性論〉，《道家文化研究》第 7 輯（1996 年），頁 221-243。

經認爲修鍊的目的就是要證悟「道性」。《太玄真一本際經》卷九又說：

> 所言道者，通達無礙，猶如虛空，非有非無，非愚非智，非因非果，非凡非聖，非色非心，非相非非相。即一切法，亦無所即。何以故？一切法性，即是無性，法性道性，俱畢竟空。[98]

　　此處不僅認爲世間事物皆空無自性，同爲虛幻，且言「道性」亦「畢竟空」。這一世界觀的看法，已儼然是佛教式的。據前文的剖析，從南北朝中後期所造作的道經中，已可以發現不少引用佛教的「法性空」或「僞性假合」等觀念，來解釋世間萬物變幻無常、沒有自性的現象。這代表道教內部已逐漸否定一般事物的實有性，而希望藉由心靈的靜定和智慧的解悟，脫離塵俗外物的羈絆，冥合宇宙實體之「道」。經歷這個思想的演變，道教所相信的唯一之「真」，只剩下「道體」。因此，《昇玄內教經》雖然認爲世間萬事萬物「皆如幻化，非有常法」，但仍然堅信宇宙有一個「真性常一」的「道」的存在。《太上妙法本相經》也以「真性」稱「道性」，並認爲它還是誕生萬形的根本。

　　另一方面，南北朝道經雖然也以「空」來描述「道」，但「氣」的概念是未曾被排棄在「道」的性質之外的。「道」仍然依藉「氣」在運化萬物事理。那麼道經給予「道」以「空」的界義，和佛教以「真實空」來權稱「實相」是有所不同的。道教用來陳述宇宙實體的「道」，畢竟仍是一個實在之物，故

98　《太玄真一本際經》卷9，頁374。

加入「空」的界義也許只是強調它脫離一般因果的相對性。[99]

　　然而,《本際經》的「道性」思想卻已跟這些經典有些差距,不管是作為宇宙之本然性質,或就世間萬物所內涵的性質而言,它顯然都更接近於佛教,而幾乎脫離了道教的世界觀和性命論的傳統。單從前述的「道性」即「真實空」義來理解猶有不足,最好的方式是看《本際經》是否也存在一個氣化的宇宙觀,以及其宇宙的構成形式為何。《本際經》卷四的〈道性品〉曾如此解釋「真一」的修道觀:

> 反根復命,體入清虛,了無非無,知有非有,安位中道正觀之域。反我兩半,處於自然。道業日新,念念增益,於明淨觀,覩見法身。心心相得,不期自會。天尊息應,無復憂勞。雙觀道慧,反道種惠,滿一切種,斷烟爐障,圓一切智,故名真一。[100]

　　這段話有幾處關鍵的說法,就「修性合道」的角度來分析,《本際經》的目標就在「反根復命,體入清虛」以及「反我兩半,處於自然」。道教自始即講求歸根復命,而從氣化

---

99 南北朝後期道經喜好言「空」的情況,可能受到大乘佛教中觀學派的影響。約略於六朝時代形成的道教重玄學尤其推重中道「空」的雙遣概念。中道「空」的思想,乃欲藉相對之否定,而體現一個即有即空的終極意義。倘若道經援用「空」來描述「道」,是借引其中道「空」的超越因果、對待的意涵,那與原來氣化之一體觀的「道體」思想亦不衝突。目前有關道教重玄學的研究作品頗多,對於南北朝至唐初道教重玄思想的考述,可參閱:砂山稔,〈道教重玄派表微 —— 隋・初唐における道教の一系譜〉,收在氏著《隋唐道教思想史研究》,頁 188-211;卿希泰主編,《中國道教史》(成都:四川人民出版社,1992)第二卷,頁 174-205;盧國龍,《中國重玄學》;強昱,《從魏晉玄學到初唐重玄學》(上海:上海文化出版社,2002)等書。

100 《太玄真一本際經》卷 4,〈道性品〉,頁 353。

宇宙的觀點去理解，這個根本一向是純粹自然的「元氣」或「道」。所以《本際經》說這是「體入清虛」。前引宋文明《道德義淵》的文字也說「道性以清虛自然爲體」，同樣透露道教修性合道的氣化基本思維。宋文明該句話裏還提到「自然」，同《本際經》所要反處的「自然」亦相呼應，可見道教用「清虛」、「自然」描述「道體」是由來已久的傳統。此外，這裏還提到「反我兩半」之說。「兩半」一詞出自六朝道籍《太上洞玄靈寶智慧定志通微經》。其《經》文藉二真人答天尊語云：

> 彼清虛之炁，因氤氳之交，分半下降，就此四半，合為一耶。不亦或此假一而為惡者，致招自然之炁，淪於三塗乎？不亦為善，離此四半，還登太虛，復我清虛之氣，反我兩半，處於自然乎？[101]

這段話的意思不甚明確，大體而言，指氣本清虛，但若分半而下，則將失去此清虛自然之質。爲了讓這些話的意思更爲明瞭，可以參考《經》文開頭的幾句話。其云：

> 造化之始，胎稟是同，各因氤氳之氣，凝而成神。神本澄清，湛然無雜，既授納有形，形染六情。六情一染，動之弊穢，惑於所見，昧於所著，世務因緣，以次而發。[102]

顯然《定志經》認爲造化之初，氤氳交感，此氣只具清虛的本質。但當氣聚成形之後，原爲清澄之物的神本便可能因生染六情，惑於所見，而在活動之間使氣質產生雜穢。把這段話結合於前引「兩半」義的討論下來看，即可清楚的了

---

101 《太上洞玄靈寶智慧定志通微經》，頁300。收入《中華道藏》第3冊。
102 同上，頁299。

解到，所謂「反我兩半，處於自然」大抵即欲使生命心志脫離塵染，復歸於原初的澄清狀態。因此可以推知，《定志經》所詮釋的「兩半」義，仍是在純化生命氣質的脈絡之下。即使此經強化了心志修養的義涵，但歸根復命的「兩半」、「自然」之說，仍然比較接近體合元氣之「道真」的意思。[103]

由此看來，「反根復命，體入清虛」與「反我兩半，處於自然」的兩句話，似乎證明了《本際經》的修性合道說法並沒有太大的改變。但在〈道性品〉的那段文字裏頭，卻還有「於明淨觀，覩見法身」以及「斷烟燼障，圓一切智」的兩項說法。為論述的方便起見，我們先從「烟燼障」和「兩半」說的關係談起。同是〈道性品〉裏頭的話，其對於「神本」曾提出這樣的解釋：

> 烟者因也，燼者煖也。世間之法，由煖潤氣而得出生。是初一念，始生倒想，體最輕薄，猶若微烟，能障道果。無量知見，作生死本，源不可測，故稱神本。神即心耳，體無所有，去本近故，性即於本。本於無本，故名神本。[104]

此處認為世間之法皆由氣化而生，仍為道教本來的說法。但接著卻以「一念」之「倒想」來解釋這個氣化世界的形成，則已落入佛教依心識起滅天地之說。故又言作為「生死本」者，即是「神本」，「神」又是「體無所有」的「心」，

---

103 前文在論述宋文明的《道德義淵》時，其引文中也曾提及《定志經》的「反我兩半」說。宋氏的陳述和理解，也反映了《定志經》原本的意思，可相參照。關於《定志經》「兩半」思想的討論，還可參閱山田俊，《唐初道教思想史研究 ——『太玄真一本際經』の成立と思想》，頁 269-272。

104 《太玄真一本際經》卷 4，〈道性品〉，頁 353。

那麼此「神本」已脫離實質的氣化存在，有明顯的心識化傾向。而世界形成的根源似乎也由實體之「道」轉入了抽象之「心」。在《本際經》的卷九，亦曾說到關於「神本」的問題，這是一段對答的文字：

> 帝君又問：如是本身能生萬物，即是萬物之本始者，此與神本，有何差別？太上答曰：源其實體，無有二相，何以故？俱畢竟故，無始終故，不可說故。以善方便，亦得言異。所謂神本，是妄想初一念之心，能為一切生死根本。以是初心念念相續，眾生業果輪轉無窮，是名識初，亦名神本。言本身者，即是道性清淨之心，能為一切世間出世法之根本故。[105]

最後一句話很自然的會使人想到「佛性」的另一種講法——「如來藏自性清淨心」。「佛性」主要是梵文 Buddha-dhatu 的漢譯，即「佛」與「界」（dhatu）的結合。「dhatu」原來具有領域、類別之義，故譯為「界」。後來則擴大涵有「因」、「種子」、「種性」等義。因此，「佛性」乃可以理解作佛的本性、種因，亦即眾生覺悟之因，眾生成佛的可能性。在中國的佛教典籍中，真如、法性、佛藏、如來界、如來藏等，也常是佛性的異名。但真常系思想的經論多以「如來藏」來說佛性，如來藏的「藏」是胎藏之意，如來藏意謂如來在胎藏之中，它作為佛性的本義，更突出了「如來即在眾生身內」，是一切眾生的成佛之因。在探討人性的本質上，如來藏學說將人性認定在清淨上，而且是本淨的。故後來乃有以「自性

清淨心」來稱如來藏，或合稱作「如來藏自性清淨心」者。[106]
上引所謂的「道性清淨之心」，既然是「一切世間出世法之
根本」，顯然和「佛性」或「如來藏自性清淨心」作爲形而
上的成佛之因，或眾生解脫之依據，可視爲同實而異名。

　　回過頭來看《本際經》這段文字的解釋，所謂的「神本」
和作爲「本身」的「道性清淨之心」，本來無有「二相」。
只因此心一念之妄想，故有生死輪轉，爲一切生死的根本。
因此，如果說「神本」是世界一切法相形成的根源，則絲毫
沒有誤解。而《本際經》在看待氣化之氤氳萬相時，不僅以
它爲心識所發生，更認爲這是「初一念之心」對自我的煩惱
障蔽。於是，道教傳統的氣化生成說，轉近於佛教的幻化因
緣觀。「氣」的實有性等於被完全取消了。《本際經》的〈最
勝品〉就說：「一切凡夫，從烟熅際而起愚癡，染著諸有」。
[107]同樣意味著，從氤氳化生之際起，就有愚癡障蔽，產生了
執著。卷四〈道性品〉中也有頌吟到：

　　　云何識真本，道性自然因。云何烟熅初，兩半生死身。
　　　云何入三界，根識染諸塵。[108]

　　此仍言道性「自然」，而爲「真本」。但因爲「道性」

---

106 有關「佛性」觀念的闡釋研究，可參閱釋恆清，《佛性思想》（台
　　北：東大，1997）；賴永海，〈佛性與人性〉，收入《中國佛教與
　　哲學》（北京：宗教文化出版社，2004），頁 29-44。如《勝鬘師子
　　吼一乘大方便方廣經》云：「自性清淨如來藏，而客塵煩惱、上煩
　　惱所染，不思議如來境界……自性清淨心而有染污，難可了知。有
　　二法難可了知，謂自性清淨心難可了知，彼心爲煩惱所染，亦難了
　　知」。即將「自性清淨心」和「如來藏」等同而論。見《勝鬘師子
　　吼 ── 乘大方便方廣經‧自性清淨章》，頁 222。收在《大正藏》第
　　12 冊。
107 《太玄真一本際經》卷 9，頁 371-372。
108 同上，卷 4，〈道性品〉，頁 352。

說的心識化，這篇頌文在論述「兩半」時，其意義已微有差別。就如同前文的陳述，《本際經》漸以氤氳初化作為誕生幻相，成就因緣障蔽的開始。所以一向以「氣」作為本質的「兩半」一詞，也轉落於塵俗之義。其言烟熅之初即是「兩半生死身」，可見「兩半」已在生死輪轉的之中。〈道性品〉文後又提到：

> 是初一念，始生倒想，體最輕薄，猶若微烟，能障道果。無量知見，作生死本，源不可測，故稱神本。⋯⋯未入三界五道惡故，惡輕微故，性即空故，故曰澄清。但是輕癡未染見著，故名無雜。體是煩惱，即是生業，名為兩半，即體是報，故名成一。是煩惱業及以報法，體唯是一⋯⋯從烟熅始，至欲界人，此之四位，皆由善業惱業兩半。[109]

可以說《本際經》是把善業、惱業作為兩半，依此解說人識業的發生，向三界六道沈淪的結構形式，以及脫離三界六道的方法途徑。[110]光從上引的這段文字來看，有個觀念非常明白，即「兩半」從來就是「烟熅始」之後的問題。故人必須藉著修習善業，去除惡業，來脫離識業的生死輪轉。最後則是達到「斷烟熅障，圓一切智」的終極目的。

　　所以《本際經》援用《定志經》的「兩半」思想，實際上是為了方便解說識業的成染和修證問題。將「兩半」說置於「神本」之後來申論，就是個很好的證明。「神本」從一

---

109 同上，卷4，〈道性品〉，頁353。

110 對於「兩半」觀念在南北朝至唐初道教典籍中，所出現之義理解釋的討論，可參考麥谷邦夫，〈南北朝隋唐初道教教義學管窺〉，頁303-307。

方面說，與「道性清淨心」無有分別，但由另一個方面看，則又是生死「輪轉無窮」的「識初」。這就頗類似《大乘起信論》的「一心開二門」理論。而「兩半」義的引述，恰好就能用來解釋「神本」的這種一體之兩面性。只不過循著這個脈絡下來，氣化的宇宙觀已消弭在心識的變現之中，世界的實有性也幾乎不復存在。很顯然的，《本際經》的思想已趨向佛教的世界觀和心性思維。

　　一般而言，佛教談「心」不僅內涵有眾生成佛之可能的「佛性」、「真如」義，也蘊涵造成天地起滅、「無明」變現的「藏識」或「阿賴耶識」，由此佛教乃提出「萬法唯心」或「萬法唯識」的說法。早期的印度經論多主張要轉識成智，破識顯性，表現出一心中存在著二元的染淨相對。但在《大乘起信論》的思想之中，「眾生心」和合了染淨、真俗與覺迷的兩面，展現了佛性與心識之不二，故開拓出真如流轉為生滅以及還滅於自身的辯證運動。《大乘起信論》「一心開二門」的思想精蘊即是由此透顯出來。[111]因此，前述《本際經》的「神本」和「道性清淨之心」，本來無有「二相」，既表現出佛性真如的純粹清淨本質，亦是產生妄念而落入生死輪轉的「識初」之本，這便和《大乘起信論》的一「心」之「真如門」和「生滅門」的兩面和合是異曲而同工了。

　　經過以上討論的結果，對於《本際經》所說的「反根復命，體入清虛」與「反我兩半，處於自然」，就不能輕易地

---

111 關於佛教對心、識問題的討論，以及《大乘起信論》「一心開二門」的理論說法，可參考龔雋，《大乘起信論與佛學中國化》（台北：文津，1995），頁 38-70、121-128；釋恆清，《佛性思想》，第四章。

視爲是修養的究極目的。至多它們只是修養上的一個階段。
且我們從「斷烟燼障」和「兩半」說的陳述中已可見到，《本
際經》的「道性」思想已完全脫離氣化說的範疇。接下來，
就藉著「於明淨觀，覩見法身」的這個線索，我們比較全面
的來整理《本際經》的「道性」理論。

《本際經》卷二的〈付囑品〉說到：

> 念有二種，一念生身……二念法身，猶如虛空，圓滿
> 清淨，即是真道，亦名道身，亦名道性……。[112]

可見「法身」即是「道性」，亦名爲「道身」。它同「生
身」的分別，可見諸卷九〈秘密藏品〉中的說法：

> 一者道身，寂體虛無，二者生身，誕孕形軀。言道身
> 者離一切，正慧成滿，除斷虛妄，冥契玄宗，與道為
> 一。不滅不生，無來無去，言語路斷，念慮永畢。[113]

分兩個面相來說，「生身」既能「誕孕形軀」，即屬於
一般的生命形質。在《本際經》的思想體系中，處於「兩半」
之後，陷在生死輪轉之中。故「生身」又即可視爲「妄想初
一念之心，能爲一切生死根本」的「神本」。但就「一心開
二門」的思維模式而論，「生身」與「法身」其實也只是一
念之兩面。

「道身」即是「道性」，也就是前引所謂的「本身者，
即是道性清淨之心」。這是《本際經》以爲一切世間、出世
間法的根本之性。這兩段話中對「道身」的描述，明顯的援
用了「佛性」的說法，也間接印證了它作爲一切法之根本的
可能。同卷的另一段話也說到：「是清淨心，具足一切無量

---

112 《太玄真一本際經》卷2，〈付囑品〉，頁343。
113 同上，卷9，頁372。

功德，智慧成就，常任自在，湛然安樂。但爲煩惱所覆蔽故，未得顯了，故名爲性。若修方便，斷諸煩惱，障法盡故，顯現明了，故名本身」。[114]同樣說明了《本際經》「道性」一詞的內涵，乃仿習佛教的「佛性」而來的。故它並不具有實存的意義，而只是煩惱障下的一種方便說法。「未得顯了，故名爲性」幾乎已點明了它承自「佛性」說的形上意義。〈道性品〉曾詳細的分析到：

> 言道性者，即眞實空。……悟此眞性，名爲悟道。了了照見，成無上道。一切眾生，皆應得悟。但以煩倒之所覆蔽，不得顯了。有理存焉，必當得故，理而未形，名之爲性。三世天尊，斷諸結習，永不生故，眞實顯現，即名道果。果未顯故，強名爲因。因之與果，畢竟無二，亦非不二。若知諸法，本性清淨，妄想故生，妄想故滅，此生滅故，性無生無滅。了達此者，歸根復命，反未生也。[115]

　　《本際經》的「道性」受到「佛性」說的影響，自然也以爲人人皆有「道性」，每個人都有悟道或成道之可能。也由於這個緣故，這裏的理論依據似乎與南北朝以前的「道性」觀念有所不同，它並不再具有氣化說的本質。更重要的是，《本際經》的「道性」說只是眾生修道成道的根據，它是爲了說明眾生得以從識業的虛幻障蔽中解脫出來，冥證終極之道的一種權宜解說。故說其「理而未形，名之爲性」，「果未顯故，強名爲因」。但實際上「因之與果，畢竟無二，亦非不二」。因爲被煩惱所覆，始生妄想，入生死流轉；若除

---

114 同上，卷 9，頁 373。
115 同上，卷 4，〈道性品〉，頁 352。

妄想，即出生死，亦無性可修。故「言道性者，即真實空」。

　　《本際經》在佛教義理的影響之下，認為「萬物皆是空無性，無真實故，假合眾緣，皆相因待」，所以提出「出世昇玄，至道常住，湛體自然，無生無滅，離有為相」的修鍊目的。[116]但從前面的討論中，我們看到《本際經》有將天地生滅涵攝於「道性清淨心」和「神本」的傾向。所以，不只世間事物皆為幻化，原為宇宙之本源實體的「道性」，歸根究底亦非實存。故言「一切法性，即是無性，法性道性，俱畢竟空」。然而，在上一段〈道性品〉的引文最後，仍提到說：「若知諸法，本性清淨，妄想故生，妄想故滅，此生滅故，性無生無滅。了達此者，歸根復命，反未生也」。這裏似乎一方面認為「道性清淨心」是妄想生滅的根本，另一方面又指出此「道性」不生不滅，能悟了此「道性」，即是「歸根復命，反未生也」。「歸根復命」的說法自然是認為最終乃有本可得，而「反未生」一詞也暗示了有一個最初的生化之本。這兩項說法都比較接近傳統道教的基本觀念，即一切事物終究有一個起始的根本。

　　但就像我們之前所分析過的，《本際經》的思想既然否定了世界的一切實有性，只內向歸求一個「佛性化」的「道性清淨心」，就不禁使人懷疑這個形而上的「道性」是如何作為其根本的。在《本際經》卷三的〈聖行品〉中，曾表明過一個立場，其曰：

　　　夫道無也，無祖無宗，無根無本，一相無相，以此為源。了此源故，成無上道，而獨能為萬物之始。以是

---

116 同上，卷2，〈付囑品〉，頁340。

義故，名為元始。既稱元始，何得復有宗本者邪？[117]

按這裏所說的「道」即「元始」，「元始」可能就是「元始天尊」。《本際經》中有一種說法就是把「道性」解釋作元始天尊的「法身」。[118]此處視「元始」為萬物之本源，似乎比較強烈的表達了人格神的宗教意涵。但像這類的「法身」說，與佛教的淵源頗深，其內涵很難不受到佛教「法身」義的影響。《本際經》卷二〈付囑品〉就說到：

> 青童君曰：云何名為念道之相？天尊曰：夫念道者通能制滅一切惡根，猶金剛刀無所不斷，猶如猛火無所不燒。念有二種，一念生身，七十二相、八十一好，具足微妙，人中天上，三界特尊，是我歸依覆護之處。二念法身，猶如虛空，圓滿清淨，即是真道，亦名道身，亦名道性……。[119]

此「念道」實際和佛教所說的「念佛」並無不同。故「生身」和「法身」之別很大程度地牽涉到宗教意念的反映，即使上文仍將元始天尊視作萬物之始，但這已非一個實際存在的宇宙終極之「道體」，而是由心識之所示現的。

所以我們回過頭來了解「佛性化」的「道性」問題。這類說法雖然認為「道性」普遍內涵於眾生之中，但它畢竟已脫離了具體生命的範圍，故言其性亦「空」。於是「道性」

---

117 同上，卷3，〈聖行品〉，頁348。

118 陳弱水曾指出，作為世界本體意義的「道性」，在隋唐道書中主要有三個意涵。首先是稱「道性」為「自然」；其次是以「道性」即中道義的「空」，也就是真空妙有的「法性」；再者就是把「道性」視為元始天尊的「法身」。參見氏著，〈隋代唐初道性思想的特色與歷史意義〉，《唐代文士與中國思想的轉型》，頁142-146。

119 《太玄真一本際經》卷2，〈付囑品〉，頁343。

只是一種內在解脫的形而上根據，歸本於「道性」也就成了
一項出生死輪轉的方便說法。像前文所引過的《本際經》的
說法一樣，一旦深入討論到「道性清淨心」的根本問題，想
再找尋一個實在的本源，理論上已行不通。如云：

> 無量知見，作生死本，源不可測，故稱神本。神即心
> 耳，體無所有，去本近故，性即於本。本於無本，故
> 名神本。[120]

「神本」即「道性清淨心」，其非有實體，只因起自無
明，被識業所障，故妄想生而入生死域。《本際經》所要認
識的本源就是這一「神本」，其必須依藉一段智慧解悟的過
程，以了解到生命的虛幻和「道性清淨心」的本來面目。一
旦悟此真性，即是「悟道」，亦從而脫離識業所變現的世界，
明一切皆空。到這時候，亦沒有所謂的「神本」可言了。因
此才說「本於無本，故名神本」。

這種「無本」可歸的說法，與《本際經》的「道性」性
質極有關係，其實這和佛教對「佛性」範疇的描述頗有異曲
同工之妙。《本際經》曾在卷一的〈護國品〉中對「無本」
可歸之說提出辨析，它的理由幾乎全是佛教的翻版。其曰：

> 法解又曰：若法空寂，云何說言歸根返本。有本可返，
> 非謂無法。天尊答曰：無本為本。法解又曰：無本為
> 本，何所返耶？天尊答曰：返於無本，是名返本。法
> 解又曰：本於無本，無本則無依。天尊曰：依無所依。
> 法解又曰：無依無本，無斷無得，云何復言斷滅煩惱
> 而得道邪？有道可得，非謂無本。天尊答曰：所謂得

120　同上，卷4，〈道性品〉，頁353。

> 道，得無所得，所謂斷滅，斷無所斷。何以故，煩惱
> 性空，執計為有，以執心故，名為煩惱。若知煩惱，
> 本性是空，心無所著，諸計皆盡。名斷煩惱，煩惱病
> 除，故名得道。雖名得道，實無所得。無得無斷，假
> 名方便，為化眾生，名為得道。[121]

把這段話對照我們之前的討論，可以發現《本際經》的
思想在逐漸向佛教趨近的同時，於修養求道的根本問題上，
最終也產生了變異。自從南北朝時期以來，許多道經都按照
「性空」的理路進行智慧「昇玄」的理論建構，但一直到《本
際經》的「道性」觀念成形後，才因為「佛性」、「法身」
等概念的衝擊，使其根本的世界觀體系面臨了崩解與質變。
由於《本際經》的「道性」只是合道、悟道的本然根據，屬
於「佛性」性質的形而上系統，所以它就不是要「歸根復命」
於一個完全澄清無濁的生命之性。另一方面，《本際經》不
只認為天地萬法為虛幻無常的，它且全涵攝在心性之中，視
其為煩惱識業之根源。故一旦「煩惱病除」，心行諸計皆斷，
即是「得道」。所謂「返本」、「得道」之說，其實也只是
教化眾生的假名方便，並沒有一個實在的本體可歸復。

按《本際經》思想構成的源流之一即是羅什以降的般若
「中道」觀念，當時佛教之三論宗頗為流行，羅什的「雙遣」、
「無本」之說可能就因此影響了《本際經》的內容。[122] 其《注
維摩詰經》卷六便有云：

---

121 同上，卷 1，〈護國品〉，頁 332。
122 這點意見已為學界之共識，可參考姜伯勤，〈《本際經》與敦煌道教〉，
《敦煌研究》，1994 年第 3 期，頁 1-16；〈論敦煌本《本際經》的道
性論〉，《道家文化研究》第 7 輯，頁 221-243；盧國龍，《中國重玄
學》，第四章第一節。

什曰：法無自性，緣感而起。當其未起，莫知所寄。莫知所寄，故無所住。無所住故，則非有無。非有無而為有無之本。無住則窮其原，更無所出，故曰無本。無本而為物之體，故言立一切法也。[123]

但佛教的世界觀畢竟是以「真空妙有」作爲基本性質，人間世界的一切皆可歸於無明心識之所幻化，這與原來道教有宇宙實體（道）作爲復命之根本的思維有極大的差異。所以我們看《本際經》在「道性」觀念和世界基本性質的問題上，已偏離了道教的傳統脈絡。

而且，《本際經》並不是隋唐之際道經的唯一特例。大約同時而稍後成書的《太上一乘海空智藏經》，可視爲同一個思想潮流下的產物。武周時釋玄嶷《甄正論》卷下說：「自唐以來，即有益州道士黎興、澧州道士方長，共造《海空經》十卷」。據考《海空經》寫成的時間大約在貞觀到高宗當政之前期。[124]而且它同樣深受佛教義理的影響。如《海空經》卷二〈哀嘆品〉說到：

有煩惱故名為繫縛，無煩惱故名為解脫。……是諸眾生未能捨離煩惱繫縛，以繫縛故輪轉生死，不見道性，以不見故不得見我常樂之心。以是義故，常住三界，煩惱繫縛，以是因緣，煩惱繫縛，即名眾生，是眾生身即是煩惱。[125]

《海空經》的「道性」思想與《本際經》的說法幾乎一

123 《注維摩詰經》卷 6，頁 386。
124 參考盧國龍，《中國重玄學》，第五章第一節。
125 《海空智藏經》卷 2，〈哀嘆品〉，頁 42。以下本書經文乃以鎌田茂雄所收《道藏選錄佛學思想研究資料》爲本。

致，皆仿習自佛教的「佛性」觀念而來。以眾生皆有道性，只因煩惱障蔽而不能得見，入生死輪轉而常在三界的「繫縛」之中。我們在《海空經》裏頭幾乎已看不到氣化說的影子，其對世界本質的看法，隨著修道觀念的改變，可以說完全換了個樣子。《海空經》卷五的〈問病品〉中便說：

> 煩惱身者，皮裹膿血障於道性，是故眾生不見煩惱有真道性。[126]

又卷七〈平等品〉亦云：

> 一切眾生悉有道性，……見諸眾生皆有道性，為諸煩惱之所覆蔽，不能得見。[127]

所以《海空經》的「道性」觀念也脫離了生命的範疇，且以生命形體為假有，為煩惱障，於是它的解脫之道就跟佛教的出世間法完全相同了。因此才說：「一切法相因有為生，其源不實，其歸亦空。所以者何？法相之興，由於眾生，眾生既空，法相亦空」。[128]雖然《海空經》於此處沒有明說「法相」的源起過程，但依照它詞語內容所具備的強烈佛教色彩可以推知，世界形相的虛幻構成，仍然逃不出無明心識的緣起之源，故說「其源不實」。一旦眾生依智慧除煩惱障，便知此身是假，法相亦幻，當下即是解脫。故云「眾生既空，法相亦空」矣。所以我們看《海空經》卷九的〈捨受品〉也表示到：「即法相者，即是解脫。是解脫者，即是法相，以是之故，法相既空，解脫亦空」。[129]如此一來，俱畢竟空，

---

126 同上，卷 5，〈問病品〉，頁 82。
127 同上，卷 7，〈平等品〉，頁 95。
128 同上，卷 3，〈法相品〉，頁 53。
129 同上，卷 9，〈捨受品〉，頁 118。

便無所謂實有的天地自然，亦沒有任何可歸返的實存本體了。

　　此外，同爲唐初的道經《大乘妙林經》也是佛學化的思想典藉。它在開頭的〈序品第一〉即屢言「觀諸法性，性相湛然，不壞世法，而得真相」，且全書幾乎未曾提及宇宙的氣化說。故其中的「道性」觀念仍然是接近「佛性」說的形而上之解脫根據。《大乘妙林經》卷下曾有偈云：「道性眾生本无二，不假修因自然得」。[130]且又論到：

> 一切眾生，性本清淨。无所有故，同虛空故，道性亦空。道性空故，云何問言？一切眾生，云何得道？眾生道性，无有二相。眾生性者，即是幻性；諸幻性者，名為法性。於法性中，无得无失，无增无減。是故我言，一切眾生不斷煩惱而得真相。[131]

　　此亦以眾生皆具「道性」，且「道性」就在諸幻有法性之中。若把這段話中的「道性」全代換成「佛性」，可說文意仍然通暢，絲毫沒有扞格之處。就《大乘妙林經》而言，眾生萬法依然非實有，但要體認一切是煩惱所成，本來未曾有法，故「即色是空」。於是此《經》在解釋宇宙實相時，也很難擺脫依「心」起滅的說法。如云：「心法非本有，有心虛妄生。善巧順諸有，有滅齊正真。正真无復相，煩惱實本空」。[132]足見這還是以心識緣起說來討論世界的基本性質，而眾生之「道性」也就是能脫離煩惱虛妄的內在依據。

　　此期道經明顯的佛學化過程，在以「道性」思想爲主軸

130　《大乘妙林經》卷下，〈觀法性品第八〉，頁9。收入《正統道藏》
　　　第57冊。
131　同上，頁5-6。
132　《大乘妙林經》卷上，〈辯邪正品第三〉，頁24。

的考察中可以發現，道教內向修養心性的目的幾乎已在天地自然的範圍之外，嚴格說來等於是已否定了天地自然的實在性，而凝塑了另一種世界觀。從大量的文獻資料來分析，這一對宇宙實相的了解，可能更接近於佛教。此外，上列道經中的「道性」觀念和傳統中國的「性命」理論更有絕大的差別。道教原本對「性」的理解，和生命性質的定義是難以劃隔開來的。而且「性」皆不出氣化的內涵，由此發展出個體性命和天地自然的全體性質之間的離合關係。不過，《本際經》以下的這幾部道經的「道性」觀念，顯然是「佛性」說的另一種版本，其強烈的形而上內涵完全無法跟傳統的「道性」、「道氣」說聯繫起來考量。因為這些緣故，我們看到南北朝到唐初的這段時間裏，道教心性學的改革並不算一次成功的思想轉化。它走的完全是佛教的路子，中國的心性思想如何在佛教的衝擊之下建立起屬於自己的體系，仍然是有待努力的課題。

第三節　道教思想在玄宗朝的演進

—— 以司馬承禎和吳筠為例

從前兩節的討論中，我們可以得出一點結論，即從宇宙觀的角度作深入剖析，可以發現佛、道兩家在對世界的基本看法上有很大的不同，這也影響到二者在修性問題上的相異處。佛教由抽象的心性引導出要利用大智慧進入「涅槃」的企望，而「涅槃」在觀念上是不可言詮和認知的，因此它「畢

竟空」，這世界中的任何實有都不能從它轉生而出。但道教的觀念卻在承繼先秦道家哲學的基礎之上，認為宇宙終極實體的「道」與被它創生的實有之間的關係，是一種機體創生（biogenerative）的關係。故「道」有如「母」，被它創生的實有稱為「子」，在「子」中有「母」的特質，兩者在本質上是沒有什麼不同的。[133]早期由氣化論衍生出來的「道氣」和「道性」說，很能夠說明這種情況。因此，我們也看到當道教的宇宙思維和修道理論受到佛教的嚴厲衝擊之後，其言「道」、「性」的內涵也隨之產生了激烈的轉變。

　　上述的情況在進入唐中葉之際逐漸式微，道教傳統所關注的養生鍊命、修道成仙的問題再度引領了風潮。[134]司馬承禎（647-735）和吳筠（？-778）是玄宗朝前後的兩位道教大師，也可視為這一時期道教思想發展的代表性人物。司馬承禎，字子微，從師於茅山道士潘師正，學習上清派的道法。考察他的著作，其學術一方面繼承了陶弘景以降上清派的服氣養生方法，另一方面則受到重玄學的影響，於坐忘主靜、收心養性之道多所闡發。以〈茅山貞白先生碑陰記〉的寫作內容來看，他對於陶弘景「形神鍊化」的養生之道甚為推崇；而依《道門經法相承次序》的問答記錄推測，潘師正頗受當

---

133 參考周伯戡，〈慧遠「沙門不敬王者論」的理論基礎〉，《台灣大學歷史學系學報》第 9 期（1982），頁 88-90。

134 盧國龍在《中國重玄學》第六章的序論中，則指出當時重玄學是發生了一次宗趣的轉化，故表現出由體道修性向修仙的歸復。見該書，頁 345-346。但這邊要提醒的一點是，道教內部對於養生成仙的追求並未曾間斷過，即便是南北朝至唐初的這段時間內，有一批道經受到佛學化的洗禮，但執守養生成仙的道教徒仍大有人在。只不過這段歷史的因緣變化，對於中唐以降的修仙思想仍有影響的痕跡，這從以下討論的微妙變化中即可略窺端倪。

時「道性」說與重玄學的影響，因此子微由師承而兼通二者是相當合理的事。[135]

在初唐的學術背景之下，司馬承禎的心性修養理論頗有佛教的影子，但就其世界觀的基本看法而言，卻是較接近於道教之本來樣貌的。[136]如他說：

> 夫道本虛無，因恍惚而有物；氣元沖始，乘運化而分形。[137]

又云：

> 大哉道元，萬靈資孕。其自然也，忽恍不測；其生成也，氤氳可知。[138]

依照這兩段話的描述，可以清楚知道他把「道」視爲宇宙萬物的本源，具有孕化一切事物的功能，而這一切又是離不開氣化觀的。故他說：「氣者，胎之元也，形之本也」。[139]關於天地萬物的本質及其形成過程，《服氣精義論》的說法較爲詳細，其中說到：

> 夫氣者，道之幾微也。幾而動之，微而用之，乃生一焉，故混元全乎太易。夫一者，道之沖凝也。沖而化之，凝而造之，乃生二焉，故天地分乎太極。是以形體立焉，萬物與之同稟；精神著焉，萬物與之齊受。[140]

---

135 有關司馬承禎的事蹟、著作和師承，詳見盧國龍的考證。見氏著，《中國重玄學》，頁 347-360。

136 對於司馬承禎的心性修養方法受到佛教影響的討論，可參考卿希泰，《中國道教史》第二卷，頁 227-238。

137 《天地宮府圖》序，收入《雲笈七籤》卷 27，頁 608。

138 參閱周紹良主編，《全唐文新編》（長春：吉林文史，2000）卷 924，〈陶宏景碑陰記〉，頁 12703。

139 《服氣精義論・服氣論》，頁 5。收在《正統道藏》第 31 冊。

140 《服氣精義論・序》，頁 1。

　　從整個誕化的過程來看，「氣」是運化作用的質素，構成了天地萬物的形質實體。而且它和「道」的關係相當微妙，即「氣」就是「道」藉以運作、生化、形塑這個世界的基本素質，並不再強分「道」、「氣」兩個概念的差別。所以「氣」也只是「道之幾微」者，和傳統「道氣」的觀念相當接近。例如他在《坐忘論》序中就說到：「夫人之所貴者生，生之所貴者道。人之有道，若魚之有水」。[141]顯然是承續早期道教即「氣」是「道」的看法。

　　道教內部一旦重新關注到生命體的鍊養和長存問題，生命本質的「氣」的概念自然再度回到思想理論的關鍵位置。而且在對「性」與「道」的看法上，也就重新體現為人與天地自然的關係。司馬承禎的《服氣精義論》即說到：

> 夫人之為性也，與天地合體，陰陽混氣。皮膚骨髓，
> 藏府榮衛，呼吸進退，寒暑變異，莫不均乎二儀、應
> 乎五行也。[142]

　　此處所言之「性」，是生命性質的意思。他主要在表達人的生命與天地的本質是相同的，皆是「陰陽混氣」的結果，所以「與天地合體」是可能的。這段話中透露了人即具足了一個天地的微小型態，因此在性質及活動上都有一定的類似性。這並不只是一種象徵或譬喻式的比類，在司馬承禎看來，這就是天地自然的實際情況。如他說：

> 夫氣者之為功也，廣矣妙矣。故天氣下降則寒暑有四
> 時之變，地氣上騰則風雲有八方之異。兼二儀而為一

141　《坐忘論・序》，頁1。收在《正統道藏》第38冊。
142　《修真精義雜論・慎忌論》，頁13。收在《正統道藏》第8冊。

體者，總形氣於其人。[143]

在物之形，唯人為貞，在象之精，唯人為靈。並乾坤、居三才之位；含陰陽、當五行之秀。故能通玄降聖，練質登仙。[144]

天地分判，三才定位，人處天地之中，五氣合身，故能長且久。後人自昧其性，自役其神，自撓其氣，自耗其精，所以不能與天地合。[145]

藉由以上的陳述，我們能夠肯定一點，即子微相信一氣化生了天地萬物，也溝通了人與自然。所以「神仙之道以長生為本，長生之道以養氣為先」。人們想追求長生成仙，關鍵大率不離於「此人之身」。[146]人之個體本身，儼然就是一個具體而微的天地，以上的說法很明白的展示了司馬承禎的「天人合一」思想。

此外，上舉的最後一段話中，提到了「性」、「神」、「氣」、「精」四種生命的性質。按照文中內容之大意，可能都是一氣表現在人身上的不同樣態或性狀。如果回顧我們之前討論過的隋唐以前的道教，「精」、「氣」、「神」確實都是氣化的生命性質，而「性」則直接就是生命之義，同樣離不開氣化的本質。但早期道教關注的是鍊養形質、養氣保神，較少觸及心性陶養等層面的問題。後來受到佛教心性思想的影響，從南北朝後期至初唐的一段時間裏，許多出現的道經都開始談論心性問題。只是如我們前一節所探討的，

---

143 《修真精義雜論・療病論》，頁 18。
144 《服氣精義論・序》，頁 1。
145 《坐忘論・序》，頁 1。
146 《天隱子・序》，頁 1。收在《正統道藏》第 36 冊。

這一時期的「道性」思想深受「佛性」說的影響，此「性」義幾乎是形上的概念，超出了生命性質的意涵，於是修鍊的是「心」，目的在求得智慧的解悟以獲得心靈的超脫，形氣生命的重要性幾乎被忽視了。然而，我們已經看到，司馬承禎的世界觀是道為源始，氣化所成的，這是傳統道教的立場。故他強調個人以生命之性與「天地合體」的養生修鍊理論，亦重拾了長生成仙的企求。但經歷了一段鉅大的思想衝擊，子微思想中的修仙合道理念，是否亦產生了些實質上的變化呢？

　　司馬承禎在《天隱子》的〈序〉中曾說到：「觀夫修鍊形氣，養和心虛，歸根契於伯陽，遺照齊於莊叟」。這是修心和養形並行的想法。《坐忘論》中至少就有「斷緣」、「收心」、「真觀」、「泰定」四項是跟心靈的修鍊有關。因此考察子微「心」、「性」等幾個觀念的實際內涵便非常重要。至少我們要弄清楚，他對「心」、「性」概念的詮解，與佛教修證「如來藏自性清淨心」的差別所在。司馬承禎在《坐忘論》中說到：

> 虛無之道，力有深淺。深則兼被於形，淺則唯及其心。被形者，神人也；及心者，但得慧覺而（已），身不免謝。何耶？慧是心用，用多則心勞。初得少慧，悅而多辯，神氣漏洩，無靈潤身，遂致早終，道故難備。經云尸解，此之謂也。是故大人含光藏輝，以期全備。凝神寶氣，學道無心。神與道合，謂之得道。[147]

　　首先，佛教並不重視身形的鍊養，其修證的目的是在「慧

147　《坐忘論‧得道》，頁 14-15。

覺」之後獲得心靈的超脫。其所指的「心」並非實質存在之物。但我們看這段文字，修心乃至能「兼被於形」，此心卻是生命性質的心。《天隱子》序說：「夫氣受之於天地，和之於陰陽，陰陽神虛謂之心，心主晝夜寤寐謂之魂魄」。[148]明白表示了「心」是肉體形質的一部分。因此這段文字認為鍊心能同時使身體獲得保養，是承繼了傳統內養心神的思想。所以「慧是心用，用多則體勞」。無疑是一種身心合一的身體觀。這也同時印證了，他的心神與形氣兼修的思想，確實都落在生命的修鍊上。故所謂「神與道合，謂之得道」的結果，其實與早期道教修性合真的思想頗為類似，只不過司馬承禎更側重了內心的靜定修習。

　　上引《坐忘論·得道》的這段說法還有幾個地方可以提出來討論。雖然司馬承禎所說的「心」和佛教觀念中的「心」有所區別，但他顯然並不刻意去抉發此中的差異，而是直接就一般只討論到修心之慧覺，卻忽略身形保養的說法提出了質疑。可以清楚的知道，他批評的對象其實就是佛教徒，以及南北朝以來深受佛教義理影響的相關道經。子微所不滿意的是因關注修心而相對忽視了具體生命的修道方式，因為在他實際的修養理論中，「心」其實還是個相當重要的關鍵。例如他在《坐忘論·收心》中說到：

> 至道之中，寂無所有，神用無方，心體亦然。原其心體，以道為本。但為心神被染，蒙蔽漸深，流浪日久，遂與道隔。若淨除心垢，開釋神本，名曰修道；無復流浪，與道冥合，安在道中，名曰歸根；守根不離，

名曰靜定……。[149]

可見司馬承禎把「神本」置於心中，以有心垢蒙蔽，故有「心神被染」之事。若能修道，「開釋神本」，此心便能與道冥合，則名其爲「歸根」。那麼他即使已脫離佛教心性觀的束縛，卻在修道問題上特重「心」的鍊養。從這段陳述可以窺知，合道的關鍵是在「心體」上，這也就表示他對心性陶養的重視，甚過於直接在身體形質上做保養的工夫。所以我們看他前面也只是說「虛心之道，力有深淺。深則兼被於形，淺則唯及其心」。足見鍊心之法門，是生命和諧合道的第一義。一旦能在「治心」的層面上有足夠的修養，整體的生命似乎也就能在潛移默化中隨之變化而升仙。所以他自己明白的說：「心者，一身之主，百神之帥。靜則生慧，動則成昏。……所以學道之初，要須安坐，收心離境，住無所有。因住無所有，不著一物，自入虛無，心乃合道」。[150]安心的功夫是使心不動，不著物。因心靜而不執泥於外物，故能與道相合。而且這不只是心靈獨自的冥合變化，它還能影響到整個生命的昇華。換句話說，心與道合的結果，最重要的還是能使生命成就永恆的存在。如其云：

> 克己勤行，虛心谷神，唯道來集。道有深力，徐易形神。形隨道通，與神為一，謂之神人。神性虛融，體無變滅，形與道同，故無生死。[151]

這明白透露了子微即使切重在心神的收斂、靜定和鍊養，但最終的目的還是在追求長生升仙。我們可以簡單的歸

---

149 《坐忘論‧收心》，頁 3。
150 同上，頁 2-3。
151 《坐忘論‧得道》，頁 14。

納出，司馬承禎的修道思想是以獲得整個生命體「形神合一」
的和諧作爲最終目的。他在講求鍊養時，既說養氣存形，又
說坐忘主靜，這兩方面的努力都是使個體生命能夠昇華而與
道合的關鍵因素。因此，他並不曾忽略傳統道教對性命問題
的關注，仍以身形之保養爲修鍊合道的一環。而另一方面又
認爲，坐忘內養能使心神澄靜，心神澄靜未染，自與道合。
足見司馬承禎在升仙合道的意識中，秉持著一種人性純化的
信念，此人性包涵了心性和形體兩者兼備的理想，而逐漸脫
離了「佛性」的抽象性質。

　　在司馬承禎稍後的另一位茅山派道士吳筠，也兼融了上
清派的養生方法及重玄學的性情修養理論，促使了道教義理
學的新進展。[152]吳筠曾在他最有名的作品《玄綱論》中明白
的闡述過自己對宇宙本質的看法，這代表他擺脫了《本際經》
以來佛學化的潮流，重新發揮氣化宇宙觀的實質內涵。其言：

> 夫道至虛極也，而含神應氣，自無而生有。故空洞杳
> 冥者，大道無形之形也；天地日月者，大道有形之形
> 也。以無係有，以有合無，故乾坤永存而仙聖不滅。
> 故生者天地之大德也。[153]

　　開頭即提出「道」爲宇宙本源，並能「含神應氣」的看
法。且認爲「道」是兼涵了「有」和「無」。依據《玄綱論・
元氣章》的說法：

> 元氣者，無中之有，有中之無，曠不可量，微不可察，

---

152 有關吳筠的生平概略和學術源流，可參考盧國龍，《中國重玄學》，
頁 380-389。
153 《玄綱論・以有契無章》，頁 23。收在《正統道藏》第 39 冊。

> 氤氳漸著，混茫無倪，萬象之端，兆朕于此。[154]

　　他是以「氣」的狀態之別來縮合有無，所以也就表示「無」之生「有」，並不是從空無一物的絕對之「無」生出對立概念的存在之「有」。《道德經》的第一章就說：「無，名天地之始；有，名萬物之母」。這裏的「無」、「有」就非為存在概念的相對義，而是對「道」之意涵的兩樣描述。否則與同書的第五十章，所謂「天下有始，以天下母」的說法就明顯衝突了。而且，就如我們在前一節的討論中所見到的，道教從未將一切事物推源至一個完全「空無」的定義。「無」作為實在道體的一個表述詞是毫無可疑的。因此，這裏吳筠乃藉由一「氣」彌綸於世界的說法，對「有」、「無」之定義作了一次澄清。

　　基本上，吳筠以「氣」作為宇宙的根本質素是毫無疑問的，這也就顯示他在宇宙論的立場上是承接上清派的傳統而來，並在接受重玄學的性情修養理念之後，排除了其中過於濡染佛教色彩的「空」的概念。於是對人性的問題，他的傾向也相當清楚，他說到：

> 夫人未有其兆，則天地清寧，剖道之一炁，承父母餘孕，因虛而生，立有身也。[155]

　　這裏所說的「剖道之一炁」，完全符應我們之前談過的司馬承禎的看法，也是循著傳統道教的思維脈絡──宇宙與人之間不僅在溝通上藉由同質之氣，立於這個基礎之上，人還可以被視為是一個具體而微的「小宇宙」。吳筠在《神仙

---

154 《玄綱論·元氣章》，頁 2。
155 《形神可固論·養形》，頁 23。收在《正統道藏》第 39 冊。

可學論》中就說「人之稟形模範天地」。[156]當他在確立這個觀念時，必然也以為人的生命形體可以跟天地宇宙一樣，有長存不朽的可能性。前文所引「乾坤永存而仙聖不滅」一句話的意義就在於此。他在《神仙可學論》中也再度強調過：

> 若但以虛極為妙，不應以吐納元氣、流陰陽、生天地、運日月也。故有以無為用，無以有為資，是以覆載長存，真聖不滅。[157]

吳筠再次由生命的角度來談論修道的問題，並認為飛仙得道的關鍵是經由人修養個體的神、形之氣，使之合於元氣之「道」。故他所表現出來的是返本歸根的想法，其所復之性即是宇宙本然之體性。下面這段話很能夠突顯他的這一基本看法：

> 胎鍊精神，固其太和，含其大道。若明胎息，則曉元炁，胎息與元炁同也。……人與天地，各分一炁。天地長存，人多夭逝，何也？謂役炁也。炁者，神也，人者，神之車也，神之室也，神之主人也。主人安靜，神則居之，躁動，神則去之，神去，則身死者矣。[158]

從這裏看來，「神」亦是氣化之性質，故如何協調形、神之生命整體的關係，也就成為達致神仙、與道冥合的關鍵。但吳筠和子微一樣，在經歷唐初的思想變革之後，也認為「正性」的鍊養離不開心性層面的陶化。

最能表達這個特色的一點是吳筠的性情修養說，其目的在以滅除情思的手段達到復歸性初的目的。「性靜情動」是

---

156 《神仙可學論》卷中，頁 15。收在《正統道藏》第 39 冊。
157 同上。
158 《形神可固論‧服炁》，頁 22-23。

吳筠思想中的一個重要觀念,他認為「性本至凝,物感而動」,性動則為情,情欲滋擾自然會使本性喪失,所以「動用而虧性」,自然「去道彌遠」。[159]故「性」的義涵是指人生命的本然狀態,也是與道合一的境界。在《宗玄集‧心目論》中,他便說「予欲忘情而隱逸,率性而希夷,偃乎太和之宇,行乎四達之達,出乎生死之域,入乎神明之極」。[160]吳筠多次提及「率性」的字眼,並且表示這就等於是復返生命本然的最佳狀態,也就是應合了「道」。但必須注意的是,吳筠的「正性」也包涵了心神的陶養和形體的修鍊兩個方面。歸返於「道」,既是心性的返樸歸真,又是養精鍊形的結果,而「性靜情動」所指的大約就是屬於心性這一面的概念。[161]《玄綱論‧長生可貴章》即言:「理其性者必平易其心,心平神和而道可冀。……情動性虧,祇以速死」。[162]「心」之所發即為「神」,「神」之於「性」,則多表示「性動」時的靈敏妙用。如他說到:

> 神者,無形之至靈者也。神稟于道,靜而合乎性,人稟于神,動而合乎情,故率性則神凝,為情則神擾,凝久則神止,擾極則神還,止則生,還則死,皆情之所移,非神之所使。[163]

吳筠把「性」作為生命內在的最佳狀態,乃至是合道的

---

159 《玄綱論‧同有無章》,頁 5。
160 《心目論》,頁 1。收在《正統道藏》第 38 冊。
161 關於吳筠「性靜情動」思想的論析,可參考陳弱水,〈〈復性書〉思想淵源再探 —— 漢唐心性觀念史之一章〉,《唐代文士與中國思想的轉型》,頁 332-338。
162 《玄綱論‧長生可貴章》,頁 20。
163 《玄綱論‧率性凝神章》,頁 18。

體性。所以它是「靜」的、本然的。「神」是「性」在生命活動時，靈動作用的樣態，在「率性」而動時，它才是合宜的，也才是與「道」冥合的。

　　吳筠同樣將生命視為氣化而成的，而一旦生命成形，便容易因情之動用而使「性」產生虧損，而遠於本然之道。吳筠的性情論，顯然未曾離於氣化的身體觀。而且他在《神仙可學論》中對於受到佛教影響，只重視心性修養，而忽視生命實質的道門中人也提出了駁斥。他說：

> 當世之士，未能窺妙門，洞幽賾，雷同以泯滅為真實，生成為假幻，但所取者性，所遺者形，甘之死地，以為常理。殊不知乾坤為《易》之蘊，乾坤毀則無以見《易》。夫形氣者為性之府，形氣敗則性無所存。性無所存，於我何有？[164]

　　這段對當時道教修養理論的批評，可作為我們前一節討論的印證，也與司馬承禎的說法恰相吻合。這是吳筠企圖對當代道教義理再作一次翻轉的表現。我們可以清楚看到，吳筠並不同意脫離形氣之生命體來談論「性」。他認為若以乾坤氣化為虛幻，以此身為假有，專求心性之修鍊，那麼一旦生命結束，此「性」又豈能獨存？可知吳筠不願意接受脫離生命而立義的形上之「性」，他的性情觀是涵蘊在生命形氣之中的。於是，他同司馬承禎一樣都要求兼養心性和形體，希冀使整個生命體最終能完滿合道，最後得以飛升成仙。所以我們看他說：「故心不寧則無以同乎道，氣不運則無以存

164　《神仙可學論》卷中，頁 11。

乎形。形存道同，天地之德也」。[165]心寧則性顯，不為情所
蔽；氣運則形健，方能夠久存。兩相配合，自然能與道合。

　　最後，我們再檢討一下吳筠和司馬承禎「修性合道」的
思想意涵。前引司馬承禎在《服氣精義論》中即曾有過「夫
人之為性也，與天地合體」之說，顯示他的性命修鍊亦以「天
人合一」為究極的目標，「合道」亦即是合於天道。所謂「後
人自昧其性，自役其神，自撓其氣，自耗其精，所以不能與
天地合」。大略也就是這個意思。吳筠的性情理論則可以〈洗
心賦〉的一句話來概括：「神符性以契道，人應情以喪真」。
因此如何修養心性和形體二者，以獲得正性之和諧，也就成
為能否升仙合道的關鍵。吳筠成仙合道的境界與司馬承禎所
說的「天人合一」之理想亦無不同。《玄綱論・同有無章》
即言：

> 氣本無質，凝委而成形。形本無情，動用而虧性。形
> 成性動，去道彌遠。故溺于生死，遷于陰陽，不能自
> 持，非道存而亡之也。……故生我者道，滅我者情。
> 苟忘其情，則全乎性。性全則形全，形全則氣全，氣
> 全則神全，神全則道全，道全則神王，神王則氣靈，
> 氣靈則形超，形超則性徹，性徹則返覆流通，與道為
> 一，可使有為無，可使虛為實，吾將與造物者為儔，
> 奚死生之能累乎！[166]

　　這是認為藉由生命體的鍊養，其整體的氣性變化將逐漸
與道相合一，看似與南北朝以前的修道理論沒有差別。但我
們說過了，吳筠的「性靜情動」修養說中，已加入了心性內

---

165 《玄綱論・超動靜章》，頁 5。
166 《玄綱論・同有無章》，頁 5-6。

在的心靈陶化一項，絕非單純的生理變化而已。於是，在他觀念中的所謂心性的升華，便和天地自然的理想結合在一起，最後一句的「吾將與造物者爲儔，奚死生之能累乎」，可說已道盡了這種「天人合一」的境界形式。如此一來，道教與理學的關係顯然又拉近了一層。

第四節　小　結

當學界在追溯理學思想的淵源時，佛教義理通常被認爲是相當重要，或甚至是特別重要的一環。但從本章的考察結論來看，至少有幾個關鍵的思想特質排除了這方面的因素。由於道教和儒家共享的是一個氣化的宇宙觀，故在思考人性問題時，必然離不開氣質稟賦的看法。南北朝以前的道教重視養生和鍊形，所論之「性」不僅接近於生命的意義，而且還是氣化性質的。修「性」合「道」的說法較接近一種修鍊後天之形氣，以復返純粹元氣（道氣）的觀念。這種長生久視的追尋，較少觸及德性、品格的心靈轉化，類似的養神觀念也側重在一種「形神合一」的生命和諧理想，故並未透入心性論的場域。但在南北朝末期到唐初的這段時間裏，道教的修鍊觀受到佛教相當大的衝擊，道教的修性、養性逐漸重視心靈層面的問題，甚至最後放棄了具體生命的保養和氣化宇宙觀的實有立場。南朝宋文明在《道德義淵》中談論的「道性」尚是氣化的生命性質義，但到《本際經》即一轉而爲形而上的得道「根據」，這和佛教如來藏義的「佛性」說幾乎同出一轍，它已完全脫離了具體生命的範疇。部分道經爲了

提高義理的層次，引入依心靈體證而悟道的修鍊法門，但卻在強勢的佛性觀中失去了自己的立場。

　　中唐和宋初儒家所談論的「人性」，即依氣化原理說明個人的氣質稟賦問題，並申論德性的本質和教育的必要性。道教談「性」雖較注重生命的生理層面問題，但也強調養神靜修，更重要的是儒、道皆由世界之一元氣化觀談及個體的性命性質。故當道教從唐初的「道性」觀念中脫離出來後，不僅重視生理層面之「性」，更認為若欲修道成仙，在形體的鍊養背後還有更深層的心靈慧覺的陶化。於是從司馬承禎和吳筠的身上，我們看到了心性修養的理論說法。此時之「心」已非「如來藏自性清淨心」的形上之「心」，此時之「性」亦非如來藏義的「佛性」，而是個體真實的內在生命性質之一。所以嚴格說來，中唐道教的心性理論已先於李翱的〈復性書〉和北宋理學家開啟了新頁，也可以解釋說，道教在長期與佛教論爭、交流的過程中，已先於理學完成了心性理論的建構，這使得理學能在接納道教之宇宙論資源的同時，對其心性思想的轉化做更進一步的詮釋。

　　其次，由「超越」理想的理論層面來看，佛教從形而上的「佛性」之根據引導出涅槃成佛的意識。其立場是以無明心識變現此世界，故拒絕執著於一切幻妄的體悟修鍊，嚴格說來是一種解脫、捨離的精神，心性定慧的目的已在天地自然的範圍之外（或說並不為天地自然所限）。但我們的研究顯示，除卻唐初的「道性」思想外，中國的儒、道心性思維向來離不開氣化的生命實質的意涵，儒、道兩家之「超越」意識所指示的目的也就在這個生命的本源，換句話說就是「天地自然」。南北朝以前的道教說到「歸根復命」，多指復返

於初生或未生的狀態，也就是生命之氣最純粹的自然狀態。一般認爲，這是生命鍊養的極致，亦即與宇宙根源之「道」相合符的境界。從南北朝時代的「道性」理論中，我們可以明白一點，萬物既皆由一個本源的「道」所分化出來，溥受「道氣」而內涵有「道性」之本質，也就等於暗示了人皆有可能藉著修養本身的「道性」而與「道」合一，這即是道教早期「天人合一」的一種體道模型。

在南北朝末期到唐初的一段與佛教的融合過程中，道教爲早期單純的生命修鍊加進了心靈、心智的陶化之一環，使得「修性合道」的內容趨向於心性化。但他們修養的目標仍然沒變，司馬承禎和吳筠皆認爲生命個體在本質上與宇宙本源之「道」是相同的，透過心神和身形雙方面的修鍊，至終便能夠得道升仙、與道冥一。它所歸宿的「道」是實存的天地自然，絕非佛教的當下皆空或究竟實相。如此一來，道教的「成仙」和佛教的「成佛」在意義上就顯得非常的不同，但其「天人合一」的理想性追求卻相對的與理學的「成聖」型態接近。雖然道教時而言「道」、時而言「天」，但他們畢竟認爲人性是源於「道」（天）而最終要歸於「道」（天）的，這便是中國傳統「天人合一」的形式，理學家講「性與天道」思想的核心意義也同樣不出於此。若我們把李翺〈復性書〉中「成聖」的形態拿來與中唐道教的「得道」理想相比時，將可以發現其中對人性本質的說法（氣化之人性、人皆有正性、性靜情動）和「超越」意識的結構（成聖和成仙的理想境界皆是「天人合一」）是完全相同的。從這個角度來看，陳弱水先生認爲〈復性書〉中有許多來自道教的思想

因子也就可以理解了。[167]最後，〈復性書〉和中唐道教還有
一個相似之處，那就是在宇宙論的問題上發揮得不多，他們
雖然指出了天地自然是一個理想歸復的目標，亦是「復性」
之後的境界，但從其思想裏頭卻找不到太多具有變化
（becoming）和生機（organismic）意義的宇宙思維。這種自
然動態的規律法則的觀察和體悟，是理學家「天道」觀中相
當重要的特質。因此，我們下一章將在中唐至宋初的這一段
時間裏，繼續追溯道教其他思想潮流的變化，探索是否還有
其他的思想因素影響了理學。

167　可參閱陳弱水在〈〈復性書〉思想淵源再探 —— 漢唐心性觀念史之
　　一章〉文中的討論。

第五章　唐中葉至宋初的道教思想

　　對唐中葉以前的道教思想有一概略的考察是必要的，從前一章的討論中，我們即已獲得了不少相當有意義的結論，這將提供中唐以降丹道思想的流變一個重要的背景和比較的對象。道教在中唐時期還發生過一次思想的轉變，這裏所說的「轉變」比較近似一種研究興趣的轉移。南北朝以前的道教在追尋修證的終極目標時，對「玄」、「道」的宇宙本質皆曾有過詳細的表述，只是大體而言，他們側重的是冥合此一終極的、本源的和純粹自然的「道」，卻非著眼於「道」所涵孕的這一個天地場域。從南北朝到初唐的這段時間裏，道教義理學的發展則更關注在如何體證終極的「道體」。不管他們對宇宙實體之「道」的解釋為何，基本上是將天地間的一切事物變化，都視作虛幻無常的，因此摒除外境的緣染成為很重要的修養工夫。「重玄兼忘」之說構成思想的主流，就是一個再明顯不過的證明。玄宗朝的司馬承禎和吳筠，雖把人性修鍊的定義從抽象的形上「道性」觀念中抽離出來，重新肯定了實存的氣化宇宙和生命體的保養，但對宇宙的運動過程和變化規律仍未感到興趣。然而，就在接近唐中葉的玄宗朝前後，一個側重變化（becoming）和生機（organismic）的宇宙思維正逐漸在道教內部形成潮流。這股思潮特別注重天地間的一切自然變化，探求的是自然世界的規律性質和生

命理則，它們清楚的表現在中晚唐到宋初丹道思想的發展
上，並對後來理學家的宇宙觀有相當鉅大的影響和啓發。本
章就是要呈現這一股思想潮流形成的過程，及其思想內涵的
若干重要特質。

第一節　《黃帝陰符經》的注解與
《周易參同契》的流行

　　在進入唐代內、外丹學的思想討論之前，我們先考察一
下曾經對中唐以降這股思想潮流發生過關鍵作用的兩部書
——《黃帝陰符經》和《周易參同契》。《黃帝陰符經》是
一部奇書，其發現及成書年代，歷來眾說紛紜。但可以肯定
的是，它最晚在初唐已經開始流傳。[1]不過可能要到玄宗朝前
後的李筌和張果注解《陰符經》之後，才有更廣泛的流行和
影響。

　　李筌的生平事蹟已難詳考，正史皆無傳。《新唐書‧藝

1　《黃帝陰符經》的作者和成書年代一直廣受爭議，但大多以爲是唐以
　　前成立的古書。比較特殊的意見來自黃庭堅和朱熹，他們直接認爲李
　　筌就是《陰符經》的造作者（參閱黃庭堅《山谷題跋》卷 4〈跋翟公巽
　　所藏石刻〉；朱熹《陰符經考異》）。但近人余嘉錫在《四庫提要辨
　　證》中已提出不少初唐人援引過《陰符經》的證據（參考氏著，《四
　　庫提要辨證》卷 19）。可見《黃帝陰符經》早已存在，經過李筌的注
　　解，才較廣泛的流傳。相關的考證可參見王明，《道家和道教思想研
　　究》（北京：中國社會科學出版社，1984），頁 139-158；李大華，〈論
　　《陰符經》產生的歷史過程及其唐代詮釋的思想特點〉，載《道家文
　　化研究》第 7 輯（上海：上海古籍，1995），頁 259-274。

文志》著錄不少他的作品。目前根據幾條線索，可以大略推知他的活動年代。李筌的《陰符經疏》卷上有「祿山思明，篡逆悖亂之臣」一語，則他注解《陰符經》的完成時間已在天寶末年之後。[2]此外，敦煌本《閫外春秋》的卷首有〈進書表〉，表後署「天寶二年（743）六月十三日少室山布衣臣李筌上表」。[3]那麼《閫外春秋》的撰作時間還要早於《陰符經疏》。同是李筌作品的《太白陰經》，其成書年代最晚也在代宗朝以前。[4]於是可以推斷，李筌的活動時代大約在唐玄宗至代宗期間。

就在同一個時期，唐代有名的道士張果也爲《黃帝陰符經》作注解，《雲笈七籤》卷十五已收錄此書。[5]在書的卷首，作者敘云：「近代李筌假託妖巫，妄爲注述，徒參人事，殊紊至源。……偶於道經藏中，得《陰符傳》，不知何代人製也。詞理玄邈，如契自然，臣遂編之，附而入注」。[6]根據此

---

2 李筌，《黃帝陰符經疏》，頁 564。收入《道藏要籍選刊》第 3 冊。劉師培曾經懷疑《黃帝陰符經疏》非李筌所作，但他所提出的證據十分薄弱，並不可信。細節的討論可參考王明，《道家和道教思想研究》，頁 139-146；李大華、李剛、何建明著，《隋唐道家與道教》（廣州：廣東人民出版社，2003），頁 726-733；陳進國，〈李筌《黃帝陰符經疏》的真偽考略〉，《中國道教》2002 年第 4 期，頁 28-30。

3 轉引自《道家與中國哲學》隋唐五代卷，頁 345。

4 杜佑纂集《通典·兵類》主要取《李靖兵法》與李筌的《太白陰經》兩家爲論（參閱《四庫提要》，〈太白陰經條〉），故《太白陰經》當成書於《通典》之前。而據《舊唐書》杜佑本傳推論，杜佑《通典》的著作時間當始於代宗朝。因此，李筌撰作《太白陰經》的時間最晚也當在代宗以前。

5 張果所注解的《黃帝陰符經》，另外還收錄在《正統道藏》第 4 冊。

6 《雲笈七籤》卷 15，頁 372。今存李筌《黃帝陰符經疏》的經文與張果注本的經文略有不同，特別是張果自言得之於《陰符傳》的「傳曰」文字。

敘，張果當與李筌爲同時代人，而且他注解《陰符經》還要在李筌之後。翻閱新、舊《唐書》的張果本傳，其對張果生平的描述頗類神異，很難盡信。但他大抵是生活於武后、玄宗朝的道門中人，應無可疑。[7]

《黃帝陰符經》的思想特色在「盜機」之說。「盜機」的意思可解釋作「盜取天地運化之機宜」。人們藉由觀察宇宙運行的變化規律和法則，可以知道如何順循自然之理來獲得最佳的生存方式。這裏頭蘊涵的思維上的焦點，是直接體察天地間動態的生命演變過程，使人的生存活動能夠符應這整體的律則和變化。因此「時間」的概念顯得相當的重要。《陰符經》屢次談論的「機」，其實就是對自然變化的「時間法則」的掌握。李筌《陰符經疏》解釋「天發殺機」時說：

> 天含五炁，遞爲生殺，自然有之。天道生殺，皆合其機宜，不妄發動。陰陽改變，時代遷謝，去故就新，此天發殺機，皆至公也。[8]

這是對自然變化的時間規律性的肯定。在這樣運化有序的演變過程中，人必須能察知「天機」的時序性，進而去合符這個運動的法則。契合自然變化的規律法則，幾乎是《陰符經》及其注疏觀點的基調。經文已說：「天發殺機，龍蛇起陸；人發殺機，天地反覆。天人合發，萬變定基」。[9]李筌更每每強調人的生息活動必須取決於自然變化的理路：

> 明陰陽之道，察興廢之理，動用其機宜，然後修身鍊

---

7 參閱《舊唐書》卷 191，〈方伎〉，頁 5106-5107；《新唐書》卷 204，〈方技〉，頁 5810。
8 《黃帝陰符經疏》卷上，頁 563。
9 同上。

行，以成聖人。

天道應運，陰陽至神。察其機要，存亡在身。

取捨合其機宜，明察神明之道，安化養命，固躬之機也。[10]

　　在李筌看來，養生之要是於天地陰陽的變化理則有明察之功，而後隨機應變。所以李筌的「盜機」說事實上是一種「法自然」的思維。只不過在取法中，特別重視其間活絡的變化理路。除了「機」字已透露自然變化的時間性，「盜」字更具備強烈的動態感。因為認識天地之「機」，只是察知自然的變動及其規律，而「盜」才指涉了人去呼應、密合外物的一切變化。所以「盜機」不單純只是「法自然」的重述，它還暗示了人與自然在規律變動中的合一。[11]

　　張果的注解同樣強調合符自然變化之機。他說：「機變通而無所繫，故能契自然之理」。[12]又云：「觀天之時，察人之事，執人之機，如是則聖得以功，神明以明。心冥理合，安之善也」。[13]換言之，張果也是要人觀究天地陰陽運化之理則，從中獲取順應宇宙消息盈虛的道理，以作為修身理性的依據。所以我們可以看到，《陰符經》及其流系的注疏在宇宙原理的思考上，較為注重自然活動的過程及變化，彷彿認為宇宙之「道」的奧秘就蘊藏在時間規律之「機」裏頭。而對於如何歸返或證悟那終極、抽象的「道體」，反而不是他們所措心的問題。

---

10 以上三條文字分見《黃帝陰符經疏》，頁 564、565、567。
11 《陰符經》文所云：「觀天之道，執天之行，盡矣」。真可謂一語道破其中的妙理。
12 《雲笈七籤》卷 15，頁 373。
13 同上，頁 377-378。

　　要求人與自然在規律變動中合一的思想基礎，是人與天地萬物都是一氣所化成的。既然是由一氣所運化而成，自然屬於一個整體。人與自然、萬物的變化生息之間就顯得處處相關，聯繫密切。李筌在注疏「觀天之道，執天之行，盡矣」一句時，解釋說：

> 天者，陰陽之總名也，陽之精炁輕清，上浮為天；陰之精炁重濁，下沈為地，相連而不相離。……故知天地，則陰陽之二炁。炁中有子，名曰五行。五行者，天地陰陽之用也，萬物從而生焉。萬物，則五行之子也。故使人觀天地陰陽之道，執天五炁而行，則興廢可知，生死可察。除此外無可觀執，故言盡矣。[14]

　　這是氣化的整體觀，明白可知。依照李筌的陳述，宇宙由一氣分陰陽，陰陽分五行，天地間的組成變化都是陰陽五行生克、推移的結果。[15]人與萬物既然是此一體的部分，最佳的生存和活動方式就是能順應整個運化潛移的過程。所以李筌重覆的表述，除了使人「觀天地陰陽之道，執天五炁而行」之外，更「無可觀執」了。

　　以上的討論給了我們幾點訊息。首先是《陰符經》及其注疏流系，特別著眼於體察自然的變化，以及對其間的運動規律性的掌握。所以基本上，他們在對宇宙自然的看法中，加進了「變化」（becoming）的概念。也就是說，他們特別留意到宇宙恆常的動態過程。朱熹就很讚許《陰符經》的這個觀念。他說：

14　《黃帝陰符經疏》卷上，頁562。
15　首句的「天者，陰陽之總名」。此「天」義可能是整個自然界的指稱，而非與「地」相對的「天」。

《陰符經》云：「天地之道浸」。這句極好。陰陽之
道，無日不相勝，只管逐些子挨出。這箇退一分，那
箇便進一分。[16]

朱子世界觀的基本特質之一，便是認爲宇宙間是一個動
靜屈伸、循環往復的陰陽五行之理。任何一事一物的變化，
都在這種演化（evolution）過程之中。[17]按照李筌利用陰陽、
五行之氣所推論出的宇宙流行，也表現了「更相制伏、遞爲
生殺、晝夜不停」的變化理路。[18]雖然他所發揮的宇宙原理
尚不見一個完整的體系，但李筌在中唐之初對宇宙變化的規
律法則表現出探索的興趣，確實具有相當的時代意義。

接著，我們將試論李筌在整個宇宙原理的思索之下，如
何看待心性的問題。他說到：

人與禽獸草木，俱稟陰陽而生。人之最靈，位處中宮。
心懷智度，能反照自性，窮達本始，明會陰陽、五行之
炁，則而用之。《周易》六十四卦，六十甲子是也。[19]

他認爲人爲萬物之最靈者，所以能藉由觀察宇宙的變
化，歸納出像《易》的六十四卦，或六十甲子那樣的規律法
則。但文字之間似乎也透露出，人對運化律則的體察，有待
本心自性的純明。從此處來看，李筌對「性」的理解也頗有
心智性質的味道。但就像他下面這段注疏所明白陳述的，「性」
作爲生命的整體義涵遠遠大於心智之性質：

---

16 見（宋）黎靖德編，王星賢點校，《朱子語類》（北京：中華書局，
　　1994）卷125，頁3004。
17 參考吳展良，〈朱子世界觀的基本特質〉，「東亞近世儒學中的經典
　　詮釋傳統」國際學術研討會（台北：臺灣大學，2004.3），頁14-15。
18 《黃帝陰符經疏》卷上，頁562。
19 同上，卷中，頁565。

> 道德之士，心不妄生，機不妄動。輒加於物情而耽徇
> 之人，取萬物資身養命者，亦天然之理。但不令越分
> 乖宜，反傷其性。……萬物彰彰，以害一生，生無不
> 傷者，以養性命也。今代之惑者，多以性養物，不知
> 休息，此言心生貪婪，為物所盜，使人禍敗耳。……
> 所貴知足適其中，不令將心苦貪於物，反傷正性，必
> 害於人。……勿令妄視邪淫之色，使心於物不生妄動
> 之機，不撓其性，以固壽保躬也。[20]

　　從文章的脈絡來理解，李筌所說的「正性」確是就生命的最佳性質或狀態說的，指涉內在心性的意義並不強烈。但我們不能忽視的一點是，傳統的生命整體觀是不劃隔「身」、「心」的，心神的外馳或動用，也會影響到整體的生理狀況，反之亦然。所以這段話中，他屢屢提及的「心」的動用，會造成「正性」的傷害，與這個觀念也頗有關係。

　　相較之下，張果的注解很重視心性問題。當他解釋《陰符經》的「天性，人也；人心，機也」一段時，便這麼說到：

> 《傳》曰：人謂天性，機謂人心。人性本自玄合，故
> 聖人能體五賊也。[21]

　　此「性」被理解作內在的心智性質，句中並暗示人先天便內存一種與天地理則相通相合的道理。故它一旦發用，便能很自然的明會這天地間陰陽變化的律則之理。這當然也包括了「五賊」（五行）在其間的生克推移之活動。張果的注中還說過：「三盜玄合於人心，三才靜順於天理」。[22]這和

---

20 同上，卷下，頁 568。
21 《雲笈七籤》卷 15，頁 374。
22 同上，頁 377。

上引文也是相類似的說法,只不過以「人心」代換了「人性」。如此也印證了張果言「性」確涵有心智的性質。

特別需要一提的是,張果注所表達的思想很接近於理學家。前一段的兩則引文都顯示他主張心性玄合於宇宙律則的看法,這與理學家「心具眾理」的觀念尤其相符。而且張果所用的「天理」二字,接近於自然理路的說法,而遠於描述所謂的超越或終極的理相(idea),與理學家對「理」概念的論述恰有等同之處。

張果《陰符經》注之所以會有這樣的思想特色,來自兩個方面的因素。第一是他同在初唐以來講求修養心性的道教潮流中,所以對「性」的理解接近於個人的內在心性。比如他說:「機之則無不安;情之則無不邪;性之則無不正。故聖人動以伏其情,靜以常其性,樂以定其機。小人反此」。又言:「由人之性靜,動而生姦」。[23]其「性」都是指人內在的心性狀態,而且句中還表現出當時流行的「性靜情動」的觀念。[24]足見他注《陰符》的思想和李筌注重生理活動的變化,有很大的不同。

第二,《黃帝陰符經》本身關注的是天道自然的流行,人所要體察的是宇宙間的秩序和律則。因此,《陰符經》要人體證的不是一個終極的本源性問題,而是一種變動的過程。在道教傳統的修鍊理論中,《老子》的元氣生成思想一直是個重要的樞軸,人們藉由修鍊自身的形質或心神,企求

---

23 同上,頁 376。
24 唐代道教對「性靜情動」觀念的闡述,可參見陳弱水,〈〈復性書〉思想淵源再探 —— 漢唐心性觀念史之一章〉,《唐代文士與中國思想的轉型》,頁 290-356。

返歸道初的純粹道真。即使隋代唐初受佛教影響後，道教的修養特別重視「心性」問題，仍然圍繞在討論眾生「道性」如何體證終極的「道體」。最多是認識了一個氣化的世界及其生成的本質，但未涉及到自然宇宙的運化過程、變化律則和循環理序等等問題。不管是隋唐以前的傳統道教，或南北朝以降發展起來的道教義理學，都是如此。

於是，當這兩方面的因素碰撞在一起時，很容易為找尋心性所要體悟的「道」，而將自然理路視為人的心性所能冥符的道理。這雖然只是一個轉變的契機，在思想史上卻具有絕大的意義。在中唐之前，道教較少將注意力放在宇宙的變化動態上，而時常跨過天地間的自然理路去探尋「本初」或「終極」之「道」。但中唐的《陰符經》注疏卻透露了一個逐漸關注自然世界之變化過程和理序的興趣。李筌雖然有首開風氣之功，但張果所表達出來的思想內容卻更令人察覺到思想轉關的特殊意義。

除了《陰符經》的注解之外，可以說明中唐時期的道教內部，開始對自然世界的動態觀和變化過程產生興趣的，還有《周易參同契》在丹家之間的流行。《周易參同契》是援引《易》理來講述鍊丹的經典著作。它的作者和成書年代也曾引起學界的熱烈討論。但《周易參同契》最後成書於東漢魏伯陽之手，應該是沒有爭議的。[25]但在魏晉南北朝時期，

---

25 此處無法詳論《周易參同契》的版本，及其相關的作者和內容問題。關於這方面的研究，可參閱孟乃昌，《周易參同契考辯》（上海：上海古籍，1993）；蕭漢明，郭東升著，《周易參同契研究》（上海：上海文化，2001）。孟乃昌先生對《參同契》的研究，用力至深，《考辯》一書更是今日探討《周易參同契》的相關問題時，不可或缺的重要著作。另外蕭氏、郭氏的著作，在孟書的基礎上，進行了更詳細的討論，可與《考辯》參讀。

道教的宇宙原理是比較單純的氣化生成理論，由一氣化生萬
有，亦經鍊氣而返歸道本。「道」的概念也因爲「氣」的因
素而溥在萬物之中，故修性養氣即是修「道」。《周易參同
契》因爲引藉《易》理來討論鍊丹的問題，故較側重宇宙的
運化律則和陰陽、五行的變化過程。這種由《易》道引發的
宇宙觀較接近漢代緯書中所討論的天文、曆算之學，跟道教
援用《老子》而建立的元氣生成次序說，是屬於不同的思想
體系。[26]因此，《參同契》書中表現出相當重視宇宙變化之
規律法則的《易》理特點，而不單純只要求冥會一個宇宙終
極的「道」。就這點而言，《周易參同契》和《黃帝陰符經》
倒是相當雷同的。

　　或許是宇宙原理的差異，使得《周易參同契》在盛行金
丹神仙的魏晉時期一直隱晦不彰。我們看早期的鍊丹理論，
的確鮮少援引到《易》理。而且事實上，把鍊丹學與宇宙觀
作聯繫的思考，並不在魏晉南北朝丹家的觀念裏頭。以《抱
朴子》爲例，在葛洪金丹成仙的信念背後，並沒有太過嚴密
的宇宙原理作爲支持。如他說：

> 夫金丹之爲物，燒之愈久，變化愈妙。黃金入火，百
> 鍊不消；埋之，畢天不朽。服此二物，鍊人身體，故
> 能令人不老不死。此蓋假求於外物以自堅固，有如脂
> 之養火而不可滅，銅青塗腳，入水不腐，此是借銅之
> 勁以扞其肉也。金丹入身中，沾洽榮衛，非但銅青之

---

26 《周易參同契》除了具有強烈的《易》理特色之外，它成書的時代背
　景，可能也是塑造其獨特的思想特質的重要原因。關於這個問題，可
　參閱周立升，《兩漢易學與道家思想》(上海：上海文化出版社，2001)，
　頁 193-229；蕭漢明，郭東升著，《周易參同契研究》第四、五章對
　於相關內容的考辨。

外傳矣。[27]

這是由於他發現「金丹」在鍊製的過程中，具有不斷變化的奇妙性質，而且還能長期存在於此世而不朽壞，因此認為服食它便能使身體發生變化，形成同樣不會衰朽的生命體。正如他所說的，這是「假求於外物以自堅固」的觀念。[28]在《抱朴子·仙藥》中，葛洪也引了《玉經》的說法：「服金者壽如金，服玉者壽如玉也」。[29]類似的觀念其實也曾出現在《周易參同契》中，可見這是傳統服食金丹成仙者的共同信念。[30]

既然如此，我們似乎很難再去追尋金丹神仙信仰的背後，蘊藏了什麼樣奧妙的宇宙原理。面對類似的問題，葛洪就曾語帶保留的說過：

吾今知仙之可得也，吾能休糧不食也，吾保流珠之可飛也，黃白之可求也，若責吾求其本理，則亦實復不知矣。[31]

葛洪是當代金丹成仙思想的重要人物，連他都對金丹背後的原理提不出可靠的答案，可想而知，隋唐以前丹學的思想理論仍相當的粗淺。或者可以說，其時丹道對於技術層面

---

27 參見王明，《抱朴子內篇校釋》，〈金丹〉，頁 71-72。

28 同樣在〈金丹〉篇中也說過：「凡草木燒之即燼，而丹砂燒之成水銀，積變又還成丹砂，其去凡草木亦遠矣。故能令人長生……」。可見早期丹家的金丹信仰，是建立在這種「假外物以自固」的簡單觀念上。見該書，頁 72。

29 《抱朴子內篇校釋》，〈仙藥〉，頁 204。

30 魏伯陽在《周易參同契》中，也曾提到：「巨勝尚延年，還丹可入口，金性不敗朽，故為萬物寶，術士服食之，壽命得長久」。見《周易參同契》卷上，頁 16。收入《道藏要籍選刊》第 9 冊。

31 《抱朴子內篇校釋》，〈對俗〉，頁 50。

的重視，確實掩蓋過了對於理論層面應有的關注。[32]

　　所以若仔細考索的話，可以發現古丹經是不引述《易》理的，更未嘗提及魏伯陽和《周易參同契》。[33]葛洪雖然在《神仙傳》中說到魏伯陽作《參同契》，「假借爻象，以論作丹之意」，但《抱朴子》所述的金丹術卻根本不言《易》理，也未用陰陽五行之說。[34]陶弘景鍊「九轉神丹」，其所纂《真誥·登真隱訣》亦不曾引及。[35]

　　在葛洪之後，首先在鍊丹理論中提及《周易參同契》的，是隋代青霞子蘇元朗。[36]盛唐詩人王昌齡也曾有過〈龍道士問易參同契〉詩。[37]但《周易參同契》真正成為道教鍊丹的理論經典，流行在道士之間，則可能要到中唐初葉。大約在唐玄宗開元、天寶年間，綿州昌明縣令劉知古在所進獻的〈日

32　參見盧國龍，〈《參同契》與唐五代道教的外丹理論〉，收入《道教哲學》（北京：華夏出版社，1997），頁465-506。盧國龍先生對《參同契》在丹道思想理論中所發生的影響和過程，有很深入的考索和見解。

33　參見陳國符〈《道藏》經中外丹黃白法經訣出世朝代考〉，收入《陳國符道藏研究論文集》（上海：上海古籍，2004），頁126-127。

34　葛洪在《神仙傳》中對魏伯陽的描述，可參見《雲笈七籤》卷109，頁2365-2366（節錄）。

35　參考陳國符，《道藏源流考》（出版地不詳：祥生，1975）附錄五，〈中國外丹黃白術考論略稿〉，頁390。陳氏認為隋唐的內丹書才開始暢言陰陽八卦、四象五行及鉛汞龍虎，而且援引《參同契》等書以為理論之用。單以《周易參同契》影響內丹之學，而不及外丹，實和陳氏對唐代內外丹書的判別有關。這個問題的相關考辨詳下文。

36　有關蘇元朗的生平事蹟及其丹道的思想內容，可參閱盧國龍，《道教哲學》，頁515-520。

37　王昌齡，〈龍道士問易參同契〉詩云：「仙人騎白鹿，髮短耳何長。時余採菖蒲，忽見嵩之陽。稽首求丹經，遂出懷中方。披讀了不誤，歸家問稽（嵇）康。嗟余無道骨，廢我入太行」。收在《文苑英華》（台北：大化書局，1990）卷228，頁518。

月玄樞論〉中說到：

> 道之至祕者，莫過還丹。還丹之近驗者，必先龍虎。
> 龍虎所自出者，莫若《參同契》。世之習此書，近乎
> 髣髴，其徒實繁。達乎元義者，未之有也。[38]

不論據《參同契》以鍊丹的道士是否真能達究其中的義
理，它流行在丹家之間而成為研究的典籍，顯然已構成潮流。
劉知古本人便認為鍊丹之理「無出《周易參同契》，但能尋
究此書，即自見其道」。[39]此後的中晚唐，外丹的燒鍊、服
食再度風行，而其間造作的許多丹道理論典籍都以《參同契》
作為思想闡述的基礎。《參同契》可說影響了整個晚唐至宋
初的內、外丹的理論建構。

第二節 唐中葉至宋初的外丹思想

── 以宇宙原理為線索的討論

《周易參同契》對丹道的影響之一，是同《陰符經》極
為相似的。我們說過，《陰符經》特別強調觀究天道運化之
機宜，從而注意到自然界的變動規律法則。《周易參同契》
之中也蘊涵了《易》理對自然變化的觀測。時序的推移及規
律循環的時間性，也是《參同契》鍊丹理論中重要的一環。

---

38 參閱《全唐文新編》卷 334，頁 3823-3827。此文所述，應為外丹理論，
讀其〈進日月玄樞論表〉即可知曉。唯因其中內容有排斥金石之說，
且多述五氣運行之理，故常被誤會為內丹說，其實這乃是外丹學向內
丹發展的一個過程。詳下文。

39 同上。

《周易參同契》曾說到：

> 聖人不虛生，上觀顯天符。天符有進退，詘伸以應
> 時。……八卦布列曜，運移不失中。元精眇難覩，推
> 度效符證。居則觀其象，準擬其形容。立表以為範，
> 占候定吉凶。發號順時令，勿失爻動時。[40]

　　《陰符經》流系的思想認為，人身處在自然界中，若能
觀知天地之理的變化，並依循它的時間理則而生息動靜，便
達致天理，即是養生之道。這個觀念和《周易參同契》流系
的鍊丹理論有近似之處。援引《參同契》作為丹道理論的作
品，都特別注重宇宙原理的窮究和理解，以為鍊丹的過程若
符應了宇宙的時間、節序、及其律則，鍊就的金丹便能合道，
服之即得升仙。或許也是這個原因，晚唐五代《參同契》流
系的鍊丹著作中，也有不少引據《陰符經》的地方。[41]

　　傳統道教要藉修鍊身心以符應於「道」，鮮少要求觀測
宇宙間變化律則的時間、次序，甚至常認為不應當使心性外
馳，否則將使元氣耗洩、虧性傷身。但中唐道教思想的一大
變革，就是把注意力放在宇宙觀上，而且是對天地間運化的
實在過程的理解。這個觀念體現在丹道理論中，即認為金丹
的成敗，與鍊製過程是否符應了宇宙循環的運化節序息息相

---

40 彭曉，《周易參同契分章通真義》卷上，頁 9-11。收在《正統道藏》
　　第 34 冊。這裡所採用的是彭曉注所整理之原文。

41 就筆者初步的考索所及，晚唐至宋初曾引《陰符經》文字的外丹作品
　　有《元陽子金液集》、《金丹真一論》、《丹論訣旨心鑒》、《還丹
　　眾仙論》、《修真歷驗鈔圖》、北宋林太古撰、谷神子注《龍虎還丹
　　訣頌》、宋李真人撰《龍虎還丹訣》等。另外，還有近似內丹作品的
　　《太白經》。唐金竹坡《大丹鉛汞論》則說到：「天盜地，地盜人，
　　人盜萬物，三才相盜之道，外丹之術，莫不由是乎」！可見晚唐之後
　　的鍊丹術，特別重視合符天地之理序，以盜其生命之機。

關。

宇宙原理和鍊丹技術的其中一個結合點就是，鍊丹火候的進退時間以自然運行的律則爲依準。唐末陶埴的《陶真人內丹賦》序云：

> 欲達至真者，明閑卦象，痛會陰陽，曉察天文，精求《易》義，火候進退，生殺合宜，表裏清通，內外相應。[42]

此篇名「內丹賦」，其實內容多在講燒鍊外丹的事。「內外相應」正透露出鼎爐鍊丹的火候和製作順序應當法效宇宙的陰陽消息。這個觀念在中晚唐的外丹鍊製中是相當普遍的。約出於唐宋之際的《還丹肘後訣》也說：

> 凡鍊金液神丹者，須要洞曉陰陽，深達造化，明五行相剋之幽微，識金水相生之妙理。[43]

五代彭曉注解《參同契》時，則說：

> 將乾坤鼎而同大冶，運坎離氣而比化權，則而象之，取而行之，謂天且弗違，而況於人乎？況於鬼神乎？是故神无方，而《易》无體，得不協其動靜，循彼陰陽，而成變化於有无之中乎？神哉！[44]

宋初程了一所作的《丹房奧論》也表示：

> 竊謂金丹大藥，上全陰陽升降，下順物理迎逢。聖人所

---

42 陶埴，《陶真人內丹賦》序，頁 2。收在《正統道藏》第 7 冊。關於篇名「內丹賦」的由來及其思想內容之考證，可參考柳存仁，〈關於《陶真人內丹賦》〉，《中國文哲研究集刊》，1992 年第 2 期，頁 93-107。

43 《還丹肘後訣》卷下，頁 1。收在《正統道藏》第 32 冊。關於此篇的出世年代，可參考《道藏提要》，頁 677-679。

44 《周易參同契分章通真義》卷下，頁 9。

謂格物致知，大槩不過子母相生，夫婦配偶之理。[45]

　　從以上的例子可以窺見，當《周易參同契》在外丹家之
間流行開來之後，丹道理論的作者對宇宙間的陰陽消息及運
化循環的過程，就不敢掉以輕心。他們認爲宇宙間的陰陽交
融變化，蘊藏了無盡的造化之理。若能在鼎爐鍊丹的過程中，
符應天地陰陽的升降、交感，日月之變化及卦次、節序的代
換，那麼金丹才有所成。陶埴就說過：「分判有時，方辯陰
陽之變化」。[46]署名宋李真人撰的《龍虎還丹訣》也認爲：
「丹道若不得時，則不能奪乾坤造化之功矣。用功得其時，
則丹道之功成耳」。[47]可見宇宙變化的時間性非常重要，外
丹家幾乎以爲掌握了陰陽代序的時間環節，就是掌握了宇宙
奧妙的機宜。這個觀念刺激了道教學者對《易》理研究的興
趣，進一步直接運用《易》卦、象數的原理與個人對自然天
地的觀察相印證。這一切就爲了使金丹能重覆宇宙運化的過
程，攢聚宇宙恆存之「道」。《金丹真一論》有一段話說到：

　　《易》曰：天地節而四時成，陰陽節而萬物生。所以
　　丹家盜之，一如推化萬物……俱存鼎中，聖人効之變
　　化也。《易》曰：天地變化，聖人効之。天垂象，聖
　　人則之。凡治丹言運符節者，此之謂也。[48]

此處頗有《陰符經》「盜機」論的味道在其中。而丹家

45　《丹房奧論》序，頁1。收在《正統道藏》第32冊。
46　《陶真人內丹賦》，頁4。
47　《龍虎還丹訣》，頁9。收在《正統道藏》第40冊。此書多引《參同
　　契》，又引呂洞賓、劉海蟾語，兼及內外丹之說。參見《道藏提要》，
　　頁830-831。
48　《金丹真一論》，頁7。收在《正統道藏》第40冊。《金丹真一論》
　　署名百玄子撰，從內容所引文字來看，可能出於唐末五代，是一部較
　　爲系統的外丹論著。可參考《道藏提要》，頁827。

所盜者，正是陰陽造化的過程和變化。此段文字明確表達了
外丹家注重鍊丹所應符合的陰陽節序，也就是自然的時間規
律。丹家普遍認爲，宇宙造化之理奧妙難言，人們欲在鼎爐
中效法宇宙生化的過程，唯一較精確可尋的就是陰陽的消息
時候、代換節次。而這就成了丹爐升降用火之時間差的判準，
也是能否盜奪宇宙之生機的可靠根據。《正統道藏》映字號
《周易參同契》陰長生注云：

> 看進退以候時，順寒暑而施火。欲知金水之和合，先
> 視卦節而證明。[49]

《金丹真一論》也說：

> 須是治丹之人，妙運五行，能驅造化，審看刻漏，進
> 退節符，黃芽始可化成。其或水火數差，漏刻無准，
> 陰陽失度，氣候不交，黃芽萬一不生，斯乃理丹之人
> 慢怠，差其候也。[50]

彭曉在《周易參同契分章通真義》裏頭說的更爲詳細：

> 伏犧聖人仰察俯觀，定《易》象之數，知萬物之情，
> 留示後人，俾未達者，既得窺天地之窠，盜陰陽之精，
> 識造化之根，辨符應之體，相生相剋，進退詘伸，皆
> 在乎掌握。故云《易》統天心也。是以設法象，採至
> 精，具鼎爐，運符火，循刻漏，行卦爻，定時辰，分
> 節候，以盡天地之大數也。[51]

從中我們看到時間度數的精確性的掌握，是丹道鍊製進

---

49 《正統道藏》映字號《周易參同契陰長生注》卷中，頁 31。收在《正
統道藏》第 34 冊。
50 《金丹真一論》，頁 4。
51 《周易參同契分章通真義》卷上，頁 9。

行中極關鍵的因素。所以「盡天地之大數」暗示了丹道要盜
奪天地奧秘的方式，是在鼎爐中以精密合符的時間規律，重
現一次宇宙的造化。丹家之所以特別專注在察究天道的規律
法則，也是爲了確定宇宙循環運化的時序過程。而這個觀念
的背後，無疑地乃是由《易》學之卦序、象數等理論所支撐
起來的。

　　爲了比較清楚的展示丹家如何引藉宇宙原理於鍊丹程序
之中，我們擬在此簡單的交待幾個細節。首先是觀察《易》
象。陶埴在《還金述》中說到：「古之人所以假《易》象而
爲經者，謂至道與天地配」。[52]他站在丹家的立場，明確表
示察究《易》象，即是要模仿它那恆常性的規律法則。不過
《周易參同契》的《易》學理論，因爲和鍊丹方法緊密關聯，
又受到西漢孟喜、京房的卦氣說和緯書等諸多《易》學條例
的影響，在詮釋表現上自然有其獨特的一面。最明顯的一點
就是，《周易參同契》以「日月爲易」，故所謂的「《易》
象」變化是指天象日月的更替往來。其書云：

　　　《易》者，象也。懸象著明，莫大乎日月。窮神以知
　　化，陽往則陰來。輻湊而輪轉，出入更卷舒。[53]

　　所以天地間陰陽二氣的變化，或丹道所謂的「陰陽交感」
之時機，法象的其實都是日月運轉的交替過程。故丹道《易》
學所言的卦爻、節序，模擬的正是月相的晦朔弦望，藉此說
明天地間陰陽的升降、消長變化。《周易參同契》本文所述
的《易》象和卦次循環，其實並不脫漢代卦氣納甲說、十二

---

52 陶埴，《還金述》，頁2。收在《正統道藏》第32冊。
53 《周易參同契分章通真義》卷上，頁7。

辟卦消息說等等和陰陽曆法有關的天文理論。[54]故藉日月變易之象來推闡陰陽的活動消息，也可說是《周易參同契》影響中晚唐以降，鍊丹學的宇宙原理的重要特徵。《參同契》陰長生注就說：

> 積陽之精為火，火之精為日。積陰之精為水，水之精為月。不信陰陽感通，水火從何而至？還丹之道，本自陰陽。既有證明，還丹豈無神驗也？[55]

文中明白流露，用以交感的陰陽二氣，其實就本自於日月之精華。《雲笈七籤》卷六十六所收張玄德的《丹論訣旨心照五篇》之〈明辨章第二〉也有這樣一段話：

> 凡修大丹，不在藥味，事在五行精究，《易》象分明。辨節序之運移，知日月之度數，陰陽相使，神仙之要，合道之宗。[56]

可知《參同契》流系的丹家所觀究之《易》象，實際就是日月推移的變化過程。五代丹家彭曉在《周易參同契分章通真義》之外，曾另作有《周易參同契鼎器歌明鏡圖》。其中《明鏡圖》即由八圈同心圓所構成，依次標舉八卦、二十八宿、月象、十二消息卦、十二月、十二地支及四時、五行之名，旨在圖解《參同契》所述卦爻天象陰陽消長變化之說。從中更能明確知曉丹家所說的陰陽交媾，實即日月的交感之理。

---

54 有關漢代《易》學對《參同契》思想理論的影響，可參考王明，〈《周易參同契》考證〉，載《中央研究院歷史語言研究所集刊》，第 19 本，（1948），頁 325-366；蕭漢明、郭東升著，《周易參同契研究》第四、五章。

55 《周易參同契陰長生注》卷中，頁 20。

56 參見《雲笈七籤》卷 66，〈金丹〉，頁 1453。

在觀究《易》象之外，其次當然就是更精細的作計數的檢證。燒鍊火候根據的，也正是從宇宙運化中歸納出來的循環度數。我們舉一個例子就能很清楚的了解到，宇宙變化之「數」在丹家心目中的重要性。《金丹真一論》說：

> 數極乃神，言數之極滿也。但論陰陽數滿，藥方乃神。陰極則陽潛，陽極則陰屈，二氣互用，道之自然。又言極者，是窮變之道盡矣。乃得陰陽之道，極數者也。是神仙之妙，變化之法，故曰數極乃神。獲斯天機。[57]

《易》數的精確性如此的重要，幾乎決定了所鍊丹藥的神妙與否。這也透露了自然之「數」給予丹家一個保證，一旦能在鼎爐冶鍊中落實與宇宙生化相同的規律過程，宇宙間生生不息的造化之機也將被融攝在金丹之中。

以上的討論，至少已突顯出晚唐五代外丹道兩個重要的思想環結。一是丹家企圖重塑一種宇宙造化的過程，這使得丹家務必究研《易》理和觀察天地間的陰陽變化理則。所以他們不作冥坐體道，而是精準的去認識自然理路、察究天象、計算時數。這就逐漸在鍊丹道士間形成一個有秩序、有規律，而且循環不息的宇宙觀。第二點，外丹家重擬的是一種宇宙的造化。從前面的引文中，已不時表現出天地間是一個生物不息的過程，宇宙充滿生機無限的思維也深刻影響到丹家對宇宙本質的認識。外丹家欲符應自然理序的鍊丹思維，其實就是企圖將宇宙間生生不息的生命力涵蘊在金丹之中。為了加強說明這點，我們下面再引幾條佐證的文字。彭曉曾引一首鍊丹歌云：

---

57 《金丹真一論》，頁22。

《古歌》曰：聖人奪得造化意，手搏日月安爐裏。微
微騰倒天地精，攢簇陰陽走神鬼。日魂月魄若箇識，
識者便是真仙子。鍊之餌之千日期，身既无陰那得
死。[58]

《金丹真一論》說：

如是乾坤俱備，陰陽兩全，奪天地造化之功，盜四時
生成之務。[59]

《龍虎還丹訣》也說：

鍊丹之道，其要在玄微，微妙中奪得造化之機也。不
知微妙之門，則金丹之道不可得而成之。[60]

可見當時的外丹家幾乎普遍認為，宇宙間充滿了造化的
活動，蘊藏著無盡的生命力。此一天地不僅是有次序、有規
律而循環不已的變動過程，這個變動的過程也兼具著生生不
息的造化之功。那麼這結論也印證了我們之前所說的，中唐
以降，道教內部逐漸興起了一套具變化和生機性質的宇宙思
維，而它特別顯著的表現在《參同契》流系的鍊丹理論作品
中。朱子也曾對《周易參同契》極感興趣，《朱子語類》記
載了他的一段話說：

《參同契》取《易》而用之，不知天地造化，如何排

---

58 彭曉，《周易參同契分章通真義》卷上，頁 4-5。這首歌訣可能曾在
丹家間相當流行，如《陰真君金石五相類》、《真元妙道要略》、《大
還丹契秘圖》，《道樞》卷 14 引唐玄和子都有引錄。它的流傳，或
者反應了丹家普遍具有宇宙生機（organismic）的觀念，或者加強了
這個觀念。

59 《金丹真一論》，頁 16。

60 《龍虎還丹訣》，頁 15。

得如此巧！[61]

這段話不只是朱子個人的體會，它同樣可作爲中晚唐以降，大部分鍊丹家對宇宙觀察後的心得。他們藉由研究《周易參同契》而開始對天地間自然運化的道理感到興趣，並逐漸地認識到宇宙間具有循環不已的規律性和生命造化的能力。而當宇宙原理成爲鍊丹程序的理論根基之後，又產生了一種信念的轉移。那就是外丹家認爲，鍊製成丹的關鍵在和宇宙原理之間的符應關係。他們相信，宇宙是一個巨大的造化體系，其背後必然蘊藏著某種永恆的生命泉源。故藉由《參同契》所揭示的理論，他們想藉由窺破自然界陰陽運化的次序和規律，「盜取」其中微奧的生生妙理。唐末金竹坡在《大丹鉛汞論》中的一段話，恰可作爲一個代表性的結論，他說：

> 察陰陽之動靜，驗天地之循環，明辨藥材，扣求水火法。參稽互考，徧閱丹經，尋訪明師。直與天地同其軌轍……嘗聞異人曰：天盜地，地盜人，人盜萬物，三才相盜之道，外丹之術，莫不由是乎！……其外丹欲以變化，生生而不窮，非得此三才相吞相盜交和之理，其何以知外丹相生相養相吞相合之妙也。且夫外丹之術，與天地造化初無少異。[62]

這段話涵括了中晚唐以降，外丹家所服膺的宇宙循環的觀察，鼎爐鍊造當法則自然運化之理的理念，以及盜奪天地生命之機的企圖。此外，還得出了一個至關重要的觀念：「外丹之術，與天地造化初無少異」。

當外丹家都傾向於擬藉丹爐的作用而重現造化之機時，

---

61 《朱子語類》卷 67，頁 1673。
62 唐金竹坡，《大丹鉛汞論》，頁 6-7。收入《正統道藏》第 32 冊。

一個重要的觀念也開始慢慢浮現：鼎爐自成一個小的天地，天地間則恰似一個生化無休止的大鼎爐。《正統道藏》容字號《周易參同契》無名氏注就譬喻地說到：

> 上蓋為天，下蓋為地，故天地既立，萬物生焉。宇宙之間，莫非天地所養，故道生天地。丹是於道，故須天地所養，所以先論鼎器而養成大丹也。[63]

陶埴在《陶真人內丹賦》中也說：

> 天地位者，乾坤鼎器也。言先論鼎器，後言其藥，天地位定，然後區分周天之義也。[64]

彭曉說的更明白：

> 鼎室中，乃自是一天地也。……則知一鼎中造化，一一明象天地運動，發生萬類也。[65]

《丹房奧論》則云：

> 真鉛不與世鉛同，修鍊全憑造化工。一鼎可藏龍與虎，方知宇宙在其中。[66]

歷引這些例子，只為展現中晚唐以來的外丹家，已普遍形成視鼎爐為一具生化過程的「小宇宙」的觀念。而或許也是在這樣確定的觀念之下，符應天地運化之象數律則的鍊丹過程，才擁有可靠的思想基礎。畢竟丹家之所以企圖法自然之動態，必是自信能在鼎爐之中重塑一個小的宇宙循環的過程。由此可知，這些丹道的觀念幾乎是環環緊扣的思想體系。這也為中唐以後的丹道理論家提出一個歷史的證明，證明中

63　《正統道藏》容字號《周易參同契無名氏注》卷下，頁 2。收入《正統道藏》第 34 冊。
64　《陶真人內丹賦》，頁 3-4。
65　《周易參同契分章通真義》卷上，頁 7-8。
66　《丹房奧論》，頁 1。

唐至宋初的道教思想史裏頭，的確發生過一個熱烈探求宇宙的動態變化及其生機原理的小思潮。

　　然而，當我們在認識丹家以鼎爐作為一「小宇宙」的觀念時，有一個環結卻是不能夠輕忽的。這和後來內丹學的理論也有相關之處，所以必須順道一提。以下仍須先節錄一段文字，以作為討論的基礎。《正統道藏》容字號《周易參同契》無名氏注曾闡述到：

> 夫大還丹者象自然。天生還丹，其自然丹生於有砂之地，四千三百二十年即生，……一千八十年則生金礦，礦一千八十年生丹砂，丹砂一千八十年生水銀，水銀一千八十年生自然還丹，合四千三百二十年。計一年十二月有四千三百二十時，一時為一年，故則一年火氣成小還丹，二年火氣成中還丹，三年火氣成大還丹也……計一月三百六十時，象一年三百六十日也。……今造大還丹，則此氣計火數而造也。[67]

　　這段引文，主要是告訴我們丹家如何來理解所謂「攢簇」的原理。他們認為，天地間經過長時累月的運化資孕，能自然而然的生成「還丹」。它是歷經數千年的時間和幾次的變化才完成的。其間的原理，就如前面曾提過的，是以為「還丹」在長時間的過程裏頭，涵蘊吸納了宇宙間充滿造化流行的生命奧秘，故服之方能長生升仙。既然丹家自認鼎爐能重現一個小的宇宙造化的過程，即是希望在這個「小宇宙」中自行造丹。但丹家不可能完成像天地自然那般長時間的規律循環，故藉「攢簇」的原理，把爐中一個月作三百六十時計，

67　《周易參同契無名氏注》卷下，頁 22-23。

一時等於天地間的一年三百六十日，那麼鍊製一年即是四千三百二十時，便如完成自然還丹的時間四千三百二十年。若再經三次（年）循環，即由「小還丹」變爲「大還丹」。這一切都是藉鼎爐的火候所造，自成一個小的宇宙循環的過程。

看似一個平凡的「攢簇」法則，卻暗示著一個觀念的形成。在「攢簇」的變通之下，鼎爐不僅是個具體而微的「小宇宙」，而且自成一個循環運化的規律性。這個運化過程雖只是一個小的循環，其生息造化的原理卻是完全相同的。那麼這已預示了一個想法：具變化和生機性質的宇宙過程，是可以擬造或存在於任何地方的。即使其循環運化的過程有遠近遲速之別，其中所擁有的造化生生之理卻沒有根本上的不同。這個觀念或許是促成晚唐內丹學發展的一個重要因素，至少也是內丹理論中的一個不可或缺的核心概念。甚至可以說，它已是後來北宋理學思想中，「物物一太極」觀念的早期典型。

以上討論了這麼多外丹學的思想理論，有一點是我們之前擱置未談的，現在仍必須提出來討論一番，那就是外丹鍊製的材料問題。內丹學的形成，與外丹理論的發展有很密切的關聯。至少我們前面所談到的外丹家對宇宙原理的思維及相關觀念，仍舊反映在內丹思想裏頭。其實，晚唐許多丹道的理論著作很難分辨是講述外丹燒鍊的，還是內丹的修鍊口訣。這不僅因爲丹家作品的用詞充滿隱喻，而且兩者還依據了相同的造化原理。甚至最後宇宙原理的重要性，還取代了外丹家對藥材礦物的選擇態度。《還金述》裏頭便曾經說到：

> 《經》云：聖人不定生，上觀顯天符。天符者，信也。
> 天氣降，地氣應，是陰陽交接而流珠下也。流珠者，

亦謂之流汞矣。經曰：丹砂流汞父，戊己黃金母。此
數者，足明砂汞合三才，應五行，而非人間凡物也。[68]

《還金述》內容所談論的是外丹燒鍊的問題，但這段文
字卻流露出它所欲鍊用的藥材並不是「人間凡物」，而是取
其中蘊涵了「合三才，應五行」的原素。照文字所述，這種
原素可能就是「陰陽交接」之氣。約出現於中唐的《陰真君
金石五相類》是外丹鍊製的重要代表作品，其內容也提到：
「天地至精，莫過於道。五行至微，莫過於炁」。[69]所以一
方面認為：「若修丹不識三才之理，浪用五金八石，雖得成
丹鉛，服之五粒……元無出世延年之功，算窮即死」。[70]可
見符合宇宙原理才是鍊丹的保證，金石藥材的選用已顯次
要；另一方面它提到了「五行之炁」，這可能才是金丹涵融
宇宙奧秘的所在。故云：「三丹用大造化之炁而結成，應五
行而為人之真液」。[71]很清楚的是吸收氣之精華作為個人成
仙基礎的觀念，外丹家所燒鍊的其實已變成是金石中的
「炁」。這個觀念的形成跟外丹家注重宇宙造化的實質過程
有關。約為五代宋初的道士柳沖用所作的《巨勝歌》，在其
序中曾表示過：

《太易圖》云：凡有陰陽，即生人民禽獸草木。若以
水銀朱砂產於巴蜀，其不出水銀朱砂處，即不合有人

68　《還金述》，頁3。
69　《陰真君金石五相類》，頁1。收入《正統道藏》第31冊。陳國符考
　　定此書出世於武后垂拱二年至唐玄宗開元末年間。參考氏著，〈《道
　　藏》經中外丹黃白法經訣出世朝代考〉，收入《陳國符道藏研究論文
　　集》，頁110。
70　《陰真君金石五相類》，頁38。
71　同上，頁1。

民禽獸草木也。[72]

這很顯然是氣化的宇宙觀所反映出來的疑慮。當外丹家關注在宇宙間的陰陽造化過程時，他們所思索的是天地間的生命如何因陰陽的交媾、消息而生成變化。一方面《易》學並不談金石藥物，另一方面與宇宙的生命原理直接相關的是陰陽氣化，不是什麼堅固或變化奇妙的金屬材料。於是，當外丹家在關切天地與鼎爐的造化同構之時，擬造的過程和鍊就的原素，已逐漸脫離鉛汞丹砂等等的考究和要求。但我們不是否定金石藥物在外丹鍊製時的必要性，而是認爲它們慢慢變成一種宇宙原素的「載體」。《周易參同契》無名氏注便說：

> 夫丹不得陰陽而成，終无得理；二味成丹同服，正合陰陽之道。[73]

又云：

> 金汞稟陰陽二氣，象色精微，是天地之靈。[74]

可見金丹藥物的神妙性質，乃得自於符合了陰陽運化的道理，且因此涵納了天地間陰陽二氣的精華。《大還心鑑》的作者也描述到：

> 余早年慕道，幸得傳真，克奉仙師，親承旨教，只論鉛汞龍虎之妙，真人去四黃之大非，損八石之參雜。且鉛汞合天地之元紀，包日月之精華，……統天地精

---

72 《巨勝歌》，頁2。收入《正統道藏》第32冊。關於此篇的作者和成書時代，可參考《道藏提要》，頁695-696。
73 《周易參同契無名氏注》卷上，頁22。
74 同上，頁23。

光，修鍊成丹，服之延駐，可不信乎？[75]

這段話也說到了兩個關鍵：「合天地之元紀」和「包日月之精華」。日月的精華即是陰陽二氣。可見宇宙原理在丹家之間盛行的結果，造成鍊丹理論中最必要而不可差池的因素變成是循從「自然之理」。再加上因為關注點的轉移和理論思維的逐漸嚴密，丹家無法再依礦物藥材等實物作理論的闡述，而必須藉陰陽、五行之氣的變化來進行抽象概念的檢證。因此，一個普遍的現象便發生在中唐以後的丹道著作中，即丹家設法描繪出的是鼎爐作為一運化不息的「小宇宙」的各種面向。包括象天地陰陽消息的火候、時數及其規律，鼎中發生的陰陽二氣的交媾過程，與丹藥化合間生機潛藏的可能。《周易參同契》的《易》理思維及其帶領起來的探索自然的風潮，可說為外丹學加入了充沛的宇宙原理的思想資源。所以，我們看《參同契》流系中最傑出的丹道理論家之一的彭曉，他是如何在他著名的作品《周易參同契分章通真義》書中，傳達出相同的訊息。他說：

> 元精者，是鼎中神靈真精，天地之元氣也。[76]

> 《易》者，象也。蓋以日月相合而成也。金液還丹，莫不合日月陰陽精氣而成也。故陰陽精氣，出入卷舒；晝夜循環，周而復始。[77]

丹家針對鼎爐所作的描述，都是陰陽之氣交融運化、周

---

75 《大還心鑑》，頁 2。收入《正統道藏》第 32 冊。此篇作者原題寒山子撰，約出於五代宋初。《雲笈七籤》卷 73 的內丹部已收錄此書。但其內容文字多與張玄德所撰《丹論訣旨心鑒》類同，應非屬內丹的理論作品。

76 《周易參同契分章通真義》卷上，頁 12。

77 同上，頁 7。

期循環的自然過程。似乎在外丹家的觀念中，具體的鼎爐形象和實際的金石藥材，其重要性都逐漸褪色了。

　　中晚唐以降的丹道理論作品，究竟何者屬於外丹，何者應歸類於內丹，造成過不少的混淆。以上所討論的外丹理論的演變，如以鼎爐爲「小宇宙」，講究陰陽二氣之交合變化，以及否定單純就金石藥物作爲鍊丹依據的種種情況，便是內、外丹的觀念和術語因模糊而混淆的主因。以中唐劉知古所上的〈日月玄樞論〉爲例，就產生了內、外丹學的兩種解讀。陳國符先生在《道藏源流考》附錄六〈說周易參同契與內丹外丹〉一文中，便以劉知古否定「五金八石」的鍊製，而判定其主內丹說。盧國龍先生則把〈日月玄樞論〉列入外丹思想的討論中。[78]若就〈日月玄樞論〉的本文內容來看，劉知古確實反對隨意使用「五金八石」等物質，但他的理由乃受到新的宇宙原理的支撐。由於他是信仰《周易參同契》思想的丹道理論者，故他所表達的見解正符契了我們之前所討論過的《參同契》流系作品的新思維。如〈論〉中曾說：「人徒知還丹可以度世，即不知度世之理從何生焉，蓋餌日月精華故也」。這是外丹的餌食之說，但食用的卻是匯納了日月精氣的金丹。下面一段說得更清楚：

> 夫「流珠爲龍」，龍即日也；「黃芽爲虎」，虎即月也。此二物者，日月精氣，咸有變化之理，故餌之者亦能變化。所謂變化者，變丹砂爲水銀，自陽返陰也；水銀復爲丹砂，自陰返陽也。故流珠丹亦名火青丹。變黑鉛爲黃丹，自陰返陽也；化黃丹爲黑鉛，自陽返

78　兩人的意見分見陳國符，《道藏源流考》附錄六〈說周易參同契與內丹外丹〉，頁 438-439；盧國龍，《道教哲學》，頁 465-506。

陰也。

　　這段說明至少有幾點可以印證劉知古所談的是外丹，而非內丹。第一，他再次用到「餌之」一詞；第二，他仔細描述了丹藥的顏色變化，這是外丹學的特點；第三，陰陽精氣的往返變化並不在人體之內運行，而只是作爲外丹燒鍊時，氣化反應與作用的說明。這是《參同契》流系的外丹作品所設想的宇宙造化的過程。[79]因此，我們若重新解讀下面這段反對「五金」、「八石」的文字，就會發現一個訊息：「世有不知道者，謂五金是金銀銅鐵錫也，八石是雄硫砒礜膽曾青磁也，殊不知子午以成三，戊己自爲五，是以八石之名，得陰陽之數，此還丹之道備矣」。[80]劉知古正設法爲金石外丹的傳統詞語做概念的轉移，所以他指出「八石」只存其「名」，關鍵處是能「得陰陽之數」。這表示外丹鍊製所看重的，是符合宇宙原理的造化之功，而非具體物質的擇用。

　　劉知古〈日月玄樞論〉中還有一段話值得注意。他說：

　　　經豈不云乎，人所稟軀，元精雲布，因氣託初，陰陽
　　　爲度，夫作丹者，亦以法象人也。[81]

　　對內、外丹學的演變來說，這是段非常有趣的話。劉知古爲了描繪鼎爐的陰陽變化及其中的生命訊息，把鍊丹的原理擬設作人身體中陰陽精氣的布散與規律的運行。所以他說的是「作丹者，亦以法象人」，是要求鍊外丹者去設想一個

---

79 此外，像〈日月玄樞論〉的文章最後，他所列的「修還丹者，有十難」，其中第二點的「財力不足」、第三點的「藥物不正」和第四點的「分兩不同」，也都透露了他此〈論〉的目的是在爲外丹提供新的理論依據，並非內丹之說。

80 以上引文皆見劉知古，〈日月玄樞論〉。載《全唐文新編》卷 334，頁 3823-3827。

81 同上。

人體內陰陽變化的過程，而非藉著人體來鍊就丹藥。《正統道藏》映字號《周易參同契》陰長生注也有類似的見解，列舉其中二例如下：

> 元氣生於陰陽。陰陽，精為萬物，人則天地之中一物耳。有金水之體，用水火而成還丹。[82]
> 乾坤行而萬物化生，則天下之物，各得其理。水火象此，不失其宜，則金水得其理也。[83]

「陰長生」此注是唐人假托漢陰長生的外丹作品，而且是唐代援用《參同契》言鍊製外丹的早期之作。[84]然而，很清楚的，這兩段文字所表述的內容，分別以人體和萬物都具備一個乾坤陰陽的道理，以此印證鼎爐中只要具備同樣的陰陽交合之反應，便能鍊造蘊藏生機之丹藥。所以陰長生注是以丹鼎法象人與萬物之生命理則，這也意謂著天地之間充滿了無盡的陰陽循環之大、小宇宙或有機體。

既然早期《周易參同契》流系的鍊丹之作已呈現這樣的宇宙思維，也就代表著中晚唐以降的同系列理論著作，自然也很容易循著相同的軌跡。所以單純以一部丹道著作否定一般的金石藥物，或闡述陰陽氣化的原理，就判定其為內丹學的作品，似乎值得商榷。再舉張玄德的《丹論訣旨心照五篇》為例，其中討論了不少傳統「八石四黃」等藥物的不確定性，並藉著陰陽五行的氣化反應原理來闡述燒鍊丹藥的顏色變化及服食之效。因此他才會說出：

---

82 《周易參同契陰長生注》卷中，頁 16。
83 《周易參同契陰長生注》卷上，頁 21。
84 參考陳國符，〈《道藏》經中外丹黃白法經訣出世朝代考〉，收入《陳國符道藏研究論文集》，頁 131。

凡修大丹，不在藥味，事在五行精究，《易》象分明。

辨節序之運移，知日月之度數，陰陽相使，神仙之要，

合道之宗。輒不可信八石四黃，非長生之妙藥。[85]

於是，這更證明了宇宙間循環運化的法則和生機造化的本質，深刻的影響了外丹家的思維理論。也難怪此一相同的宇宙觀的預設，造成了內、外丹作品在判別上的混淆。

前文曾引及陰長生注中的一句「乾坤行而萬物化生」，我們最後就來討論外丹家這個乾坤陰陽的觀念，與宇宙生命之間的關係。如之前所歸納的結論，外丹家認為宇宙的本質就是一個循環變化和生機無窮的過程，而人和萬物的生命也是如此，這個觀念可權稱為「一物一宇宙」。其實，這樣的思想理論的建立，是來自《周易參同契》對《易》之「一陰一陽」思想的發揮。凡此世之物，皆不離乾坤，即皆涵陰陽。《通幽訣》云：

流珠九轉，化為黃白。自然相使，一陰一陽。[86]

《大還心鑑》說：

論大丹唯一陰一陽之道，即合天地機也。[87]

如丹唯一陰一陽，龍虎二物，……知之者，聖人乎？

可謂造化在乎手，變轉自由耳。[88]

外丹家認為金丹所涵攝的就是這種一陰一陽的宇宙變化，而這個變化帶著生命無窮的可能性。彭曉就闡述說：

---

85 參見《雲笈七籤》卷 66〈金丹〉，頁 1453。

86 《通幽訣》，頁 9。收入《正統道藏》第 32 冊。此篇撰人不詳。書中稱唐朝為「大唐國」，又稱老子為「混元皇帝真君」，蓋系唐代道士所作。參考《道藏提要》，頁 675-676。

87 《大還心鑑》，頁 2。

88 《大還心鑑》，頁 3。

> 《易》曰：一陰一陽之謂道。天地之間，若離陰陽，
> 即无萬物也。孤陰寡陽，不能自生成。[89]

《還丹肘後訣》則表示：

> 凡古仙玄旨，本一陰一陽謂之道，陰陽不測之謂神。
> 神化者，化成萬物也。故《參同》云：植禾當以穀，
> 覆雞用其子。類同者相從，事乖不成寶。[90]

這代表了外丹家們普遍認定，宇宙活動的基本性質是一陰一陽的交融代序過程，萬物的生命本質也同樣離不開陰陽二氣。就某個程度上來說，丹家所認識的這個世界，必然是一個陰陽推移的無止息的動態過程，否則天地之道就如同消滅死亡了一般，這是宇宙「生命化」的看法。相對的，萬物皆不離一陰一陽之造化，也可說是萬物生命的「宇宙化」。《周易參同契》陰長生注說：「變易之道，周流而行。陰屈陽伸，陽屈陰伸，反覆其位，循環無窮也」。[91]又說：「陰陽循環，終而復始」。[92]就大的生命化的宇宙實然來說是如此，丹家所欲使自身生命達到的境界也是如此。

第三節　晚唐以降的內丹思想

─「性」和「天道」的關係

　　早在中晚唐的外丹學著作中，已可略見內丹修鍊的痕

89　《周易參同契分章通真義》卷中，頁 25。
90　《還丹肘後訣》卷中，頁 2。
91　《周易參同契陰長生注》卷中，頁 5。
92　同上，頁 34。

跡。前一節已經引述過幾段相近的說法，特別是將宇宙萬物
皆視爲一個乾坤陰陽的運化循環過程的觀點，就很容易激發
內丹學的形成和發展。此外，《周易參同契》書中的內容並
不單純只可供作鍊就外丹的理論，它在許多篇章的論述事實
上更接近於內丹修鍊的法則。[93]於是，外丹學對宇宙原理的
闡釋成果，逐漸轉移成爲內丹學的修養理論。也就是說，內、
外丹學擁有一個共同的宇宙觀。

今日學界對內丹學的溯源，時常以前面提過的隋代青霞
子蘇玄朗爲其近源。[94]就《古今圖書集成》所引《羅浮山志》
的記載來看，蘇玄朗是內、外丹兼修的道士，他認爲人身也
可以作爲鍊丹之鼎室，開啓了唐代內丹學的發展。[95]後來援
引過署名「青霞子」的唐宋丹經頗多，而且內、外丹都有。
述其內丹法訣的，如《諸真論還丹訣》即曾引《青霞子贊金
碧龍虎經》說：「青霞《金碧》言龍虎，有名形體終難覩。
虎隱在龍宮，龍行虎抱蹤。一般求不錯，兩種難尋度。會取
一如人，性情不離身」。[96]明顯是內丹修鍊的講法。約活動
於初唐時期的元陽子也是《參同契》丹道理論的重要人物，
從他在中晚唐丹道作品中被廣泛引述的情形來看，必然是對
鍊丹理論發生過重大影響的早期人物。據學者考索的結果，
《道藏》中原題漢人陰長生注的《金碧五相類參同契》即是

---

93 例如彭曉注本的第 20 章、21 章、27 章、62 章及 66 章等，都有內修
　　的講法。
94 相關的意見可參照：陳國符，《道藏源流考》；盧國龍，《道教哲學》；
　　李大華，《道教思想》；戈國龍《道教內丹學溯源》（北京：宗教文
　　化，2004）；張廣保，《唐宋內丹道教》（上海：上海文化，2001）。
95 青霞子的事蹟、著作可參考盧國龍在《道教哲學》書中的考證，頁
　　515-520。
96 《諸真論還丹訣》，頁 2。收入《正統道藏》第 6 冊。

他的闡發內丹理論的作品。[97]譬如其中說到：

> 九轉靈丹號曰金，仙經義奧理幽深。要識身中真大
> 藥，須藉陰陽二炁成。[98]

即是欲藉人體內陰陽二氣的運化交合而產生內丹。把這
種早期的內丹說法對照於我們之前討論過的外丹著作中的比
類原理，可以發現若將同樣的宇宙造化法則放在人體的內丹
修鍊之中，幾乎沒有明顯的扞格。所以，隨著外丹宇宙思想
的發展，內丹學也潛在的構想出一個相類的修鍊理論。

在深入討論之前，還必須先解決一個內丹學的思想史問
題。現在學界一般討論到道教內丹學時，都一定會提及鍾呂
道派，尤其是今日《道藏》所收他們的許多傳世著作。這些
作品包括了署名鍾離權的《秘傳正陽真人靈寶畢法》、《破
迷正道歌》、呂喦（洞賓）的《純陽真人渾成集》、鍾呂傳
人施肩吾所編的《鍾呂傳道集》，以及施肩吾撰的《西山群
仙會真記》。但有關鍾、呂、施三人的活動年代及生平事蹟，
卻一直沒有確切而充足的史料可以作為實證的依據。當然有
不少的研究者依據道教內部的傳統說法，接受鍾、呂等人就
是晚唐五代時人，連帶將他們著作的成書時代定在北宋以

---

97 據金正耀在〈《金碧五相類參同契》宋代別本之發現〉中的考證，其
　作者便是元陽子。元陽子在《參同契》思想史上意義便是，將精氣明
　確地指喻為丹藥，並認為此一丹藥的產生須藉附於自我的凝鍊，該文
　載於《世界宗教研究》1990 年 2 期，頁 70-81。相關的考據還可見王
　明〈《周易參同契》考證〉。其考明《雲笈七籤》卷 73《金丹金碧潛
　通訣》即《龍虎經》之原本，作者即元陽子。陳國符的《道藏源流考》
　亦敘錄元陽子諸著述，並注意到《道樞》卷 34《參同契》下篇的元陽
　子注，《道藏源流續考》復疑題署為陰長生注的《金碧五相類參同契》
　亦唐人注。
98 《金碧五相類參同契》卷下，〈九轉章第十四〉，頁 3。收入《正統
　道藏》第 31 冊。

前。[99]但鍾、呂內丹學的授受譜系至少是南宋以後才逐漸建構起來的，內丹學的南、北二宗藉此分別樹立了各自的傳承系統。

　　今日道教的傳記裏頭，記載鍾、呂道派事蹟較詳的大多是宋末元代的作品。如金元之際全真道的秦志安撰作的《金蓮正宗記》，元代劉志玄的《金蓮正宗仙源像傳》，以及元趙道一的《歷世真仙體道通鑑》。若考論正史和當代的相關史料，則顯得事蹟渺茫。唯有《宋史・陳摶傳》明確提到呂洞賓擅長劍術，「百餘歲而童顏」，「數來摶齋中」，似為陳摶友。[100]《宋史・藝文志》並著錄「呂洞賓九真玉書一卷」。其他則不見記載。[101]所以此一「呂洞賓」是否與修鍊內丹的呂嵒為同一人，尚有疑議。

　　能夠比較確切的界定鍾、呂派內丹著作的時代年限的，是南宋初年曾慥（？-1155）所撰的《道樞》。曾慥活動於南、北宋之交，學識淵博，廣及群書，他的《道樞》一書可說收錄了唐宋以來各種內、外丹學的著作，許多今日已佚的作品，仍可藉由其書，略窺一二。其中《道樞》已見編錄了有《鍾呂傳道集》、《靈寶畢法》、《西山群仙會真記》等書。[102]可

99　近年較具代表性內丹研究書籍，如張廣保的《唐宋內丹道教》即依元代趙道一的《歷世真仙體道通鑑》、秦志安的《金蓮正宗記》、和劉志玄的《金蓮正宗仙源像傳》、《道家金石略》等書考查鍾呂等人的生平事蹟，認定鍾呂道派確實就是五代前後興起的內丹流系。但因所據的相關典籍都成書於元代，傳說性質頗重，實難作為堅強的史料基礎。

100　《宋史》卷 457，〈隱逸傳上〉，頁 13421-13422。

101　《宋史》卷 205，〈藝文志四〉，頁 5195。關於此書之內容，可參閱《道樞》卷 26，〈九真玉書篇〉的節錄。

102　《鍾呂傳道集》見《道樞》卷 39、40、41；《靈寶畢法》見《道樞》

見鍾、呂派的內丹著作最晚已成書於北宋末年。

鍾、呂派的內丹學著作並非成立於唐末五代的理由之一，是因為宋初的幾部重要著作沒有提及他們。北宋真宗天禧年間（1017-1021）張君房所編的《雲笈七籤》並未見到《鍾呂傳道集》等書，只有在卷八十八收錄了施肩吾的《養生辯疑訣》。同時期的《崇文總目》也只著錄施肩吾的《辯疑論》（當即《養生辯疑訣》）一卷，而不見其餘。同樣的，北宋中期張伯端的內丹著作《悟真篇》，也不曾提及鍾、呂丹派及其作品。似乎鍾、呂一系的內丹著作在宋初的流傳尚不甚廣。同時也使人質疑，鍾、呂內丹著作的成書年代，是否要到北宋的後半葉？[103]

但有幾點史實仍必須受到注意：施肩吾的《養生辯疑訣》既已成書在北宋以前，那就表示有一個主張內修的施肩吾確曾活動於唐末五代。大約也是同時的作品《太白經》，於書末也引及施肩吾的還丹頌。[104]此外，《還丹肘後訣》一書的中、下二卷收錄了〈證道歌〉、〈呂真人寫真自贊〉等丹經歌訣。大抵假陰陽五行以言鍊鉛汞成丹之原理，其丹法皆屬內丹。全書末有〈唐仟達靈真人記〉一篇，記述作者遇青城丈人授真元丹訣及神水黃芽之要，餌丹長生，返童復元之事。其中還提到「鍾離公」有「三乘」丹法。該篇作於乾符乙未（875年。乾符乙未即唐僖宗乾符二年），可見此書約出於唐宋之際，亦已見「鍾離公」之稱謂及名為「呂真人」之內

卷 42；《西山群仙會真記》見《道樞》卷 38〈會真篇〉節錄。

103 如坂內栄夫便採取這個看法。見氏著，〈《鍾呂傳道集》と內丹思想〉，載《中國思想史研究》7（1985），頁 76-93。

104 《太白經》，頁 11。收入《正統道藏》第 32 冊。

丹訣。[105]北宋抱腹山人楊在編集的《還丹眾仙論》，序於宋仁宗皇祐四年（1052）。書中所收諸家鍊丹要論，亦有〈呂先生正陽篇〉者。[106]而據張齊賢《洛陽搢紳舊聞記》卷三的記載，呂洞賓的仙人傳說當已流傳於宋初之際。[107]陳垣《道家金石略》錄有題名呂洞賓的詩若干首，大多出於北宋中期之前。這些史料再再顯示唐末五代確曾有過鍾、呂內丹學的存在。

　　由於宋初的重要道書《雲笈七籤》未收錄鍾、呂內丹學的作品，使得我們要根據宋末元初的傳說事蹟為鍾、呂等人的著作確定年代，實為困難。目前僅能依據曾慥《道樞》已收錄的文獻，斷定鍾、呂內丹派的幾部作品最晚已成書於北宋末期。所以，我們若要使用《鍾呂傳道集》等作為內丹思想史的研究史料，在它的時代定位上便會遭遇到一定的限制。至少不能武斷的認為，這些內丹作品代表了晚唐五代時期的內丹修鍊思想，且曾間接地對北宋理學的興起產生過影響。

　　然而，前面雖然提到，北宋中期張伯端的《悟真篇》未曾援引鍾、呂派的內丹著作，可是有一點仍然值得注意。張伯端在《悟真篇》序中有一段話是針對當時流行的內丹法訣所提出的批評。他說：

　　　　今之學者，有取鉛汞為二氣，指藏府為五行，分心腎為坎離，以肝肺為龍虎，用神氣為子母，執津液為鉛

105　《還丹肘後訣》卷下，頁 10-11。
106　《還丹眾仙論》，頁 739。收入《中華道藏》第 18 冊。
107　張齊賢，《洛陽搢紳舊聞記》（杭州：杭州出版社，2004）卷 3，頁 2414-2415。

汞，不識沉浮，寧分主客，何異認他財為己物，呼別
姓為親兒，又豈知金木相剋之幽微，陰陽互用之奧
妙？是皆日月失道，鉛汞異鑪，欲望結成還丹，不亦
遠乎？[108]

他所謂「今之學者」的看法，可能就是指鍾、呂內丹學。
《鍾呂傳道集》、《靈寶畢法》和《西山群仙會真記》都有
一個核心的觀念，那就是視腎氣中蘊藏的「真一之水」為鉛，
心氣中暗藏的「正陽之氣」為汞。所謂內丹修鍊就是使鉛汞
交合，凝結成丹。這個看法也同五代崔希範的《入藥鏡》相
似。可見《鍾呂傳道集》等作品編集成書的時間或許較晚，
以致《雲笈七籤》尚未及收錄。但作品中的內丹鍊養思想，
可能從五代以降就已流傳在內丹家之間。

所以本節企圖從整個內丹思想的演變脈絡來考察，把
鍾、呂丹派和張伯端視為內丹學在北宋的思想集結，以長時
段的方式呈現屬於內丹學的主流觀點。在這樣的論述中，雖
然尚不能把握鍾、呂丹派和張伯端（約和北宋理學的興起同
時）的丹學思想曾直接影響到理學家的宇宙觀。但若將理學
思想與內丹學自晚唐以降所呈現的主流觀點相比較，發現兩
者之間有相同的「機體哲學」（philosophy of organism）的
宇宙思維，那麼也適足以合理的推斷：北宋理學家宇宙觀的
產生，與中唐以降內、外丹學的宇宙原理，是在同一個思想
潮流之下。[109]

---

108 張伯端，《悟真篇》序，頁 3。載《修真十書》卷 26，收入《正統
道藏》第 7 冊。
109 由這個角度切入來探討理學宇宙觀的問題，可以免除鍾、呂丹道著
作是出現在北宋初年以前或晚至北宋後期的疑慮。因為不管如何，

　　回到內丹學的思想理論問題上來，作爲外丹學的後繼與轉變，晚唐內丹學所擁有的，不僅同樣認知一個陰陽氣化、循環消息、造化不息的宇宙過程，更將「一物一宇宙」的生機觀念推展到淋漓盡致的階段。也由於內丹學將修鍊的場域轉移到個人的生命體上，使得宇宙原理和個人的內在修鍊重新作了一次整合。這個成果漸進地被北宋理學家所吸收而改造。

　　從大約成書於晚唐的《太白經》說起，探索內還丹的理論依據仍然是整個宇宙的陰陽消息的造化原理。故其內容曾批評妄作修鍊者是「根性淺劣，寧知造化之源。見識昏蒙，不達乾坤之道」。[110]這是把內修之理推源於天道法則，同時也就是將個體生命的完整性建立在依循宇宙理序的基礎之上。故心知造化之理，以心合理，以身合心，就構成了一個內修的次序。如《太白經》即云：

> 先與言論，審察根基，儻若不昧陰陽，能明卦象，知造化之理，識天地之恩，洞達晦明，深曉進退，五行四象，七返九還，行與業同，身將心正。……自將天道爲心，不以還丹爲念，無心合道，道自目前。[111]

　　所以嚴格來說，傳統的修氣、導引方術，因爲宇宙思維的蓬勃發展，使其修鍊理論逐漸形成以「天人同構」的生命運化過程作爲一個指導的依據。《太白經》的說法只是一個例子。早期的內丹學著作多半有觀究自然理則的傾向，這是

　　鍾、呂作品所呈現的內丹思想，確實是承續著晚唐五代以來的核心觀點。這使我們在論述時，更能了解一個長時期的內丹觀念的形成，以及理學的宇宙思維如何地恰好處在這同一個思想潮流之中。

110　《太白經》，頁3。
111　同上。

晚唐以降的內丹學和早期內修理論很不同的一點。從這裏可以很清楚的理解到，個人的內修思想也已普遍採取了與宇宙造化同其流行的觀念。整體宇宙作爲一種生命化的活動，似乎並不只是外丹家的個別意見了。北宋初年張無夢在其《還元詩》中就曾自述到：

> 吾嘗觀天地變化，草木蕃蔓，風雲卷舒，日月還轉，水火相激，陰陽相摩，仰觀俯察，遠取諸物，近取諸身，著《還元詩》百篇。[112]

　　足見他的內修方法是以天地自然之理作爲取法的對象。而且這段話中所謂「仰觀俯察」等等的思維，顯然也是有得於《易》理。如前所述，外丹理論從《周易參同契》中獲得了相關的《易》理資源，故能在體察觀究天地自然的變化過程中，歸納出一種生機的、規律變化的循環變動法則。後來內丹修鍊將這個原理從鼎爐轉移到人身之中，仍然必須從宇宙變化之理序裏頭，獲知如何去掌握個體生命之機宜。《龍虎還丹訣》裏頭有一段文字，恰可爲此作一說明。其云：

> 七返還丹，天地得之成變化，變化然後生萬物，萬物之中，唯人得天地至靈之氣，而內有靈氣之根，即爲還丹之根本也。在人謂丹基，在人之身內故也。[113]

　　這段話頗有還丹之理即生成變化之理的味道。人既「得天地至靈之氣」而成形，身體內也自然可以作爲一個還丹變化的活動場域。至於如何修氣鍊丹，就得觀造化之理則了。

　　內丹道也視體察宇宙間的運化之理是修道的重要條件之一。這同一般講求清靜內斂、不使心思外馳的養氣修行頗有

---

112 張無夢，《還元詩》，轉引自盧國龍《道教哲學》，頁 548。
113 《龍虎還丹訣》，頁 9。

差異。前引《太白經》和《還元詩》的陳述都說明了這點。此外，施肩吾的《養生辯疑訣》說得更明白：「或以清靜無為，深居絕俗，形同槁木，志類死灰，不知天地動用之心，不察陰陽運行之理」。[114]足見內丹道欲全性保生，是相當注意在理解宇宙間的運行造化之理的。這也顯示了他們從外丹道借轉而來的對「天人同構」思維的看重。

在鍾、呂丹道著作中，這種類似的看法頗多，如《靈寶畢法》就說：「欲識大道，當取法於天地，而審於陰陽之宜也」。[115]同外丹道相同，內丹學注意到的宇宙實質，也是一個陰陽造化不息、而萬物能永續涵育生命的生機原理。《靈寶畢法》云：

> 陽升到天，太極而生陰，以窈冥抱陽而下降，陰降到地，太極而生陽，以恍惚負陰而上升。一升一降，陰降陽升，與天地行道，而萬物生成也。[116]

《鍾呂傳道集》也說到：

> 體用不出於陰陽，造化皆因於交媾。[117]

可見天地間的陰陽交合、升降造就了一個生命化的世界，而且這天地間的生命消息又是恆常存在、生生不息的。他們觀察到，天地常存，而且循環演化從無休止，因此在其間能不斷的孕化出萬物之生命。所以，內丹家又進一步推論出，此一生命化的宇宙之所以能常存不滅，乃因為其間那陰陽升降、周行不已的循環運動。《鍾呂傳道集》云：

---

114 施肩吾，《養生辯疑訣》，頁 3。收在《正統道藏》第 31 冊。
115 《靈寶畢法》卷上，頁 6。收在《正統道藏》第 47 冊。
116 同上，卷上，頁 9。
117 《鍾呂傳道集·論大道第二》，頁 8。載《修真十書》卷 14，收入《正統道藏》第 7 冊。

> 天地之機，在於陰陽之升降。一升一降，太極相生。
> 相生相成，周而復始。不失於道，而得長久。[118]

《西山群仙會真記》也說：「此天地之內，上下有陰陽升降，東西有日月往來，周而復始，運而不已，代謝循環，終無走失」。[119]經過這樣的宇宙觀察，丹家由循環不已的運化中，逐漸認爲人可以依計數的方式來求得其間次序的精密性。這個觀察和結論與外丹學是極爲類似的。如《靈寶畢法》所陳述的：

> 大道之中，而生天地，天地有高下之儀，天地之中，
> 而有陰陽，陰陽有始終之數。一上一下，仰觀俯察可
> 以瞋其機，一始一終，度數籌算可以得其理。以此推
> 之，大道可知矣。[120]

但就像前引《鍾呂傳道集》所透露的，宇宙是恆常存在而運行不已的，但他們的思維是以天地間的循環運行能不失常度，往來有序，因而能長久不滅。所以恆常的存在性質是以次序化的、度數化的循環之道爲基礎的。也就是內丹家是著重認爲人要按法的是天地的這種常規性與次序性，以求得同樣的長生不死。《鍾呂傳道集》就說：「天地之機，在於陰陽之升降。……相生相成，周而復始。不失於道，而得長久。修持之士，若以取法於天地，自可長生而不死」。[121]

很顯然的，這是以人身法象天地的觀點。進一步說，內丹學的這種取法天象的理論絕非傳統比類式的天人合一，而

---

118 《鍾呂傳道集·論日月第四》，頁 14。
119 《西山群仙會真記》卷 3，頁 1。收入《正統道藏》第 7 冊。
120 《靈寶畢法》卷上，頁 5。
121 《鍾呂傳道集》，頁 14。

是已經演進成為一種「一物一宇宙」的「有機體哲學」的宇宙思維。內丹學的這項思想成果，遠源於傳統道教以為元氣溥在萬物的思維，近取於從外丹轉手而來的循環演化的《易》理觀察，施肩吾在《養生辯疑訣》中就指出：「一炁無方，與時消息。萬物生死，共氣盛衰，處自然之間，而皆不知所以然而然」。[122] 從氣化的宇宙論到萬物皆具有一氣之循環消息的過程，最後必然產生萬物皆成一生滅盛衰的生命化理則的想法。故「一氣循環無阻礙，散在萬物與人身」。[123] 的說法，可謂已一語道破了這關鍵性的思維。

第四節　小　結

　　本章的第一節著重在發掘一項事實，即唐中葉的玄宗朝前後，道教內部可能再次經歷了思想的變革。《黃帝陰符經》和《周易參同契》所揭示的動態宇宙的觀察，和其間規律變化的探討興趣，都使得道教的世界觀逐次邁向一個側重循環演化和生機理則的宇宙思維。特別是從鍊丹學理論的演變過程來看，唐中葉以前的鍊丹鮮少觸及宇宙理論的問題，但當《周易參同契》受到注目，並引據為經典之後，丹家才普遍認為「金丹」的成就必須依循天地自然之理序和規律。這在思想史上的意義並不只是丹道發展的問題，它更引發了道教對宇宙論的廣泛重視。

　　道教在傳統上已有「道遍萬物」的看法，但它的思想基

122　《養生辯疑訣》，頁 1。
123　《破迷正道歌》，頁 4。收入《正統道藏》第 8 冊。

礎是比較單純的氣化宇宙觀。「道」所分化出的萬物因為皆由「道氣」所構成，故與宇宙本源之「道」實存在一種共同的本質，這也是個體修養己性之所以能與「道」合一的關鍵。這個觀念從確立起，一直到中唐的司馬承禎、吳筠等人為止，都作為信奉不移的根本預設。但同時也將道教學者的焦點，集中在如何修養形體或心性以合於宇宙自然之「道」的問題上，而無意於對「道」所涵孕的這一個天地場域作過多的觀察和論述。甚至在原初講求靜心養神的修鍊法門之後，接續又受到佛教以外境為虛幻、摒除外物緣染的強調，宇宙的變化過程和規律性的探討完全不占有重要的地位。《黃帝陰符經》的注解和《周易參同契》的流行所代表的意義正在於，宇宙思想的探索興趣急遽形成道教內部的主流之一，其關切的焦點也轉向具生機法則、運行規律及循環理序的自然過程，而捨棄了單純對玄奧、終極的「道體」的執著。

　　《周易參同契》在中晚唐外丹理論著作中權威地位的確立，也等於宣示了丹學在《易》理研究上的蓬勃發展。外丹家幾乎以為掌握了宇宙間的陰陽消息及運化循環的過程，就等於掌握了宇宙生命的奧妙。這個觀念反過來刺激了道教學者探討《易》理的興趣，並進一步運用《易》卦、象數等原理與個人對天地自然的觀察相印證。總的來說，中唐至宋初外丹道的兩個重要的思想環結是：（一）丹家企圖重塑一種宇宙造化的過程，這使得丹家務必究研《易》理和觀察天地間的陰陽變化理則。所以他們不作冥坐體道，而是精準的去認識自然理路、察究天象、計算時數。這就逐漸在鍊丹道士間形成一個有秩序、有規律，而且循環不息的宇宙觀。（二）外丹家的鼎爐鍊造乃是取法於自然運化之理，他們認為丹爐

的冶鍊若能符應自然的時序和循環理路，即可將宇宙間生生不息的生命力涵蘊在金丹之中。這不僅帶有盜奪天地生命之機的想法，逐漸也歸結出「外丹之術，與天地造化初無少異」的觀念。也就是說，鼎爐自成一個小的天地，天地間則恰似一個生化無休止的大鼎爐。

內、外丹雖屬不同的操作系統，但卻有一理相通的宇宙造化法則作為其理論的根基。外丹家在鼎爐中「別構」一個宇宙造化，但內丹學的宇宙「別構」場域則是在人的個體生命之中，這個對應絕非巧合，而是內丹家直接從外丹學那裏轉移過來的。如此一來，內丹學肯定了生命個體是具體而微的小宇宙，修丹與天地造化同其軌轍的想法也轉移到身心的修鍊之中。於是單純的「道遍萬物」的觀念經過《參同契》流系思想的改造之後，展現出更具有理則、秩序的世界體系。萬物不僅是共享了「道氣」的分化之物，更確定是一個小的陰陽循環的個體，它的生命週期和規律次序只是宇宙整體過程的具體而微的展現，也即是所謂「一物一宇宙」的世界觀。由此而言，丹道藉由《易》學所形成的宇宙思維，以及對自然世界的理序化和生命化的觀察，都直接影響了後來的理學。其中，內丹學的修養理論和理學家之間更只有一線之隔，內丹道的重要經典《鍾呂傳道集》就曾有這樣一段話說到：

> 道生一，一生二，二生三。一為體，二為用，三為造化。體用不出於陰陽，造化皆因於交媾。……萬物之中，最靈最貴者，人也。惟人也，窮萬物之理，盡一己之性，窮理盡性，以至於命。全命保生，以合於道，

　　　當與天地齊其堅固，而同得長久。[124]

　　一旦將其間「性」、「理」觀念的意涵再經一轉化，加入具有道德價值之性，以及把「成仙」的意念代換爲「成聖」的理想，便幾乎與北宋理學「性與天道」的思想無所差別了。下一章，我們就分別以個別理學家的思想來作簡要的討論。

---

124 《鍾呂傳道集・論大道第二》，頁 8。

第六章　北宋理學家的思想

　　從前面幾章的討論中已可以發現，北宋理學「性與天道」思想的形成並不完全是儒家內部的問題，它事實上有深厚的道教源流。雖然我們可以有許多種說法來解釋理學形成的原因，但有兩點事實是我們在討論這個問題時所必須注意的：首先是理學家在塑造其宇宙體系和心性理論時，通常是立足在儒家傳統典籍的基礎之上。這是他們之所以有新的創造和突破，卻仍然不離儒家根本的原因之一。此外，典籍詮釋的選擇也發生了一些改變，《易》經傳和《論語》、《孟子》、〈中庸〉等篇章逐漸成為主要的思想論據。這也顯示了理學家為了建立起一套新的天道性命之學，必須在傳統中找尋相關的資源。其次，則是在這個同時，理學家也在自覺與不自覺當中，於當時代流行的思想潮流裏頭汲取資源。於是我們可以發現，經典的詮釋有新的觀點和新的契機。道教在人性修養的立場上，以及藉由《周易參同契》所形成的宇宙體系，都較接近於中國傳統的思維方式，正適合理學家在建立新的思想系統時所取用。因此，不管理學形成的原因具有如何多樣的複雜性，古典論據和當代思維絕對是其思想形塑時最無可忽視的兩個互融的因子，而道教就扮演了其中一支的重要角色。

　　在第一章的緒論，我們已經談論過理學「性與天道」思

想的核心內涵和主要的特質。理學家一向是從宇宙觀的整體思維來看待人性的本質，尤其基於一種類似「有機體宇宙」（organism of the universe）的構成形式，使他們相信人性本即具有與天道合一的可能性。因爲在「有機體」的宇宙思維中，人本身既是從宇宙整體分化出來的小生命，也同時是一個具體而微的「小宇宙」（microcosm）。於是，就理學家的成聖追求而言，不過是使個人的生命過程能發揮得如大宇宙（天）一般的完美而和諧，這也就是理想中的聖人境界。我們從上一章的內、外丹思想中，已可以清楚的發現「有機體」式宇宙觀念的流傳，而且它還是由根源於漢儒《易》學的《周易參同契》一書所引發的。儒學本身在漢代以降的時代裏，不僅於心性思想上少有建樹，對於宇宙思維的興趣亦逐漸減少。但漢末成立的道教卻融匯了早期道家和漢儒的許多思想資源，並在長時期的演變中關注著個體性命和宇宙（道）之間的互動聯繫，我們在第四、五章中已有詳細的敘述。這一章則將在前兩章的基礎之上，論述個別理學家和道教在思想上的一些關聯性及可靠的思想淵源。

第一節　周敦頤的「性與天道」
思想及其淵源

　　周敦頤（1017-1073）是北宋理學發展的早期人物。他的〈太極圖說〉和《易通書》可能是理學中最先發揮「性與天道」思想的作品。《宋史・道學傳》稱他「得聖賢不傳之學，

作〈太極圖說〉、《通書》，推明陰陽五行之理，命於天而
性於人者，瞭若指掌」。[1]從《宋史》作者的介紹中，我們也
可以看到，周敦頤在討論人性問題時，背後其實有一套架構
完整的宇宙理論。而他對於理學影響最深的部分，也正是將
人性的探索涵化在鉅大的宇宙思維之中，此後理學家的「性
與天道」思想，基本上都是在同一種思維方式（modes of
thinking）之下所進行的各別之討論。[2]

　　在第三章的時候，我們仔細梳理過理學興起前儒家的思
想概況，發現當時的儒家內部對宇宙論的問題缺乏興趣。即
使儒學一直有「不絕天於人」的觀念傳統，但儒家思想家是
否願意深入地去發展宇宙論卻又是另一回事。從北宋儒學思
想史的脈絡來看，周敦頤的〈太極圖說〉雖然並不是第一次
將人性與天道聯繫起來討論的文字，卻是首先以「有機體哲
學」（philosophy of organism）的宇宙思維來融合兩者的思
想作品，並藉此將儒家追求性命完美的成聖意識，重新注入
到儒學系統之中。因此，如果以理學作為北宋儒學發展脈絡
下的一個演變流系則可，倘若單純地視理學思想的資源完全
來自儒家內部，則顯然是不夠充分且有違歷史實情的。

　　在研究周敦頤的思想時，他的學術淵源通常就是一個最
困難解決的問題。其中討論最熱烈的，可能是〈太極圖〉的
源流授受說。這個疑難最早的根據是，南宋初年的朱震在《漢

1　《宋史》卷 427，〈道學一〉，頁 12710。
2　《朱子語類》中曾有一段對話：「問：『明道之學，後來固別。但其
　　本自濂溪發之，只是此理推廣之耳。但不如後來程門授業之多』。曰：
　　『當時既未有人知，無人往復，只得如此』」。按朱子對學生的說法
　　亦表示認肯，顯然他們認為在思想的基本觀念上，程顥和周敦頤有一
　　個共同的立場。見《朱子語類》卷 93，頁 2357。

上易解》中對易圖源流的陳述。[3]此後，便出現許多關於〈太極圖〉之淵源傳授的不同意見。其實早在南宋朱熹考訂〈太極圖〉時，已無法詳明其來源。但朱子個人仍相信這是周敦頤自己的作品。他在乾道五年（1169）作〈太極通書後序〉時即認為，〈太極圖〉就是「先生之所自作」。而到了淳熙六年（1179）作〈再定太極通書後序〉時，雖懷疑周子〈圖說〉部分的思想可能受過陳摶的影響，但依然主張「至於先生，然後得之於心，而天地萬物之理，鉅細幽明，高下精粗，無所不貫，於是始為此〈圖〉，以發其秘爾」。[4]朱子的猶豫透露出即使他相信〈太極圖〉是周敦頤的個人創作，卻無法否認〈太極圖說〉的整體思想可能受到道家方外影響的事實。

　　本文無法再涉入此一探源的工作，依據現代學者的考證，大體上可以澄清一些方外授受的成說，而比較接近的可能事實是：〈太極圖〉乃周敦頤在當時思想風氣的影響下，有得於心的個人創作。[5]雖然〈太極圖〉的作者及傳授問題一

---

3 《宋史》卷 435，〈儒林五〉，頁 12908。《易解》中有一段說到：「陳摶以〈先天圖〉傳种放，放傳穆脩，穆脩傳李之才，之才傳邵雍。……穆脩以〈太極圖〉傳周敦頤，敦頤傳程顥、程頤」。按朱震之意，〈太極圖〉的傳授或許也源自陳摶。

4 朱熹，《朱子文集》（台北：德富文教基金會，2000）卷 75，〈周子太極通書後序〉，頁 3778-3780；卷 76，〈再定太極通書後序〉，頁 3803-3806。其按語提到：「張忠定公（詠）嘗從希夷學，而其論公事之有陰陽，頗與〈圖說〉意合。竊疑是說之傳固有端緒……」云云。相同的意見還可以在《朱子語類》卷 129 裏頭發現：「張乖崖（詠）云：『陽是人有罪，而未書案，尚變得；陰是已書案，更變不得』。此人曾見希夷來，言亦似〈太極圖〉」。見頁 3093。

5 這方面的研究可參考錢穆，〈論太極圖與先天圖之傳授〉，收入氏著《中國學術思想史論叢（五）》（台北：聯經，1995 年錢賓四先生全集本），頁 163-177；吾妻重二，〈太極圖の形成 —— 儒佛道三教をめぐる再檢討〉，《日本中國學會報》第 46 集（東京，1994），頁 73-86；

時難以獲得確切的答案，但幾乎所有的考證都指向一條線索，即〈太極圖〉的結構和晚唐以降丹家的思想極為相似。故暫且不論〈太極圖〉的歸屬，〈太極圖說〉毫無疑問的是周敦頤個人的思想結晶，既然〈圖〉與〈圖說〉能相互發明，那麼至少可以肯定〈太極圖〉確為周子宇宙觀的一種呈現。於是，倘若將〈太極圖〉和文字表述的部分聯繫起來，依此檢視周敦頤思想的特色及其淵源之所自，將可以發現他幾乎是從丹道思想的脈絡中脫胎而出的學者。

　　周敦頤曾有〈讀英真君丹訣〉詩，其云：「始觀丹訣信希夷，蓋得陰陽造化機。子自母生能致主，精神合後更知微」。[6]此處的「希夷」是實指，為五代宋初的道士陳摶。今《道藏》的洞真部中仍載有署名希夷陳摶注的〈陰真君還丹歌注〉，其內容主要是以內丹的角度來討論還丹問題。[7]如注中說到：

> 兩者，陰陽也；天為陽，地為陰；左為陽，右為陰。
> 陰陽者，夫妻也。在身上，丹田為陽，下屬陰。含養
> 四時，運動五行，天地交感，百物自生。

　　這段話有趣的地方是，它將一陰一陽視為整體宇宙運化流行的基本模型，而這種情況也見諸人身上，於是就構成一物一宇宙的有機體的聯繫。這毫無疑問的是晚唐以來內丹道的基本觀念。除此之外，注間還引《天豐上經》的詩到：「始

李申，〈周氏「太極圖」源流考〉，收在氏著《易圖考》（北京：北京大學出版社，2001），頁 1-61；鄭吉雄，〈周敦頤「太極圖」及其相關詮釋問題〉，收在氏著《易圖象與易詮釋》（台北：喜瑪拉雅基金會，2002），頁 229-303。

6　《周子全書》（台北：廣學社，1975）卷 17，〈題酆都觀三首〉之二，頁 345。

7　〈陰真君還丹歌注〉，頁 174-177。收在《中華道藏》第 19 冊。

青之下月與日，兩物相和合成一，出彼玉池入金室，人各有
之慎勿失，子若得之萬事畢」。《周易參同契》流系的丹道
理論，以日月代表陰陽，這「兩物相和合成一」的說法同樣
意謂著萬物皆具一陰一陽的道理，也因此方能引伸出「人各
有之」的內丹修煉法則。但萬物是宇宙之陰陽交感所生，故
宇宙爲「母」，人體爲「子」。子母有生化的先後之別，卻
沒有本質或運化道理上的差異。因此人體內丹的修煉得以取
法於天地自然的原理，這是《天豐上經》所言「子若得之萬
事畢」的來由，也是周敦頤詩中所吟「子自母生能致主，精
神合後更知微」的確切意義。

　　從這裏至少可以獲得一點認知，那即是周敦頤完全能夠
明白晚唐以降丹道思想中的這類有機體的概念。但在就〈太
極圖說〉和《易通書》的文本討論之前，我還想再揭示一個
宇宙運化的構成原理。上引〈還丹歌注〉的文字中還曾提到
陰陽的作用能「含養四時」、「運動五行」和造成一系列的
生化活動。以「五行」而論，它在唐末五代的丹道著作中，
通常以能夠流動變化的「氣」的形態出現，而且是陰陽二氣
分化之後的五種性質。在〈陰真君還丹歌注〉中就曾提及「大
丹無藥，五行真氣是矣」。五代彭曉的《周易參同契分章通
真義》也說過：「五行是虛无之氣，窺視難名。若以天地總
數則之，則无逃其運用」。[8]五行作爲氣化之性質，和內外丹
道的修煉原理及宇宙生化構成的完整性都非常有關係。彭曉
在《分章通真義》中如此譬喻到：

　　真鉛，未有天地混沌之前，鉛得一而相形，次則漸生

8 彭曉，《周易參同契分章通真義》卷上，頁 31。

> 天地、陰陽、五行、萬物眾類。[9]

　　他對宇宙生成變化的階次劃分，是由混沌一體逐次產生天地、陰陽、五行和萬物。在《修丹妙用至理論》中，則逆推這種分化的過程，以說明修養性命、復返道真的意義。其云：

> 其賊性命之機也。君子得知，則奪取五行之氣，陰陽之精，還源返本，而復歸於真一。小人得之，則輕易而反以自賊也。[10]

　　雖是逆行之法，但次序也是五行、陰陽、本源的「真一」。這一類型的宇宙生化次序可以說是唐宋之際丹家間的共識。鍾呂學派的《西山群仙會真記》當是其中敘述得最詳盡明白的，其曰：

> 大道分而為二炁，二炁裂而為五行。大而為天地，明而為日月，靈而為人，莫不稟二炁而生五行，運五行而貫三才也。[11]

　　這裏不僅呈現出大道、二氣、五行的分化次序，而且很清楚的表示這種分化法則是一普遍性的原理，從天地到個人，都蘊涵而貫通著這同一個道理。所以當《西山記》的作者施肩吾在批評其他內修法門的謬誤時，便說：「少識無知之徒，自生小法旁門，互相授受，迷惑後來，致使大道日遠日踈。殊不知仰視俯察，默合天地陰陽升降之宜，日月魂魄往來之理。一炁初浮，識自己之陰陽，五行既分，交自己之

---

9 同上，卷上，頁 19。
10 《修丹妙用至理論》，頁 744。收在《中華道藏》第 18 冊。
11 施肩吾，《西山群仙會真記》卷 1，頁 2。

水火」。[12]這是在人體成一「小宇宙」、宇宙是一「大陰陽」
的有機體原理中，所進行的內部分化的理論建構。簡單的說，
每個單一的有機體，涵括整個天地或個人的生命，都可以發
現二氣、五行的運行之理。而且其分化的階次都可以看成是：
有機體、陰陽、五行。它並不代表生成的時間先後，而是五
行合為一陰陽，陰陽和合即成一有機之整體的意思。

經過這樣簡單的回顧，濂溪〈太極圖說〉和《易通書》
的思想背景已然相當清楚了，以下將就他思想的內容來考察
其相關的淵源。周子〈太極圖說〉的前半部談到：

> 無極而太極，太極動而生陽，動極而靜，靜而生陰，
> 靜極復動，一動一靜，互為其根；分陰分陽，兩儀立
> 焉。陽變陰合，而生水、火、木、金、土。五氣順布，
> 四時行焉。五行一陰陽也，陰陽一太極也，太極本無
> 極也。五行之生也，各一其性。無極之真，二五之精，
> 妙合而凝。乾道成男，坤道成女，二氣交感，化生萬
> 物。萬物生生，而變化無窮焉。惟人也，得其秀而最
> 靈。形既生矣，神發知矣，五性感動，而善惡分，萬
> 事出矣。[13]

這一部分主要表達的是宇宙生成變化的基本觀點，「無
極而太極」一句留待後文再作討論，首先看「太極動而生陽」
以下的分化過程。依照文字的敘述，「太極」之動靜即分化
作陰陽，陰陽變化而產生水、火、木、金、土的「五氣」，
也形成「四時」的不同節序。這個過程和之前描敘的丹家普
遍的宇宙觀念幾乎如出一轍，也就是大道（太極）、陰陽、

12 同上，卷1，頁4-5。
13 《宋元學案》卷12，〈濂溪學案下〉，頁291-292。

五行的階次，同時又能夠「含養四時」。其次，周子也說「五行一陰陽也，陰陽一太極也」，這和丹道的有機體思維依然完全密合，陰陽、五行的分化過程，其實只是對宇宙體內各類變化活動的一種描述，「太極」可視為一宇宙整體，剖判而有陰陽動靜，變化而見五氣流行。所以不是「太極」生出「陰陽」來，而後區分為二，又「陰陽」生出「五行」來，「五行」獨立於「陰陽」。真正的理解應該是「太極」內涵著陰陽的動靜變化，陰陽的作用之間還能察識出五行生克的原理藏在其中。所以這句話也總結出，上列之敘述不外乎是蘊涵在一元的宇宙體系中的活動歷程。《易通書》裏頭說的「五行陰陽，陰陽太極。四時運行，萬物終始。混兮闢兮，其無窮兮」。[14]也同樣是這個道理。

這類陰陽、五行的有機體組合模式，同樣表現在萬物和人的身上，也是一切生命能夠出現的原因。「無極之真，二五之精，妙合而凝」這段話以下所陳述的，就是宇宙間每單個有機體的內容是完全相同的，基本上都存在著二氣、五行的運化之理，只不過人是萬物之中氣質最靈秀者罷了。《易通書·理性命第二十二》也提到：

　　二氣五行，化生萬物。五殊二實，二本則一。是萬為一，一實萬分。萬一各正，小大有定。[15]

前半段仍然是「二氣五行」溥在萬物，並且構成每單個有機體之內容的基調，而後半段則顯然將這種大、小有機體的概念清楚的點明出來。「是萬為一，一實萬分。萬一各正，小大有定」意謂著每一個生命體都是一個「小宇宙」，萬物

---

14 《周子全書》卷9，頁158。
15 《周子全書》卷9，頁168。

雖作爲宇宙的化生物，卻因爲是從宇宙中分化出來的，故亦能呈現出一個具體而微的宇宙體的運化理路。我們從〈讀英真君丹訣〉詩的分析中，已可以見到周敦頤確曾由內丹丹訣中體悟出這個道理，宇宙爲「母」，人體爲「子」，「子自母生能致主，精神合後更知微」不就是最好的說明嗎？這個概念也就是後來被稱爲「理一分殊」的原理原則，就周敦頤自己的思維理路來說，即是「物物一太極」。

〈太極圖說〉的宇宙結構、分化階次也一樣表現出與丹道形態相合的宇宙原理，而且還顯示了「理一分殊」的觀念，有陰陽五行之氣的實質內涵作爲其理論的後盾。有不少學者認爲，〈太極圖說〉裏的「是萬爲一，一實萬分」這句對宇宙現象的描述，很接近於華嚴宗的「理事法界」和「一多互攝」等等的觀念，進而將〈太極圖說〉「理一分殊」的結構歸因於佛教的影響。[16]當然，我們不能輕易的否定佛教對宇宙現象的說法曾經影響或啓發過周敦頤，但在世界觀的基本立場上，儒、道兩家仍然是較爲接近的。不管是上一章所討論過的內、外丹思想，或是這一節前面的溯源分梳，都能夠清楚的看到〈太極圖說〉「理一分殊」的概念，其實是從大、小有機體的分化原則中推展出來的。並且它還以陰陽、五行這樣實有的氣化質素作爲其大化流行的基礎，這些並不是佛教方面所能夠提供的。

周敦頤將陰陽、五行都視爲「氣」，是發展其宇宙分化理論時所必須的前提，但這也更容易讓人看出他和晚唐五代丹道思想理論間的關係。〈太極圖說〉逕謂五行爲「五氣」，

---

16 參考熊琬，《宋代理學與佛學之探討》，第二章第一節；〈周濂溪「太極圖說」與佛學〉，《中華學苑》卷 28（1983 年），頁 161-180。

《通書》則以「二氣」代指陰陽，是知其以陰陽、五行皆氣也。以陰陽為「氣」是一般儒、道兩家的共識，使用的機會相當多。但引入五行的說法，並解釋為五行之「氣」，使之融入大道、陰陽、五行的結構之中，則可能從中晚唐的丹道理論開始流行。玄宗朝時劉知古的〈日月玄樞論〉在討論修丹的成敗關鍵時，已經說到「蓋緣五行之氣不足，法象之理有乖」。此外《金液還丹百問訣》也說：「還丹者，燒五行之精氣，含萬象之神光」。這類將五行氣化並引入丹道的過程，是形成前面所述的大道、陰陽、五行之運化結構的關鍵。為了更清楚呈現這個背景，並說明它和〈太極圖說〉的密切關係，我們接著必須比較一下傳統《易》學的觀點。

　　〈太極圖說〉的前半段大致表現為太極、陰陽、五行的分化序列，這顯然沒有完全依據《易‧繫辭上》的「易有太極，是生兩儀，兩儀生四象，四象生八卦」的衍生方式。同時也表示周敦頤的思想可能另有所本。唐代最具權威的《易》學注本《周易正義》，只有兩處明確提到「五行」之氣，[17]顯然五行氣化理論在唐代《易》學中並非很突出的觀點。相較之下，回溯丹道的宇宙思想脈絡，《周易參同契》的宇宙演化體系恰是以陰陽之理、參用五行的生克之說而成的。《參同契》成書於東漢末年，受漢儒宇宙觀和《易緯》的影響很大，特別是它嫻熟地利用《周易》卦象和西漢孟喜、京房卦氣說的諸多《易》學條例，加上五行數的方位圖式，成功地建構出一系列互相關聯的天文曆法與煉丹模型。[18]這可說就

---

17 這兩條分別見於卷 1〈乾〉和卷 7〈繫辭上〉，而且還都是引自漢儒的註解。
18 可參考蕭漢明、郭東昇著，《周易參同契研究》，主要是第四章到第六章部分。

是融合陰陽、五行作為宇宙結構之鋪陳的先驅。這麼說來，〈太極圖說〉的《易》理思維也就同樣受過《參同契》流系的影響，也就是同在丹道的宇宙思維脈絡之中。

　　回過頭來，我們要試圖解決「無極」和「太極」的迷思。一般討論到〈太極圖說〉，首先會遭遇的問題就是開頭「無極而太極」一句的確實意義為何，這也曾經是朱熹和陸九淵兩人學術爭辯的一個焦點。《宋元學案》卷十二〈濂溪學案下〉收有兩人往來討論的意見，陸九淵以為「無極」當在「太極」之前，兩者並非同指一物，頗有「有生於無」的道家特色。但朱熹則主張「無極」和「太極」不可強分為二，「無極」是形容詞，大抵是「無窮極」之義，而「太極」則是實指此一天地之理。[19]

　　釐清「無極」在周子思想中的真實意義並非本文所能夠處理的，但從思想史演變的脈絡來看，「無極」在〈太極圖說〉中的幾次出現卻是值得注意的。現代學者有從訓詁學方面所做的研究分析，認為「無極而太極」的「而」字在文中當作並列連接之用，因此「無極」和「太極」不表示因果關係或時間關係的先後，也不可視為相互獨立之二物，即不是二元的。[20]事實上，我們從前兩章所援引的史料和相關討論中，並未曾看到道教有任何二元式世界觀的看法，所謂的「無」和「有」，頂多就是實際天地是否成形的一種判別，故「無」卻絕非「空無」（none）。甚至我們在討論司馬承禎和吳筠的思想時也提到過，「無」和「有」通常只被視為是「道體」

19　《宋元學案》，293-304。
20　參考黃甲淵，〈關於周子「太極圖說」的諸說與「無極而太極」的先後次序問題〉，《鵝湖學誌》第 9 期（1992 年 12 月），頁 77-95。

的兩種描述，都代表宇宙實在的本體，沒有二元論的問題。因此，過分強調「無極」和「太極」的劃割，可能仍是受到西方哲學中「本論」和「現象」二元對立思維的影響，於中國傳統而言，這將只會造成誤解。

　　回到我們討論的主題，周敦頤對個體和天地宇宙之間有所謂大、小「有機體」的觀念是相當明確的，〈太極圖說〉的前半部主要就在指出這一個道理。於是人作為萬物之一，每個個體也就具足為一個「小宇宙」或「有機體」。故從「惟人也，得其秀而最靈」一句以下，周敦頤便依這一套宇宙思想開始鋪陳他的人性修養理論。他認為在這一有機體的宇宙序列中，人是最具備靈性的，因此藉由修養可以達到「人極」的理想狀態。〈太極圖說〉的下半有一段說到：

> 聖人定之以中正仁義（自注：聖人之道，仁義中正而已矣）。而主靜（自注：無欲故靜），立人極焉。故聖人與天地合其德，日月合其明，四時合其序，鬼神合其吉凶。[21]

　　可見就修養的最終境界（「人極」）來說，即是與整個宇宙體達到同一種狀態。與「天地合德」以下幾句是出自《易經·乾》的話，但放在周敦頤的思想脈絡中，即呈現新的理解。每個人都被視為是一個具足的「小宇宙」，一旦他能修養主靜，持之不息，自然就能把個體發揮得如宇宙本體一般，這個觀點帶給了每個人皆有「成聖」之可能的根據。所以我們說儒家的成聖意識非得從宇宙思維中尋找其原由不可，這個「超越」的形態也很自然的與道教「修性合道」的觀念相

---

21 《宋元學案》，頁 292。

當接近。特別是在中晚唐《周易參同契》的宇宙原理形成之後，道教關注於天地自然的運行變化，逐漸將宇宙活動生機化、理則化，並塑造出「一物一宇宙」的有機體構成形式。於是，對宇宙終極的「道體」探索轉入到對乾坤天地之間的動態過程的理序觀察，其修煉所合之「道」因《易》理的影響而落在天地的活動場域。內丹學雖然也要求歸根返本，冥合真一之「道」，但它所取法的是正在走向規律化和秩序化的大化流行及宇宙律則。因此，可以很明顯的看到，丹學借用《易》學原理所形成的「有機體」類比模式，使其內丹修煉中的天人關係更加的有理秩而系統化，它並不再只是單純的利用一氣同構的原理來溝通天人。另一方面，丹道的這套思想資源也啟發了理學家，其對宇宙活動秩序化與規律性的描述，逐漸成為理學表述個人「誠」之德性的最佳示例。

　　在周敦頤的思想中，聖人也就是能發揮其個體的潛能到達最佳狀態的人，這個最佳狀態即是「天」。最簡單的解說就是，聖人是能使其個體之「小宇宙」與天地自然之整體「宇宙」（太極）狀態相符合的人。所以周子在〈通書〉中才說：「聖希天，賢希聖，士希賢」。[22]「聖希天」表達了在修養成聖的目標上，天道運化之實然，乃是聖人修養性命所該達到的境界。以上的解釋還可以在周敦頤的作品中找到許多證據。比如〈通書〉的首篇也稱引了《易經》的話說：

　　　　誠者，聖人之本。大哉乾元，萬物資始，誠之源也。
　　　　乾道變化，各正性命，誠斯立焉。純粹至善者也。故
　　　　曰：一陰一陽之謂道，繼之者善也，成之者性也。元亨，

22　《周子全書》卷8，頁146。

誠之通；利貞，誠之復。大哉易也，性命之源乎。[23]

「大哉乾元，萬物資始」及「乾道變化，各正性命」皆是《周易》的經文，「乾」在這裏的理解顯然是具有活動力和創造力的宇宙力量，一方面它能生化萬物，所以是萬物本性 ──「誠」之源頭，而在宇宙變化的過程中，萬物又能根據自己本性之所有，完善的體現各自在整體中最恰當的地位和作用，這是周敦頤以「誠斯立」來解釋傳統「各正性命」一語的創說。而最後的「大哉易也，性命之源」一語，則明白指出他所謂的性命義理必得在這個易道生生的宇宙間來理解方可。周敦頤在〈通書〉中，結合了〈中庸〉之「誠」與《易傳》的宇宙觀，重新爲北宋理學講了一套通貫「性與天道」的宏大體系。而這之中的核心概念還是在於「聖希天，賢希聖，士希賢」一句。〈通書〉裏頭有幾段話說到：

> 聖人之道，仁義中正而已矣。守之貴，行之利，廓之配天地。[24]

> 子曰：予欲無言，天何言哉。四時行焉，百物生焉。然則聖人之蘊，微顏子殆不可見。發聖人之蘊，教萬世無窮者，顏子也。聖同天，不亦深乎。[25]

> 聖人之道，至公而已矣。或曰：何謂也？曰：天地至公而已矣。[26]

> 道德高厚，教化無窮，實與天地參而四時同，其惟孔子乎。[27]

23　《周子全書》卷 7，頁 116-119。
24　《周子全書》卷 8，頁 138-139。
25　《周子全書》卷 10，頁 182。
26　《周子全書》卷 10，頁 196。
27　《周子全書》卷 10，頁 197。

聖人之道便是與宇宙或天地同一的狀態，這個思想的基礎就在於整個世界是一「太極」，其運化至誠無息，表現出易道生生的完美體性，故名之曰「誠」。但天地化育出萬物，各具一「太極」的運化之理，若能「各正性命」，也同樣能「誠斯立焉」。故從宇宙生化的源頭來看，萬物本身已具足「宇宙」之體性，皆有立「誠」之可能。只是萬物各循其本來的性命而行，純爲自然之理，唯人者最爲靈秀，故能與天道合。因此，周子提出「聖希天，賢希聖，士希賢」，認爲每個人都能夠也應該修養己性而成聖，逐漸使其性展現出「誠」的完滿道德。故〈通書〉說：

> 聖，誠而已矣。誠，五常之本，百行之源也。靜無而動有，至正而明達也。五常百行，非誠非也，邪暗塞也。故誠則無事矣。[28]

聖人唯「誠」，而「誠」且爲道德五常之本源，這似乎也意指了道德的價值就蘊藏在順乎自然大道之理中。「五常百行，非誠非也」，透露了同樣的意思。〈通書・樂第十三〉說：

> 禮，理也；樂，和也。陰陽理而後和。君君臣臣、父父子子、兄兄弟弟、夫夫婦婦，萬物各得其理，然後和，故禮先而樂後。[29]

這已是將具有道德規範意涵的禮樂秩序等同於宇宙大化之理則，故「禮」即「理」也，這在自然、人文一元論的世界觀下來看待，是可以理解的。而聖人唯「誠」，與宇宙大化冥合，其動止行爲皆符合天道自然的法則。因此反過來說，

---

28 《周子全書》卷 7，頁 123-124。
29 《周子全書》卷 9，頁 153。

「誠」則「五常百行」皆得其宜，道德行爲即合於自然理則之行爲。所以「誠」之聖人乃「正其性命」、符合於天道運化之理的人，自然也是道德的完美體現者。「誠，五常之本，百行之源也」一句，由聖人作了最佳的詮釋。

由以上的分析可以知道，周敦頤從丹道理論中領悟了生命個體與宇宙之間的「母」、「子」關係，這蘊涵了天地萬物各是一具足之「宇宙」體的概念，因此才能推展出「得其秀而最靈」的人都有可能達到「天」之境界的保證。在周敦頤的思想中，「天」、「宇宙」、「誠」可說都是指涉著此一個世界的整體，它是每個「小宇宙」體分化出來的源頭，也是要修養達到的目標，這種修養理論的型態也就如同道教丹學中所謂的「歸根返本」的「得道」理念。只是站在儒家的立場，周敦頤爲宇宙之理和性命的內涵加進了德性的價值，使它成爲理學家心性修養的基本結構。

第二節　邵雍的「觀物」思想及其成聖意識

前一節曾經提過朱震在《漢上易解》中所談到的宋初《易》學源流，其中有一段就講到邵雍（1011-1077）和〈先天圖〉的傳授譜系。其曰：「陳摶以〈先天圖〉傳种放，放傳穆脩，穆脩傳李之才，之才傳邵雍」。《宋元學案》卷十〈百源學案下〉中也有類似的說法。[30]如果不專就〈先天圖〉的授受

---

30 《宋元學案》云：「圖數之學，由陳圖南摶，种明逸放，穆伯長修、李挺之之才遞傳於先生」，頁 274。

而論,也有不少記載曾經傳達過康節《易》學的傳承流脈,
比較著名的像程顥(1032-1085)在〈邵堯夫先生墓誌銘〉裏
頭所說的:「獨先生之學爲有傳也。先生得之於李挺之,挺
之得之於穆伯長,推其源流,遠有端緒」。[31]只是學脈中少
提到一個种放。與程顥的敘述相同的,還有邵伯溫的《易學
辨惑》、《東都事略》的陳摶傳以及朱熹的意見。然而,就
如錢穆先生在〈論太極圖與先天圖之傳授〉一文中所提出的
考索結論:《漢上易解》的〈先天圖〉傳授次序大體上是可
能的,但若像其他說法一樣消去了种放,則傳授的年世將有
所不符。[32]

事實上,勉強將邵雍的學術推源至陳摶,並沒有非常堅
強的歷史根據。但保守一點的說,邵雍的學問和思想的興趣
卻又和宋初的道家(教)流派有相當密切的關聯。在《宋史》
的邵雍和李之才本傳中,都明確提到兩人之間的師承關係。
先看《宋史》對李之才的陳述,其云:

> 李之才字挺之,青社人也。天聖八年同進士出身,為
> 人朴且率,自信,無少矯屬。師河南穆脩,脩性卞嚴
> 寡合,雖之才亦頻在訶怒中,之才事之益謹,卒能受
> 《易》。時蘇舜欽輩亦從脩學《易》,其專授受者惟
> 之才爾。脩之《易》受之种放,放受之陳摶,源流最
> 遠,其圖書象數變通之妙,秦、漢以來鮮有知者。[33]

最後一段所展示的宋初「圖書象數」學的學脈次序,與

---

31 程顥、程頤,《二程集·河南程氏文集》(北京:中華書局,1981)
　　卷 4,〈邵堯夫先生墓誌銘〉,頁 503。
32 參考錢穆,〈論太極圖與先天圖之傳授〉,收入《中國學術思想史論
　　叢(五)》,頁 163-177。
33 《宋史》卷 431,〈儒林一〉,頁 12823。

朱震的〈先天圖〉傳授譜系完全一樣，這也許不能說是一種
巧合，可能是《宋史》的作者依據《漢上易解》所加附的說
明。後來李之才在共城令的任上結識了邵雍，並教授他學問，
這件事兩見於《宋史》，且屢次被後人傳述，應無可疑。《宋
史·李之才傳》說到：

> 之才……權共城令。時邵雍居母憂于蘇門山百源之
> 上，布裘蔬食，躬爨以養父。之才叩門來謁，勞苦之
> 曰：「好學篤志果何似」？雍曰：「簡策之外，未有
> 迹也」。之才曰：「君非迹簡策者，其如物理之學何」？
> 他日則又曰：「物理之學學矣，不有性命之學乎」？
> 雍再拜願受業，於是先示之以陸淳《春秋》，意欲以
> 《春秋》表儀五經，既可語五經大旨，則授《易》而
> 終焉。其後雍卒以《易》名世。[34]

這段話與王稱《東都事略》的本傳內容相近，當是從其
所出。[35]值得注意的地方是，李挺之先後傳授給邵雍的包括
「物理之學」和「性命之學」，其中《春秋》和《易》都是
「性命之學」的部分。李之才的學術既有「圖書象數」之《易》
的淵源，其所師承的穆脩又是宋初著名的《春秋》學的專家，
因此他在這兩方面顯然都是學有所本的。至於「物理之學」
的內容為何，則渺不可知。但從「非迹簡策」一語看來，「物
理之學」可能並非一般典籍上的學問。不過若參照邵雍本傳
的說法，卻又有另一番理解。《宋史·邵雍傳》說：

> 北海李之才攝共城令，聞雍好學，嘗造其廬，謂曰：
> 「子亦聞物理性命之學乎」？雍對曰：「幸受教」。

---

34 同上，頁12824。
35 參考王稱，《東都事略》（台北：中央圖書館，1991）卷113，頁1748。

乃事之才，受河圖、洛書、宓義八卦六十四卦圖像。
之才之傳，遠有端緒，而雍探賾索隱，妙悟神契，洞
徹蘊奧，汪洋浩博，多其所自得者。及其學益老，德
益邵，玩心高明，以觀夫天地之運化，陰陽之消長，
遠而古今世變，微而走飛草木之性情，深造曲暢，庶
幾所謂不惑，而非依倣象類、億則屢中者。遂衍宓義
先天之旨，著書十餘萬言行于世，然世之知其道者鮮
矣。[36]

這裏並不再劃分「物理」和「性命」之學，而是將河圖、
洛書及《易》卦等一套學問都歸入「物理性命」之學的範圍。
我認爲邵雍本傳的這段話，更能符合其學術的樣貌。這麼說
的理由有三：一是將《春秋》、《易》學等皆歸入「性命之
學」，所謂的「物理之學」爲何，便成了虛懸的問題；其次，
不管是河圖、洛書或《易》象數學，主要涉獵的對象都是宇
宙自然的結構或運作法則，如邵雍傳所描敘的，恰是「觀夫
天地之運化，陰陽之消長」的思維興趣，這可能不光是「性
命」一詞所能涵蓋的；第三，勉強分別「物理」和「性命」
之學，並無法真正展現邵雍學術的全貌，因爲康節所談論之
性命，必然脫離不開天道「物理」的觀察經驗和概念化的思
維理路。[37]前者即是所謂的「觀物哲學」，後者則是形而上
的「數理之學」。

以上三點理由的成立，尤其是第三點，正是這一節所要

---

36 《宋史》卷 427，〈道學一〉，頁 12726-12727。
37 關於這方面的意見，已有學者作過論述。參考蘇基朗，〈邵康節的「以
物觀物」致聖說〉，收在《宋史研究集》第 25 輯，頁 247-262；余敦
康，〈論邵雍的物理之學與性命之學〉，收入《道家文化研究》第 11
輯，頁 201-222。

探討的問題核心。邵雍的著作主要有《皇極經世》、《觀物
內外篇》和詩集《伊川擊壤集》。《觀物內外篇》原是《皇
極經世》內容的一部分，但因具有思想上的重要性，故常被
分出而獨立成篇。康節的宇宙體系涵括甚廣，特別是有許多
象數的概念化問題，並不容易釐清，因此本文無法也不必要
處理他所有的宇宙理論。這一節主要還是承續著「性與天道」
的主題，考察邵雍如何從宇宙思維的理路中透顯出人性的價
值和成聖的理想。我認為，《宋史》所說的「物理性命」之
學，正是這種宇宙思維和成聖意識絪合之下的結果。

　　《觀物外篇》裏頭有一段話很值得注意。它說：

> 《易》之為書，將以順性命之理者，循自然也。孔子
> 絕四，從心，一以貫之，至命者也。顏子心齋，屢空，
> 好學者也。子貢多積以為學，臆度以求道，不能剖心
> 滅見，委身於理，不受命者也。《春秋》循自然之理
> 而不立私意，故為盡性之書也。[38]

　　此處標舉《易》和《春秋》兩書，很能符證我們前面提
過的他的學術傳承。更重要的是，他認為《易》、《春秋》
都指示了學者循求自然之理，而這似乎即是他所認為的「盡
性」方式。這段簡單的談話，乍看之下並不能給予我們任何
答案，但它至少透露了一點消息，那就是邵雍以為個人性命
的價值必須在宇宙自然的整體脈絡下來認識。於是，從邵雍
的「觀物」思想中很自然的就發展出人性問題的討論，這同
樣是屬於理學家「性與天道」的思想結構。

　　關於這個問題，我想從邵雍宇宙原理的討論開始。邵雍

---

38 邵雍，《觀物外篇》（北京：北京圖書館，1998），頁 67。

的《觀物外篇》裏頭曾經說到：「太極一也，不動生二，二
則神也。神生數，數生象，象生器」。[39]又言：「太極不動，
性也，發則神，神則數，數則象，象則器。器之變，復歸於
神也」。[40]此處雖說「太極」為「一」，但邵雍似乎不以它
作為「數」。因為他曾說「乾坤起自奇偶，奇偶生自太極」。
[41]故「太極」應為「非數」。從「神生數」與「發則神，神
則數」一語來看，奇偶之「數」的發生，也應該是宇宙開始
有神妙運化之後的事，「神」也不該視同為「數」。這些話
所代表的意義乃在於，「太極」或「一」指涉的是宇宙之整
體，而絕非整體中的任何一部分。因為「數」的產生來自於
整體的分割，只有分割或分化，邵雍的「數」才開始有表明
或描敘其間物理變化的意義。[42]同樣的，康節對「神」的說
法如下：

> 神無方而易無體，滯於一方則不能變化，非神也。有
> 定體則不能變通，非易也。[43]
>
> 形可分，神不可分。[44]

從整體論的角度來看，「神」代指了宇宙間無往弗屆的
變化過程，相對於「太極」，已出現了活動，但卻仍是涵括
一切的。由上面兩句話可以瞭然「神」的變化發生同樣被界

---

39 《觀物外篇》，頁 75。
40 《觀物外篇》，頁 75。
41 這句話本作「乾坤起自奇耦生自太極」。見《觀物外篇》，頁 46。但
　 對照《道藏》本，則將奇偶拆作二句，意思更加明瞭，故改之。
42 Anne D. Birdwhistell, *Transition to neo-Confucianism : Shao Yung on
　 knowledge and symbols of reality* （Stanford, Calif.: Stanford University
　 Press, 1989），P.79.
43 《觀物外篇》，頁 54。
44 《觀物外篇》，頁 105。

定在一體不可分性的意義之上。所以邵雍才說，「太極」的本質是靜止不動的，隨著「太極」運動，開始有所謂「神」的作用，才因整體之「分割」而有「數」的現象和理解。

雖然邵雍對「動」、「靜」的界定和周敦頤有所差異，但對於一元的宇宙整體觀的意見，兩人卻是完全相同的。不過這只是概念的陳述，實際的宇宙還是由一氣化成的。故「太極」也是就整體之「氣」而言，邵雍說過：

> 一氣分而陰陽判。得陽之多者為天，得陰之多者為地。是故陰陽半而形質具焉，陰陽偏而性情分焉。形質各分，則多陽者為剛也，多陰者為柔也。性情又分，則多陽者陽之極也，多陰者陰之極也。[45]

這是氣化的宇宙觀，由一氣分判為陰陽，天地萬物皆由陰陽二氣凝涵而成。這段話同時也暗示了，天地萬物不是多得氣之陽、就是多得氣之陰，並不認為此世有純陽或純陰之物的存在。就這點而言，他與道教的鍊氣成仙理論及內丹學要鍊就「純陽」的看法，確有明顯不同。我們看他又說：

> 人得中和之氣則剛柔均，陽多則偏剛，陰多則偏柔。[46]
> 唯天有二氣，一陰而一陽。[47]

宇宙間無一事物不涵融陰陽二氣，單只具備氣的一面性質而能存在的事物，在邵雍眼中似乎是不可思議的。故他說「易者，一陰一陽之謂也」。又說：「一陰一陽之謂道……人之有行，必由乎道。一陰一陽，天地之道也。物由是而生，

---

45 《觀物外篇》，頁 41。
46 《觀物外篇》，頁 106。
47 邵雍，《伊川擊壤集》（台北：台灣商務印書館，1965）卷 7，〈唯天有二氣〉，頁 93。

由是而成者也」。[48]然而，一陰一陽不只是氣的兩面性質，更是一種活動的性能。性質是靜態的，而性能則能推出動態來。所以整個世界雖同是一氣所化，卻必須藉著一陰一陽的兩種性能的互動來產生運動和變化。故邵雍說：「本一氣也，生則爲陽，消則爲陰。故二者一而已矣」。[49]而更明白的講法是：

> 自下而上謂之升，自上而下謂之降，升者生也，降者消也，故陽生於下而陰生於上，是以萬物皆反生。陰生陽，陽生陰，陰復生陽，陽復生陰，是以循環而無窮也。[50]

可見整個宇宙的變化活動，都是一氣之中，陰陽兩種性能的推移互動。從「太極」的那一面看，宇宙可視爲一不可分的整體，但由陰陽氣化的互涵原理而言，宇宙就是一陰一陽的過程。這種情況很容易就會令人聯想到，大、小有機體的宇宙思維。從宇宙整體的層次去理解，是一「太極」，也即是一個陰陽和合，但萬物亦皆是陰陽兼具之體，推演之下即又成「物物一太極」了。這點推論絕非我們憑空猜測的，康節就曾經說過：

> 萬物各有太極、兩儀、四象、八卦之次，亦有古今之象。[51]

這句文字乍看不易理解，但配合上我們的推論便有幾分瞭然了。若與下面這一段說詞對讀，其意將更加顯豁。其云：

---

48 《觀物外篇》，頁78。
49 《觀物外篇》，頁77。
50 《觀物外篇》，頁79。
51 《觀物外篇》，頁76。

> 夫卦各有性，有體，然皆不離乾坤之門，如萬物受性
> 於天，而各為其性也。在人則為人之性，在禽獸則為
> 禽獸之性，在草木則為草木之性。[52]

乾坤即是陰陽，這段話所重申的是一切事物皆涵有陰陽之兩面，所以萬物各有「太極、兩儀、四象、八卦之次」也就相當容易理解，這是針對宇宙間各種分化出之有機體的描敘。「皆不離乾坤之門」的意思等於間接同意「一物一太極」的大、小有機體原則，但這其中還應該注意的是，萬物內涵的陰陽和合情況各有不同，故也呈現人之性和禽獸、草木之性的多樣面貌。

一物各是一「太極」的觀點，從《伊川擊壤集》的兩篇詩作中也能很明白的看出來。其〈觀易吟〉云：

> 一物其來有一身，一身還有一乾坤。能知萬物備於
> 我，肯把三才別立根。天向一中分體用，人於心上起
> 經綸。天人焉有兩般義，道不虛行只在人。[53]

另外〈乾坤吟〉之二也說到：

> 道不遠于人，乾坤只在身，誰能天地外，別去覓乾坤。[54]

故就宇宙之整體言，是一「乾坤」之體用；而此間所生化出的萬物，也各是一個具體而微的「小乾坤」。「天人焉有兩般義」一句，已可說堅定的確立了這個原則。前一章所討論的內、外丹思想中，已發展出同一種模式的類比思維，而且我們也簡單的描述過它重視一陰一陽之造化變動的過程。在比較丹道和康節的思想時，有兩點最值得注意。其一

---

52 《觀物外篇》，頁 48-49。
53 《伊川擊壤集》卷 15，頁 60。
54 《伊川擊壤集》卷 17，頁 102。

是「數」的運用方式，另外就是貫通了大、小宇宙體的那個
「理一」。從丹道的宇宙觀察中，他們相信藉由「數」的推
算可使鼎爐的冶煉和人體機能的運作密切的與自然的規律法
則相符合。丹家們當然不是完全根據整體宇宙的運行軌跡來
界定「小宇宙」的活動規則，而是利用了我們之前所談到過
的「攢簇」理論。因此，循環代序的理路雖然相似，其時間
之「數」卻被類比的濃縮了。這個觀念可能無意間促成了每
一「小宇宙」都各別涵有某種「數」理的想法。

　　然而，更重要的是「數」之後所蘊涵的「理」的問題。
邵雍認為：「天下之數出於理。違乎理，則入於術。世人以
數而入術，故失於理也」。[55]雖然康節談論《易》理向以「數
學」而為人所熟知，但專以「數」來理解宇宙萬物可能並非
他的初衷。二程就曾經說過堯夫以「萬事皆出於理」。且認
為邵雍的數法雖出於李挺之，但到他才推「數」而及於「理」。
[56]邵雍所謂「天下之數出於理」的「理」可視為「性命之理」，
即所謂「皆不離乾坤之門」的生命理則。邵雍曾言：「不知
乾，無以知性命之理」。[57]《易》云：「乾道變化，各正性
命」。這就意謂著康節的宇宙觀，遍佈著《易》道生生不息
的契機。所以像「萬物各有太極、兩儀、四象、八卦之次」
的說法，乃必須跟「皆不離乾坤之門」一併理會，其「理數」
之學問乃根本於一種「物物一乾坤」的生機宇宙觀。

　　周敦頤對宇宙和萬物的基本看法是各為「一陰一陽」之
「太極」，即「物物一太極」。就邵雍的觀點而言，天地萬

---

55 《觀物外篇》，頁 39。
56 《二程集・河南程氏遺書》，頁 33、197。
57 《觀物外篇》，頁 49。

物也各是陰陽兼具的實體,他對這種陰陽和合的稱謂則是「乾坤」,這顯然是根據《易》經的講法。其詩云:「一物其來有一身,一身還有一乾坤」。又說:「道不遠于人,乾坤只在身」。這類說法實以天地宇宙為一生生不息的「大乾坤」,而此中生化出的萬物也各是一個具體而微的「小乾坤」,故乃有所謂「萬物受性於天,而各為其性也」。即使萬物各具其「性」,但為一「乾坤」活潑的生命體卻無有不同。所以邵雍要人不向外去尋求何謂「乾坤」之「道」,但反觀體察自己,便能參透宇宙根本的奧妙之理。其實無非是一個生生的理則,一個生息消長、循環有序的「有機體」。因此,康節察物理之妙後,才讚嘆的說:「作易者,其知盜乎?聖人知天下萬物之理,而一以貫之」。[58]「知盜」之詞,似乎與唐中葉以降流行的《陰符經》有關。前已論及,此書暢談天地萬物的生生之理,但多以「盜機」的方式來闡述如何觀天道而保性命。要其體察天道理則中的生命原理,與北宋理學家多有相同之處,但言「盜」以保命養生,則多為理學家所不取。從此也可看到唐末以降的道教思想對邵雍實有不小的影響。

　　康節在〈蒼蒼吟〉詩中也談到:「人人共戴天,我戴豈徒然。須識天人理,方知造化權」。[59]他所要察識的天人共同之理,便是一個無止息的生命造化的過程及其道理。所以當人在察識物理,並反觀己身的同時,其所要理解並貫通的道理也是這個陰陽造化之理。邵雍在〈感事吟〉又五首之三中,反覆了同樣的意思:

58　《觀物外篇》,頁 53-54。
59　《伊川擊壤集》卷 17,頁 98。

> 萬物道為樞，其來類自殊，性雖無厚薄，理亦有精麤。
> 未若人為盛，還知物有餘，我生于此日，幸免作庸夫。[60]

此處「道樞」所指的，便是一個乾坤運化的道理，所以即便萬物類殊，其「性」卻無二，同是一個蘊涵生機之「性」。唯詩中的「理」字，是相對於同一之「性」而說的生物「性理」之別。所以「理有精麤」換個說法就是，物之性理有智靈愚暗的高下之分。這恰好說明了「未若人為盛，還知物有餘」的人之天賦的可貴。〈觀物內篇〉引《易》所云「窮理盡性以至於命」一語說到：

> 所以謂之理者，物之理也。所以謂之性者，天之性也。所以謂之命者，處理性者也。所以能處理性者，非道而何？[61]

這裏的物之「理」，正如「理有精麤」之「理」，是各別之性；天之「性」，則如「性無厚薄」之「性」，是共通的生生律則之性。而邵雍的意思即是，人乃是宇宙間唯一能夠窮物理、盡天性而達致於「命」的靈智之「至物」。但要能至於「命」，便須遵循著不變的「道」，使自然秩序能夠和諧完滿，且涵融萬物而不失。

邵雍「觀物」思想中的生命理則傾向，還可以下引〈觀物外篇〉的這段話來說明：

> 所以造萬物者，神也。神不死，所更者四時也。所以造人者，神也。神亦不死，假如一木結實而種之，又成是木而結是實木，非舊木也，此木之神，不二也。

---

60 《伊川擊壤集》卷 17，頁 90。
61 邵雍，《皇極經世》（成都：四川人民出版社，1998）卷 11 之上，頁 5。

此實生生之理也。[62]

這裏的「神」，就是文章一開頭所解釋的，宇宙間不斷生化活動的潛在力量。若就性質來說，就是「太極」之「性」，也是此處所說的「生生之理」。前面一段引過的「萬物道為樞」的「道樞」或即與此處之「神」是相同的意思。這個道理是就源頭說的，所以也可視為「萬物一理」。邵雍便曾說過：

> 元有二，有生天地之始者，太極也，有萬物之中，各有始者，生之本也。[63]

此雖說「元有二」，但歸根而言只是一個道理。邵雍受道家天道觀念的影響，故常講到一個天地生成的源頭，以此再分化出許多的萬物事理來。周敦頤的〈太極圖說〉也是從宇宙生化的本源上講起，於是像「無極而太極」這樣的語句，便不免落入與道家「有生於無」一般的聯想。所以這裏所說的「元有二」，雖皆為一生成造化之理，但卻必得分個有天地之前後兩截。

理解這個貫通天地萬物的「乾坤」生理，對人而言是極為重要的。首先，他認識到萬物各有性命所當然之理，此即前文所引述的「萬物受性於天，而各為其性」的道理。但合而言之，天地萬物亦同循著一個循環往復、生生不息的生機之道。這就是他所講的「天地尚由是道而生，況其人與物乎」？「天地人物則異也，其于由道一也」。[64]於是，從天地萬物「一道」的方面看，整個《易》道生生的宇宙便成一個生意

62　《觀物外篇》，頁 105。
63　《觀物外篇》，頁 75-76。
64　《皇極經世》卷 11 之下，頁 7。

活潑的整體，生理如一而運化有常；若依萬物各有自然性命的一面看，物物順性而各得其所、各逐其生，彼此之間達到一種生命聯繫上的和諧。故邵雍有詩云：

> 天地豈無情，草木皆有實，物本不負人，人自負于物。[65]

這便是要人不可依恃著智靈之性而背道妄行，造成對自然秩序的破壞。故如上所述，這樣的一對觀念幾乎已與二程「理一分殊」的世界觀無有差別了。而事實上，這樣的一套宇宙思維，恰是承襲著道家、道教對自然世界的運化秩序與生命律則的體會而來的。

循著「萬物各有太極」、「皆不離乾坤之門」的有機體思維，邵雍乃思索及「人」在此宇宙間的地位，並發展出一套獨特的修養理論。他認為，就萬物的相同處說，是物物一「乾坤」，皆具生機意涵。但背後卻蘊藏著一個與進化論頗為類似的觀念，即各種物類之生機體間，仍有靈智上的明暗強弱的差別。如他說到宇宙間：

> 有一日之物，有一月之物，有一時之物，有一歲之物，有十歲之物，至於百千萬皆有之，天地亦物也，亦有數焉。雀三年之物，馬三十年之物，凡飛走之物，皆可以數推，人百有二十年之物。[66]

邵雍在這裏是以生命週期的長短來分別物類「進化」的高低程度，而人可能的「生數」是一百二十年，故可說是物類中最為靈智的。其中值得注意的，是邵雍承認「天地亦物」，故亦可推算其「數」。這在思想上的意義便是，在其氣化論的宇宙觀裏頭，並無有機與無機物的劃分，而同樣都具備一

---

65 《伊川擊壤集》卷 3，〈秋懷三十六首〉之一，頁 42。
66 《觀物外篇》，頁 98。

個乾坤的運化理則。天地亦物而有數,可能也意謂著天地作
為一個大「乾坤」,它的生息運化也有一個盡頭,到時停息
壞滅,又將生出一個新的天地來。[67]邵雍以「時數」的循環
週期大小來劃分各個有機體的生命週期的類比思維,也不禁
令我們聯想到內、外丹學中的「攢簇」理論,這或許可視為
邵雍從道家方外承襲《易》數理論的痕跡之一。最重要的還
是在這之中,邵雍特別強調人為萬物之靈的可貴。如說:

　　人智強則物智弱。[68]

　　人之類,備乎萬物之性。[69]

　　備天地萬物者,人之謂也。[70]

　　人之貴,兼乎萬類,自重而得其貴,所以能用萬類。[71]

　　邵雍對人類靈智的肯定,是因為他「兼乎萬類」、「備
乎萬物之性」。這似乎意謂著人已具備了其他萬物所能擁有
的所有特性與能力。如〈觀物外篇〉的一段話所說的:「唯
人兼乎萬物而為萬物之靈,如禽獸之聲,以其類而各能得其
一,無所不能者,人也。推之他事,亦莫不然。唯人得天地
日月交之用,他類則不能也。人之生,真可謂之貴矣」。[72]可
見邵雍對物類的一種高低層次的劃分之中,還蘊藏了一個觀
念,即高層次的「乾坤」能涵括低層次的「乾坤」之性能。
故人以最「進化」、最高層次的「乾坤」生命體,便足以涵

67　這個看法恰與邵雍《皇極經世》所講的道理同出一轍。參閱冒懷辛,
　　〈邵雍《皇極經世》中的宇宙圖式〉,收入尹達等主編,《紀念顧頡
　　剛學術論文集》(成都:巴蜀書社,1990),頁 25-63。

68　《觀物外篇》,頁 115。

69　《觀物外篇》,頁 107。

70　《皇極經世》卷 11 之下,頁 20。

71　《觀物外篇》,頁 107。

72　《觀物外篇》,頁 99。

包天地間萬類之性能。所以愈高層次的物類不僅生命週期愈長，它也涵括了更多智力跟活動的可能性。下面所引的說法可以給我們印證這個解釋，其云：

> 有一物之物，有十物之物，有百物之物，有千物之物，有萬物之物，有億物之物，有兆物之物，為兆物之物，豈非人乎？有一人之人，有十人之人，有百人之人，有千人之人，有萬人之人，有億人之人，有兆人之人，為兆人之人，豈非聖乎？是知人也者，物之至者也；聖也者，人之至者也。物之至者，始得謂之物之物也；人之至者，始得謂之人之人也。夫物之物者，至物之謂也；人之人者，至人之謂也。以一至物而當一至人，則非聖人而何人？謂之不聖，則吾不信也。何哉？謂其能以一心觀萬心，一身觀萬身，一物觀萬物，一世觀萬世者焉。又謂其能以心代天意，口代天言，手代天功，身代天事者焉。又謂其能以上識天時，下盡地理，中盡物情，通照人事者焉。又謂其能以彌綸天地，出入造化，進退古今，表裏人物者焉。[73]

由這個觀念的闡釋中，我們可以得出一個結論，即高低層次的物類「乾坤」之間，保持著一種「生理」同一，而靈智之性則依高層次涵包低層次之性能的階層式的劃分。所以人為何能夠以最高層次的乾坤生命體而「備乎萬物之性」，也由此獲得理解。但在人之中，他又認為有「人之至者」的聖人。所謂「聖人」並非是高於人的一種物類，而只是能夠將人的靈智發揮到極限的「至人」，他是「以一至物而當一

73　《皇極經世》卷 11 之上，頁 4。

至人」的人。由「一心觀萬心」、「心代天意」等文句可知，
聖人由於不自限於私己的情感和立場，所以能夠將人類的潛
能發揮出來，能知萬物之性，且順萬物之性。這也如〈觀物
內篇〉所說的：

> 天地之道，盡之於萬物矣；天地萬物之道，盡之於人
> 矣。人能知其天地萬物之道所以盡於人者，然後能盡
> 民也。[74]

由這段話表現出來的意思，不只是人「備乎萬物之性」，
而且是「天地萬物之道」皆備於我了。就傳統話來說，這便
是賦予了每個人「天人合一」的最高可能。此外，這段話也
清楚的為前一段文字作了註腳，「聖人」作為人之至的「兆
人之人」，並非超越了個人的可能，而是大其心於天地萬物
之間，真實使個人能體會天地萬物之性的道理，觀照一切，
而贊天地之化育的超脫者。所以「天地萬物之道，盡之於人」
者，是肯定每個人皆本具與天道合一的可能，但只有真正達
到「知其天地萬物之道所以盡於人」者，才可稱作「聖人」，
才能「盡民」，才是真正與天地萬物自然合一。故他說：「己
配天地謂之人，唯仁者其可謂之人矣」。[75]在邵雍的觀念裏，
每個人都該大其心而配天地，到此方可謂盡了人之性。那麼
邵雍在推展其自然之「觀物」思想的背後，實已蘊涵了成聖
的意識。個人作為一最具靈性、最「進化」的「有機體」，
其本然就內賦有與天地同一的可能。

人體會到自己「備乎萬物之性」的可貴，故確立了自己
在天地間的價值與無限可能。「天地萬物之道」，既皆「盡

---

74 《皇極經世》卷 11 之上，頁 5-6。
75 《觀物外篇》，頁 107。

之於人」，則人的性理本然，不僅順應了自然界的律則，且更能體證天理之本然，大其心而與萬化冥合。按照前文對「性」的解說，邵雍「性」的原始義涵是作爲每一個生命體本然而有、自然蘊涵的性命理則。所以說到木之性，便是指它生命的自然本質與活動理路。說到人之性，亦然。只不過邵雍給了人的自然性理一個可與天地一般涵包萬物，洞察一切自然的生化活動，理解所有物理法則的高度可能。這也是爲什麼「性之在物之謂理」，而唯有在人者，謂之「性」了。因爲只有人能使個體的性理與天地之理合而爲一，換句話說，人最完滿的推擴其性理，必然能如天地之大「乾坤」般的涵融萬物而不失。[76]故〈觀物外篇〉說：

> 自然而然者，天也。惟聖人能索之效法者，人也。若時行時止，雖人也，亦天也。[77]

　　由此看來，邵雍對「性」的說法，除了最初始的萬物之生命本質或理則外，最重要的還是落在講求個人性理的最高境界。而這個推擴個人性理的過程與方式，就是心性修養的問題了。故邵雍對心性義理的理解，未曾脫離一個自然造化的整體宇宙觀，他要人們在這個生息相繫的天地萬物之間，找尋到自己的價值，並展現出符合自然之道的態度和行爲。而這除了窮究生生不息的物理之外，更須一套反觀的功夫。既然萬物皆備於我，那麼由己身入手體察個人的性命，最後自然能與天道冥合。康節詩即云：

> 如知道只在人心，造化功夫自可尋，若說衣巾便爲

---

76 Anne D. Birdwhistell, *Transition to neo-Confucianism : Shao Yung on knowledge and symbols of reality*, P.167-177.

77 《觀物外篇》，頁 117。

道，堯夫何者敢披襟。[78]

　　康節雖然頗受道家方外的影響，但對於道教教儀等宗教形式卻不甚欣賞。可見他承襲的是唐末以來道家、道教在生機宇宙觀和生命內修內煉等等的思想。並以此爲基礎，由道返儒的說一套性命之學。

第三節　張載「性與天道」思想的特質

　　「氣」一元的世界觀是張載「性與天道」思想的基礎，他由一氣生成、運化的宇宙原理來探討天道與人性之間的關係。換言之，這是以一「氣」貫通了天地萬物的本質及其法則，這其中包括了人之「性理」及人間的秩序和價值。但從這個角度來認識世界和解釋人間秩序等，顯然非儒家本身的傳統。所以橫渠的弟子范育在《正蒙》的序裏便說：「惟夫子之爲此書也，有六經之所未載，聖人之所不言，或者疑其蓋不必道」。尤其他對張載依「氣」一元的宇宙觀所提出的「清虛一大」一詞，也承認不免「將取訾於末學」。[79]錢穆先生在〈正蒙大義發微〉一文中也說到：「橫渠立說，似全本《周易》。然《易》言陰陽，不言萬物一體」。[80]因此，張載「氣」一元世界觀的形成，以及他如何藉由氣化的普遍原理來解釋個人性理和成聖的關係，都是值得深一步討論的課題。

---

78 《伊川擊壤集》卷 13，〈道裝吟〉之四，頁 47。
79 《張載集・正蒙》（台北：里仁，1979），頁 4。
80 錢穆，〈正蒙大義發微〉，收在《中國學術思想史論叢（五）》，頁 212。

　　張載在闡述天道思想時，有兩個重要的概念，即「太和」與「太虛」。而這兩個概念都必須在「氣」一元的世界觀下來理解，才能獲得最確切的定義。他解釋「太和」云：

> 太和所謂道，中涵浮沈、升降、動靜、相感之性，是生絪縕、相盪、勝負、屈伸之始。……散殊而可象為氣，清通而不可象為神。不如野馬、絪縕，不足謂之太和。語道者知此，謂之知道；學易者見此，謂之見易。[81]

　　張載所謂「太和」，即「陰陽會合沖和之氣也」。整個宇宙只是一氣化成，也因一氣而運化不息。故整體來說，即「氣」便是「道」。故又說：「由氣化，有道之名」。而「氣」自然蘊涵有所謂「浮沈、升降、動靜、相感」等等的道理，這是它運化無間的性質，因此性質而能表現出各種交盪互動的作用。張載藉《易》理所講的，其實就是這一氣的體用變化。在上面一段中還說到：「散殊而可象爲氣，清通而不可象爲神」。從這裏的「神」、「氣」之分，可以說到「太虛」。張載說「太和」，是就宇宙一氣之全體論。而「太虛」則是指「氣」的本然體狀。他說：

> 太虛無形，氣之本體，其聚其散，變化之客形爾。[82]

又云：

> 天地之氣，雖聚散、攻取百塗，然其為理也順而不妄。氣之為物，散入無形，適得吾體；聚為有象，不失吾常。太虛不能無氣，氣不能不聚而為萬物，萬物不能不散而為太虛。循是出入，是皆不得已而然也。然則

81　《張載集・正蒙》，頁7。
82　《張載集・正蒙》，頁7。

聖人盡道其間，兼體而不異者，存神其至矣。[83]

橫渠已說「太虛無形，氣之本體，其聚其散，變化之客形爾」。這裏又說到「氣之為物，散入無形，適得吾體」。此即以落於有形者為「氣」，散入無形者為「太虛」。但「太虛」終究是無形的「氣」，並非是「無」。所以才說「太虛不能無氣，氣不能不聚而為萬物，萬物不能不散而為太虛。循是出入，是皆不得已而然也」。所以萬物紛紛，皆可作為變化的「客形」。而「太虛」也只是「氣」，乃「氣」的本然體狀而已。所以前文所講的「散殊而可象為氣，清通而不可象為神」。此散殊而可象的「氣」也就是氣聚的萬般「客形」。而所謂「神」者，自然是「太虛」之表現。他曾說：

太虛為清，清則無礙，無礙故神；反清為濁，濁則礙，礙則形。[84]

「太虛」即「氣」，只是處於清而無礙之狀態，故橫渠並未於氣外言「神」。按《正蒙》原來的意思，氣有清、濁之分，故有神、形之別，但「神」與「形」仍皆是氣。只不過如此說來，會使人疑惑「太虛」之清與物形之濁、神用與形礙是判然兩別的。張載自己說過：

氣之聚散於太虛，猶冰凝釋於水，知太虛即氣，則無無。[85]

這不僅說明了「太虛」與物形都只是一氣所化，且氣的聚散變化都在於「太虛」的作用之中。就如「冰」是水的凝固態，但還是水的變化的一部分。錢穆先生在〈正蒙大義發

83　《張載集‧正蒙》，頁 7。
84　《張載集‧正蒙》，頁 9。
85　《張載集‧正蒙》，頁 8-9。

微〉中，便是就這個意思來說明一氣之「兩體」的「虛實也，動靜也，聚散也，清濁也」[86]的關鍵意義在於「立『太虛』與『氣』之兩者，其意亦在使人更見一氣之真」。所以清、虛、靜、散四字都落在「太虛」一邊，而可以該濁、實、動、聚。這也就是「全體」可以該包「部分」的意思。[87]這個說法可以證之於橫渠對「神」的討論，如《正蒙》說到：

> 「神無方」，「易無體」，大且一而已爾。[88]

所以「神」的作用不能偏於一處，整體之宇宙皆不外乎「神」之流行。也就是說「太虛」與「神」既是就清通無礙的氣之本然言，也是就全體而論。故他又說：

> 氣有陰陽，推行有漸為化，合一不測為神。……天之化也運諸氣，人之化也順夫時；非氣非時，則化之名何有？化之實何施？[89]

橫渠以天地為一氣充周，所以像「大且一」、「合一不測」之「神」，都清楚的是在講整體宇宙之氣的運化。萬物既為一氣所變，自然不出神化合流的範圍。所以張載「清虛一大」的說法，一方面既要說到宇宙的整體，一方面又要突出氣在本然狀態下的清通神妙之性。這樣的思維傾向，與他所要闡述的性命之學與修養理論是密切相關的。

如前引張載的話，氣因聚散而產生的有形之體，被稱作「客形」。這與氣當無形之時的「本體」，明顯是一個關聯而對應的說法。又說到「氣之為物，散入無形，適得吾體；

---

86 《張載集・正蒙》，頁 9。
87 錢穆，〈正蒙大義發微〉，頁 187-192。
88 《張載集・正蒙》，頁 15。
89 《張載集・正蒙》，頁 16。

聚爲有象，不失吾常」。[90]也陳述同樣的觀念，即當氣爲無
形而能神妙無礙時，才「適得吾體」，是恰當之體狀。然而，
整個世界萬物紛紜，人亦是有形有體的生命物，張載的說法
豈是要一切都歸散於無形之氣？錢穆先生認爲張載立「太虛」
與「氣」兩個概念，其用意是在使人見一氣之真。也就是說，
「太虛」而能「神」的氣，雖爲最適恰之「本體」，但既成
有形之物，並不即要歸散入無形，而是要體認這一「本體」
之真，使「聚爲有象」的自己，能「不失吾常」。這個意思
顯然是要聚爲有形之物，仍然能夠不離「太虛」無形之時的
神妙無礙。所以張載所謂的「聖人盡道其間，兼體而不異者，
存神其至」[91]，就可以獲得清晰的理會，「兼體」與「存神」
很明白的都是「聚爲有象，不失吾常」之義。「兼體」即兼
具一氣之「兩體」，「兩體」者，「虛實也，動靜也，聚散
也，清濁也」[92]當氣聚爲有形之物時，仍可保有宇宙全體之
用。這就是由「部分」而返歸「全體」，亦即張載的「兼體」
之謂。更明確的說，張載要人不因爲形質的固定，而使自身
拘限於全體之某一部分，產生了「形礙」的有限與偏狹。有
限與偏狹則會產生私己之意而「有對」。《正蒙》云：

> 氣本之虛則湛無形，感而生則聚而有象。有象斯有
> 對，對必反其為；有反斯有仇，仇必和而解。故愛惡
> 之情同出於太虛，而卒歸於物欲，倏而生，忽而成，
> 不容有毫髮之間，其神矣夫！[93]

---

90 《張載集·正蒙》，頁 7。
91 《張載集·正蒙》，頁 7。
92 《張載集·正蒙》，頁 9。
93 《張載集·正蒙》，頁 10。

「聚而有象」則「有對」，便會因物我之見而產生愛惡情欲。那麼聖人所以要「盡道其間」的「兼體」，即是在客形、有形的情況下，仍能存有太虛本體的「吾常」。因此，張載說了一套氣化的宇宙原理，其目的乃在指出天地萬物共同之大源，而後使人能超脫個體形質的限制，與天地之大化合流。由此也突顯了他所謂「性」的義涵。《正蒙》說：

> 由太虛，有天之名；由氣化，有道之名；合虛與氣，有性之名；合性與知覺，有心之名。[94]

「性」必合「虛」與「氣」而成，這正說明了「客形」個體必在能保有太虛本然的情況下，方可謂之「性」。故張載最常被引用的一段話：「形而後有氣質之性，善反之則天地之性存焉。故氣質之性，君子有弗性者焉」。[95]「氣質之性」便只是落於偏處的個體形氣之性質，人因此「性」而容易「有對」而失其常。故言「善反之」，即要「合虛與氣」而成「天地之性」。他所說的「天地之性」，也就是「兼體」之「性」。

在張載的思想中，氣之「太虛」本然是清通無礙、神妙無窮的。這是整個天地運化的實然體狀。但天地所化育的萬物，各因氣質形體的固定拘限而產生「濁礙」，因此各有偏私之欲求，無法如「太虛」之「氣」般的太和而中正，合理而順行。故反於「天地之性」，便成了張載思想中，個人所必然且應然的一個成聖的過程與理想。這樣的思維理路正是建立在他「氣」一元宇宙觀的基礎之上。即因萬有是一氣之所化，故其本然體狀皆為「太虛」，萬物皆具「天地之性」。

---

94 《張載集‧正蒙》，頁9。
95 《張載集‧正蒙》，頁23。

張載便說：

> 性者萬物之一源，非有我之得私也。惟大人為能盡其
> 道，是故立必俱立，知必周知，愛必兼愛，成不獨成。
> 彼自蔽塞而不知順吾理者，則亦末如之何矣。[96]

此「性者萬物之一源」之語，依照張載的宇宙氣化原理
看來，絲毫不難理解。而關鍵則在於這個「復性」的過程。
也就是萬物如何能從個體氣質的蔽塞狀態中，超越出來與萬
化同其流行。王船山在注解這段話時認為，統萬物於一源，
是溯其始而言之，即合人物而言。但說到「立」、「成」等，
顯然是專就人而立辭的。[97]人與物的劃判，便在這能否復返
「天地之性」的分別上。因為就本源上說，一氣化成萬物，
「太虛」之本是無有不同的。船山的說法，是符合橫渠本意
的。因為《正蒙》立了「清虛一大」的氣化宇宙本體後，雖
在「性」上講「萬物一源」，卻只就人來談「復性」的修養
過程。故勸學而復天地之性乃成為其思想中極重要的一環。
張載曾說到：

> 天所性者通極於道，氣之昏明不足以蔽之；天所命者
> 通極於性，遇之吉凶不足以戕之；不免乎蔽之戕之
> 者，未之學也。性通乎氣之外，命行乎氣之內，氣無
> 內外，假有形而言爾。故思知人不可不知天，盡其性
> 然後能至於命。[98]

按此處言「性」，仍指著「天地之性」，故說「氣之昏
明不足以蔽之」。而「氣之昏明」，則是落在「氣質之性」

---

96 《張載集‧正蒙》，頁 21。
97 參見錢穆，〈正蒙大義發微〉引述，頁 198。
98 《張載集‧正蒙》，頁 21。

上說的,故人物皆有不同。如何去除氣質上的昏蔽,不使「天地之性」受到後天的「蔽戕」之害,就在於「學」的工夫。而「學」的工夫就是要「變化氣質」,這是接著要討論的重要課題。另外,這段話還值得一提的地方是「性」、「命」的分別說法。他說「性」通於氣之外,而「命」則行於氣之內,此「氣」是「假有形」而說的,也就是指人的生命形體。故「性」可謂是通內外而言,「命」則拘限於指個體,「性」、「命」的關係也就是「全體」與「部分」之個別的對應關係。因此,「盡其性然後能至於命」一句的理解應該為:能使己性復於「天地之性」(盡性),才算是達到個體生命的完滿境界(至命)。而前一句所說的「思知人不可不知天」,也就不能只是限於字面上的理解,它深涵了人要超脫個體生命的拘限,而去窮究天地全體的運化之道,並達致天人合一的理想。所以這段話仍貫串著一個消息:由部分返於全體,以人合天,依命復性。

從「天地之性」到「氣質之性」,說的其實都是「氣」的性質變化。只是前者神妙清通,能與天地一般合理而順化;後者則只拘礙於固定形質之間,因有我、有對而產生偏私,故不能無礙而失其理。因此,要如何在具體而有限的生命形體中保有「吾常」,涵融如「太虛」般中正順理的本性,乃是張載所要講求的「為學之道」,也就是所謂的「變化氣質」。

氣化而成之生命形體,各有形質上的差別,也就是陰陽氣稟所賦之不同。因此,人們所發展出來的「氣質之性」的偏失戕害,便各見異趣。張載說:

> 人之剛柔、緩急、有才與不才,氣之偏也。天本參和不偏,養其氣,反之本而不偏,則盡性而天矣。性未

> 成則善惡混，故亹亹而繼善者斯為善矣。惡盡去則善
> 因以成，故舍曰善而曰「成之者性也」。[99]

按照張載自己的說法，「氣質猶人言性氣，氣有剛柔、緩速、清濁之氣也。質，才也」。[100]這都是氣聚為「客形」之後，其形體本身在陰陽氣稟上的才質差異。換言之，所指的大約是個體生命的性質。故他才說「氣質是一物，若草木之生亦可言氣質」。[101]既然已氣化為具體的形質，便落在「客形」而有偏，故要返於「參和不偏」的太虛本體，也就是復於大化之常。這仍是一個「盡性而天」的過程。在未能「盡性」之前，人受個體生命形質的拘限影響，容易落於物欲與偏見，自然違失天道合理之律則。「性未成則善惡混」的意思，大抵即是指人與天道的自然法則之間，一種時依時違的狀態。依時合理故善，違時非理故惡。若能褪盡氣質之偏，而盡了本然的「天地之性」，那麼一切參和中正，合理而順化，更沒有善惡可言了。所以句末才說「舍曰善而曰『成之者性也』」。

由「盡性」、「成性」，或如「性未成」之語來看，張載認知中真正的「性」，指的就是萬物本然的「天地之性」。故所謂的「氣質之性」，嚴格說來並不是「性」，因而才有君子「弗性」的說法。他曾引孔子「性相近也，習相遠也」一句解釋到：

> 性則寬褊昏明名不得，是性莫不同也，至於習之異斯遠矣。[102]

99　《張載集·正蒙》，頁23。
100　《張載集》，〈經學理窟·學大原上〉，頁281。
101　《張載集》，〈經學理窟·學大原上〉，頁281。
102　《張載集》，〈張子語錄〉，頁333。

這裏說到了三個重要概念，即「莫不同」的「性」、用寬褊昏明來形容的「氣」，以及後天之「習」。張載「變化氣質」的目標即是復萬物本然的「天地之性」。但張載這種「變化氣質」以復於「天地之性」的主張，事實上和道教「修性合道」的傳統說法非常近似。吳筠在《玄綱論·以有契無章》中便將煉氣歸道的修養作階段性的陳述，他說「煉凡至於仙，煉仙至於真，煉真合乎妙，合妙同乎神，神與道合」。[103]這是一種變化氣質的形式，且他歸復的也是天地本然之「道」。五代道士譚峭在他著名的《化書》中也曾提過：「道之委也，虛化神，神化氣，氣化形，形生而萬物所以塞也。道之用也，形化氣，氣化神，神化虛，虛明而萬物所以通也。是以古聖人窮通塞之端，得造化之源，忘形以養氣，忘氣以養神，忘神以養虛。虛實相通，是謂大同」。[104]譚峭不僅也有類似的氣質變化之次序，而且他明白的講到聖人「窮通塞之端，得造化之源」，其原因就在於聖人能夠修煉氣質，使之逐漸變化而與天地「大同」。句中的「虛實」一詞與橫渠思想中的「太虛」和「客形」的概念，似乎也頗有異曲同工的意味。[105]

前面在第四章時就說過了，道教傳統的「修性合道」理論便是藉由純化天賦的生命氣質，達到與宇宙本然的體狀相同的性質，作為其成仙的「超越」模式。因此，張載這種變化氣質的說法，實與道教的成仙煉養有太多的共通之處。所

---

103 《玄綱論·以有契無章》，頁 23。
104 （五代）譚峭，《化書》（北京：中華書局，1996）卷 1，〈道化〉，頁 1。
105 相關的討論，也可參考三浦國雄，〈氣質變化考〉，《日本中國學會》第 45 集（1993），頁 95-110。

以在後來內丹學的修養之中，也見到幾乎相同的表述。《西山群仙會真記》裏頭說過：「善養壽者，以法修其內，以理驗其外，修內則秘精養炁，安魂清神，形神俱妙，與天地齊年。鍊神合道，超凡入聖也」。[106]因為內丹修煉是對整個生命體，包括心神和氣形的純化，故這段話認為「超凡入聖」的途徑就是一種變化氣質的過程。《靈寶畢法》序在論說其終極理想時甚至說到：「內志清高，以合太虛，魂神不遊，以絕夢寐」。[107]《破迷正道歌》也談到：「辛苦都來十箇月，內外虛明表裏真，聚則成形散則炁，返本還元太虛同。變化往來人莫測，祖祖相傳古到今。一理便合天地理，神仙口訣不為虛」。[108]可見內丹法訣中不僅強調生命氣質的轉化，也以「太虛」為其理想境界的指稱。聖人則是不拘限於一般氣質，能夠回復到初始的宇宙流行境界之人。

　　從第五章對內丹宇宙思想的討論中，我們就可以發現，他們主張個人的氣化體性應當活動得如天地自然一般，這個觀念就來自於「一物一宇宙」的想法。故張載所謂「浮沈、升降、動靜、相感」等等的道理，不僅發生在氣化的宇宙之間，也自然會在人的生命活動中出現。因此，個人的「客形」氣化原則一旦能回復到「太虛」的狀態，即是符合了它本身所該有的性質和規律。張載認為這是德性的養成，而且這種德性價值本來就賦予在人的身上。《正蒙》說：

> 氣有陰陽，推行有漸為化，合一不測為神。其在人也，智義利用，則神化之事備矣。德盛者窮神則智不足

---

106 《西山群仙會真記》卷 2，頁 11。
107 《靈寶畢法》卷中，頁 17。
108 《破迷正道歌》，頁 3。

道，知化則義不足云。……中庸曰「至誠為能化」，
孟子曰「大而化之」，皆以其德合陰陽，與天地同流
而無不通也。[109]

　　所引「至誠能化」及「大而化之」之語，皆可謂超脫氣
質所限，大其心於天地之形容。「德合陰陽」時，已無己身
氣質之見，此心氣已超脫運化如天地自然。故云：「無我而
後大，大成性而後聖，聖位天德不可致知謂神」。[110]又說：
「聖者，至誠得天之謂」。[111]超脫氣質而大其心，便是無我；
心氣運化發用皆如天地，可謂「成性」。如此便是張載心目
中的聖人。而「誠」之一語，也即是「成性」後與天地同流
而化之境界矣。

　　按照張載的意思，唯有「太虛」之氣是合理而順化的，
故萬物有「變化氣質」的需要，即要去除各有偏頗之物性，
使「個體」之氣也行如「太虛」之氣。因此，禮義的學習是
必要的手段。它能使「客形」返於「太虛」，超凡而入聖。
雖然這點意見和道教講求的長生升仙在風格上有很大的不
同，但思想結構卻又是極其吻合的。這種非偶然的現象卻發
生了一種偶然的結果，北宋張伯端的《玉清金笥青華秘文金
室內煉丹訣》中也曾提過「氣質之性」和「天地之性」的差
別，其云：

夫神者，有元神焉，有欲神焉。元神者，乃先天以來
一點靈光也。欲神者，氣質之性也；元神者，先天之
性也。形而後有氣質之性，善返之，則天地之性存焉。

109　《張載集・正蒙》，頁 16。
110　《張載集・正蒙》，頁 17。
111　《張載集・正蒙》，頁 9。

自為氣質之性所蔽之後，如雲掩月。氣質之性雖定，先天之性則無有。然元性微而質性彰，……主於氣質盡，而本元始見。本元見，而後可以用事。無他，百姓日用，乃氣質之性勝本元之性。善返之，則本元之性勝氣質之性。以氣質之性而用之，則氣亦後天之氣也，以本元性而用之，則氣乃先天之氣也。[112]

其中有些文字和張載所言幾乎一字不差，但他所談的顯然是長生登仙的修養理論。因此，也可以看出橫渠和張伯端內丹學的相似性絕非只是偶然，張載把宇宙體系和德性修養聯繫起來的思考模式，完全就是在道教丹學的流脈之中。

第四節　二程在「性與天道」問題上的討論

二程同樣由《易》道發展出一套「天人一理」的宇宙觀，「理」不離「氣」，「理」便是「氣」內涵的那形而上的運化作用之理。[113]所以伊川說：「離了陰陽更無道，所以陰陽者是道也。陰陽，氣也。氣是形而下者，道是形而上者」。[114]「道」即是「理」，它便是「所以陰陽」的抽象的生成變化

---

112 張伯端，《玉清金笥青華秘文金室內鍊丹訣》卷上，頁 7-8。收入《正統道藏》第 7 冊。
113 關於二程的《易》學思想及其闡述「天人一理」之世界觀的看法，可參考錢穆，〈辨性〉，收入氏著，《中國學術思想史論叢（五）》，頁 374-390；邱漢生，〈《伊川易傳》的理學思想〉，收入中華書局編輯部，《中華學術論文集》（北京：中華書局，1981），頁 597-632。
114 《二程集・河南程氏遺書》卷 15，頁 162。

理則。[115]故又說：「有形總是氣，無形只是道」。[116]而這個「理氣」一元的說法是推諸天地萬物而皆準的，因為二程的世界觀，就是一個整體的宇宙運化，別無有另一個超越的世界，或可能劃割在這個宇宙運化之外的部分。[117]因此，他們說到：

> 道之外無物，物之外無道，是天地之間無適而非道也。[118]

明道又云：

> 「範圍天地之化而不過」者，模範出一天地爾，非在外也。如此曲成萬物，豈有遺哉？[119]

所以這整個宇宙間便彌綸了氣化的物事和作用，而氣化之自然變化的規律或理路，即是它的「道」或「理」。二程這個世界觀的本質，是自然的活動，且生機盎然的。故他們所講的《易》道，即此自然之造化中，陰陽變化、生生不息、而循環不已的實在與過程。他們從自然的運化中，體會出一番自然的理則，以下這段話可以表現出他們的一些觀察和體會：

> 早梅冬至已前發，方一陽未生，然則發生者何也？其

115 理學家所使用的「理」字，並不全然只有一種形而上的宇宙間之運化理路的意涵。對二程所使用之「理」字的相關討論，可參閱 A. C. Graham（葛瑞漢）著，程德祥等譯，《中國的兩位哲學家：二程兄弟的新儒學》（鄭州：大象出版社，2000），頁 40-61。
116 《二程集・河南程氏遺書》卷 6，頁 83。
117 若不就「理」、「氣」二分的特殊見解而言，這段陳述也可說是理學家共同的世界觀。參考吳展良，〈朱子世界觀的基本特質〉，「東亞近世儒學中的經典詮釋傳統」國際學術研討會。台北：台灣大學，2004 年 3 月，頁 14-15。
118 《二程集・河南程氏遺書》卷 4，頁 73-74。
119 《二程集・河南程氏遺書》卷 11，頁 118。

榮其枯，此萬物一箇陰陽升降大節也。然逐枝自有一
箇榮枯，分限不齊，此各有一乾、坤也。各自有箇消
長，只是箇消息。惟其消息，此所以不窮。至如松柏，
亦不是不彫，只是後彫，彫得不覺，怎少得消息？方
夏生長時，卻有夏枯者，則冬寒之際有發生之物，何
足怪也！[120]

從自然物理中的變化，察覺出一個從未間斷的陰陽消
息。所謂「各有一乾坤」，即「天地間無一物無陰陽」。[121]天
地萬物各具陰陽，各有消長，且有一個規律不息的運作理則。
此恆常的自然理則，構成天地間最完美的理路與秩序，故伊
川說到：

天地之化，雖廓然無窮，然而陰陽之度、日月寒暑晝
夜之變，莫不有常，此道之所以為中庸。[122]

在二程的思想裏頭，自然的理路與秩序，因其不稍止息
而有常則，故即是天地之道的「中庸」表現。而天地之化的
和諧與完善，卻又是其間萬物各依其自然之「理」而共成的
整體表現。所以就宇宙整體而言，是一個自然和諧的造化體
系，如其自然理路的展現生機無窮的世界，這便是天地之
「理」。而在這個造化體系裏頭，卻又充滿萬物紛紛、多彩
多姿的生命體，他們各依自身固有之生命理則而生息活動，
也就分別體現了各自的「理」。二程說：

所以謂萬物一體者，皆有此理，只為從那裏來。「生
生之謂易」，生則一時生，皆完此理。人則能推，物

---

120 《二程集·河南程氏遺書》卷2上，頁39。
121 《二程集·河南程氏遺書》卷18，頁237。
122 《二程集·河南程氏遺書》卷15，頁149。

> 則氣昏，推不得，不可道他物不與有也。人只為自私，
> 將自家軀殼上頭起意，故看得道理小了佗底。[123]

依此「萬物一體」的話來看，整個宇宙像是一個大的生
命體，含育出萬物紛紛的小生命體，但天地萬物之間卻又息
息相關，彼此緊密聯繫。而由於天地間的萬物皆源自這一個
生生不息的大生命體，故各自也具備完足的生生之「理」。
天地是一個「大乾坤」，展現陰陽消長的無窮活力，而萬物
也各具陰陽，各是一個「小乾坤」，自然賦有一個具體而微
的生機之理。引用伊川的話來說：「近取諸身，百理皆具。
屈伸往來之義，只於鼻息之間見之。屈伸往來只是理，不必
將既屈之氣，復為方伸之氣。生生之理，自然不息」。[124]由
人的鼻息之間，自然展現出一個屈伸往來的陰陽生息理則，
因為人體正如一個「小乾坤」，也具體而微的表現出運化消
長的「生理」。特別是《遺書》又說到：「一人之心即天地
之心，一物之理即萬物之理，一日之運即一歲之運」。[125]這
個說明更是清楚的將宇宙間的天地萬物作一種類似同心圓的
環環貫通。不論是大的天地之體，或小至一人一物之體，不
論是一歲之大循環，或一日之小循環，都被貫串在同樣的生
命理則與運化消息之中，這便是所謂的「理一」。從以上的
討論中，我們逐漸可以看到，二程對天地自然的理解非常近
似於周、邵等人的觀察，而且與宋初儒者有明顯的不同。或
許能夠這麼說，雖然二程在發展心性修養論上的貢獻遠大於
他們在宇宙觀上的創發，但他們的確是站在和周、邵等人同

---

123 《二程集·河南程氏遺書》卷 2 上，頁 33。
124 《二程集·河南程氏遺書》卷 15，頁 167。
125 《二程集·河南程氏遺書》卷 2 上，頁 13。

樣的宇宙觀上來看待世界和性命之理的。[126]

　　就源頭上來說，二程也以為物物各是一「乾坤」，各有一個陰陽變化，生生不息，且循環不已的道理在。然而，並非每一事物皆能將此一本源性的道理完全展現出來。針對這個問題，伊川曾經說過：

> 動物有知，植物無知，其性自異，但賦形於天地，其理則一。[127]

　　此處的「其性自異」之「性」，是分殊的生物活動理則，而「其理則一」之「理」才是究極而言的源頭之「理」。前有引二程的話說到：「生則一時生，皆完此理。人則能推，物則氣昏，推不得，不可道他物不與有也」。[128]伊川又有云：「形易則性易，性非易也，氣使之然也」。[129]正說明萬物皆賦有同天地一般的「生理」，只是受限於氣質，故並非所有天地間之物都能完滿體現這種源頭之「理」。當二程在體察天地自然的物理法則時，不僅看到了萬物背後都同然具有的源頭之「理」，也明白物物之間自有分別之「性理」。他們說：

> 「天命之謂性，率性之謂道」者，天降是於下，萬物流形，各正性命者，是所謂性也。循其性而不失，是所謂道也。此亦通人物而言。[130]

　　既然並非每一物都能將本源性的生意之「理」充分展現，

---

126 關於二程思想在宋代儒學與理學史上的意義，可參見錢穆，〈二程學術評述〉，收入氏著，《中國學術思想史論叢（五）》，頁 215-239。
127 《二程集・河南程氏遺書》卷 24，頁 315。
128 《二程集・河南程氏遺書》卷 2 上，頁 33。
129 《二程集・河南程氏遺書》卷 25，頁 323。
130 《二程集・河南程氏遺書》卷 2 上，頁 29-30。

那麼此處通天地萬物而論的「各正性命」，其所循而不失之「性」，便是該物類所能達到的一種最完滿的狀態。此正因為物形不齊，其性各別，所以只能各自體現出一種分殊之「理」。這正如伊川所說的「天下物皆可以理照，有物必有則，一物須有一理」。[131]在物形與氣質的限制下，萬物仍各自有其「性理」所當然的自然理則，循其物之自然理則而不失，便是「率性」，亦即所謂的「各正性命」。所以當明道在評論告子「生之謂性」的說法時，仍肯定他道出了萬物各循其自然之性，有所以然之個別理則的情況。他說：「循性者，馬則為馬之性，又不做牛底性；牛則為牛之性，又不為馬底性。此所謂率性也」。[132]同樣為萬物各有其「性理」作了一個簡明的註腳。[133]

從以上的討論，我們看到二程認肯了「天之生物無窮，物之所成卻有別」[134]的自然狀態。然而，這只限於萬殊的「性理」分別，卻尚未能體現一個「理一分殊」的道理。要進一步理會二程所說的「理一分殊」的道理之前，可以先看一段伊川批評莊子〈齊物論〉的說法，其云：

> 莊子之意欲齊物理耶？物理從來齊，何待莊子而後齊？若齊物形，物形從來不齊，如何齊得？此意是莊

---

131 《二程集·河南程氏遺書》卷 18，頁 193。
132 《二程集·河南程氏遺書》卷 2 上，頁 30。
133 中國傳統性命之學的發展，到了宋儒手上已歷經過許多的翻轉。特別是理學家在一個恢宏而細密的天道觀及宇宙體系底下，從大化流行、萬物性理等等的角度來探討個人性命的價值和追求。故二程言「性」乃有些地方貼近於告子，而與孟子略微有別。詳細情形可參考錢穆在〈辨性〉一文中的精闢論述。見該文，頁 374-390。
134 《二程集·河南程氏遺書》卷 6，頁 85。

子見道淺，不奈胸中所得何，遂著此論也。[135]

此處評說莊子的「齊物」，分別由「齊物形」與「齊物理」兩面入手。物形從來不齊，正如前文所說的氣質不同，物形各異，萬物自然各有不同的「性理」。但「物理從來齊」一說，此「理」便要由分殊講到一貫。正所謂「凡物如此多般，若要齊時，別去甚處下腳手？不過得推一個理一也」。[136]說到這裏便是關鍵，也是常為人難以理解的地方。為何從物性各具的不同「性理」中，還能推出一個「理一」呢？其實就如前文說過的，萬物各是一「乾坤」，溯其源頭而論，皆有一完滿具足的「生生之理」，只是各因物形氣質之限，所能展現的陰陽變化、生生不息的造化之「理」便不能充分。《遺書》載二程的話說：

> 「萬物皆備於我」，此通人物而言。禽獸與人絕相似，只是不能推。然禽獸之性卻自然，不待學，不待教，如營巢養子之類是也。人雖是靈，卻椓喪處極多，只有一件，嬰兒飲乳是自然，非學也，其佗皆誘之也。欲得人家嬰兒善，且自小不要引佗，留佗真性，待他自然，亦須完得些本性須別也。[137]

二程以「萬物皆備於我」是通人物而言的，這裏的意思便是從萬物的角度來說，人與他物皆生自天地，故同具有一個生生之理。換言之，也即是「一物一乾坤」之謂。而「禽獸與人絕相似」一語，更清楚的體現出二程講「性理」是從整個自然造化的全體一直說到個人身上，其間的分別非從天

135 《二程集‧河南程氏遺書》卷 22 上，頁 289。
136 《二程集‧河南程氏遺書》卷 19，頁 264。
137 《二程集‧河南程氏遺書》卷 2 下，頁 56-57。

道的運化理會起不可。故這段話不僅解釋了萬物皆同具「一理」，且說明了因賦氣靈性的差別，在萬物之中的人和禽獸只能以各自不同的程度將生生之理推擴出來。較不具靈性而氣質蔽塞的生物，自然不能推盡其「理」，但卻能依其真性而自然的表現出自身最恰當的生命理則。唯人是至靈，本能推盡此一「生理」，卻因有過多會斲喪本性的欲誘，反而還失去了最自然的真性。故乃說：「二氣五行剛柔萬殊，聖人所由惟一理，人須要復其初」。[138]聖人正認識並遵循了這自然的生生之「理」，所以能袪除外誘與氣質上的偏蔽，恢復人們最初所有的自然性理。換個角度來說，即使萬物的自然「性理」有別，但由其間卻都能看到一種具體而微的「生生之理」。同樣有一個陰陽變化與生生之意。所以伊川才又說：

> 格物窮理，非是要盡窮天下之物，但於一事上窮盡，其他可以類推。……所以能窮者，只為萬物皆是一理，至如一物一事，雖小，皆有是理。[139]

格物所窮之「理」，正在體察一物一事中所透露出來的一個根本的道理，也就是天地間無所不在的生化律則。因此，二程所謂的「天理」實不宜與佛教之「性理」或「理法界」之類的觀念相比附，它透露出來的道理和氣化流行、生命理則是息息相關的。由此也可以看出來，他們和其他理學家一樣，都從一種自然觀或自然世界的理序和圖像中，發展出性命的道理。如下所云：

> 「生之謂性」，止訓所稟受也。「天命之謂性」，此言性之理也。今人言天性柔緩，天性剛急，俗言天成，

---

138 《二程集·河南程氏遺書》卷6，頁83。
139 《二程集·河南程氏遺書》卷15，頁157。

> 皆生來如此，此訓所稟受也。若性之理也則無不善，
> 曰天者，自然之理也。[140]

　　他們觀念中的「性理」當善，也正和前面所描述的相同。既皆是大化流行的一環，是宇宙分化之一物，那麼在「有機體」宇宙的觀念之下，便各具和宇宙一般相同的道理。聖人體現出來的最完美性理，正是完成了宇宙所賦予的生命理則，故曰：「性之理也則無不善，曰天者，自然之理也」。足見二程和其他理學家都仍舊在中唐以降道教所發展出來的宇宙思想潮流中，透過這種天人聯繫的模式，加以道德價值的呈現，便構成他們「性與天道」的核心意涵。

第五節　小　結

　　北宋理學家和唐代以降的道教思想之間，具有許多密切而相似的思想特質。尤其是在宇宙思想的建構上，道教的內、外丹學和理學幾乎可說是處在同一個思想潮流或脈絡之中。北宋理學受到丹道思想的影響和啟發並非是偶然的，因為道教在中唐以後因《周易參同契》的流行所造成的煉丹熱潮，間接促成了丹家對宇宙自然之觀察和探究的興趣。有關天地間的變化理序、循環規律及生機法則的闡述，皆構成內、外丹學極重要的思想內涵的一部分。道教丹學思索自然和觀察運化法則的成果，不僅為煉丹帶來理論的基礎，並且充分運用和發展了《易》理的思維特色，更成為否定佛教「萬法皆

140　《二程集・河南程氏遺書》卷 24，頁 313。

空」之世界觀的重要資源。因此，理學家汲取道教丹學的宇宙論資源可說是順理成章。在前面幾章所討論的基礎之上，我最後一章就個別的理學家作了最後的統整工作。就北宋理學各家對宇宙性質的看法而論，丹道藉由《易》學所形成的宇宙思維，以及對自然世界的理序化和生命化的觀察，都可能直接影響了理學對世界運化理則的體悟和解釋。

像周敦頤〈太極圖說〉所描繪的宇宙生化圖象、邵雍利用《易》數來理解各類有機體的生命週期等，都是相當顯然的證據。而且，北宋理學家幾乎都承繼了每一生命體皆是具體而微的「小宇宙」的概念。這個觀念影響理學家形構「性與天道」的思想模型至深至遠。不論周敦頤「一物一太極」的模式，或者邵康節的「一物一乾坤」，都從《易》理推演出個體與宇宙整體的同質性。所以周敦頤在《易通書·理性命第二十二》中說到：「二氣五行，化生萬物。五殊二實，二本則一。是萬為一，一實萬分。萬一各正，小大有定」。宇宙間每單個有機體的內容是完全相同的，基本上都存在著二氣、五行的運化之理，只不過人是萬物之中氣質最靈秀者，因此能夠經由德性的修養達到「聖人」的境界，即與整個宇宙體達到同一種狀態。所以周子在〈通書〉中才說：「聖希天，賢希聖，士希賢」。「聖希天」表達了在修養成聖的目標上，天道運化之實然，乃是聖人修養性命所該達到的境界，這也是所謂的「天人合一」。

其次，在邵雍以《易》「數」闡述宇宙萬物的學術面紗背後，仍然可以清楚的了解到，他也將個人的性命價值放在宇宙自然的整體脈絡下來認識。故從「觀物」思想的結論中，人不僅體會到自己「備乎萬物之性」的可貴，也確立了自己

在天地間的價值與無限可能。「天地萬物之道」，既皆「盡之於人」，則人的性理本然，不僅順應了自然界的律則，且更能合符天理之本然，大其心即得與萬化冥合。邵雍言「性」的原始義涵便是以為，每一個生命體本然而有、自然蘊涵著與宇宙之生機變化相同的性命理則。一旦人能洞察自然，修養己性，使個體的性理與天地之理合而為一，即推擴出本身最完滿的性理，必然能如天地之大「乾坤」般的涵融萬物而不失。究竟而言，康節「天人合一」的「成聖」模型與濂溪〈太極圖說〉的思想之間乃是若合符節的。

　　五代宋初的內丹學所擁有的，不僅同樣認知一個陰陽氣化、循環消息、造化不息的宇宙過程，更將「一物一宇宙」的生機觀念推展到淋漓盡致的階段。也由於內丹學將修煉的場域轉移到個人的生命體上，使得宇宙原理和個人的內在修煉重新作了一次整合。這個成果也漸進地被北宋理學家所吸收而改造，故理學「性與天道」的思想結構和內丹學「造化流行─性命修養」的修道體系是極其相似的。張載在《正蒙》中以一元的「氣」化宇宙觀來表達天地物理之間的關係，而當他落實在「變化氣質」的觀點上時，竟與道教內丹學「煉氣化神，煉神返虛」的途徑近乎相同。這也就顯示了張載在發展宇宙體系時，或亦有取於道教的內丹思想。即因為如此，不僅周敦頤的〈太極圖說〉展現了貼近於道教藉以煉丹的宇宙圖式，張載欲由「氣質之性」轉化為「天地之性」的主張，也和張伯端的修煉模式一模一樣。

　　二程的思想雖較大地擺脫道家理論的色彩，但他們所說的「天理」或「性理」卻非得從陰陽氣化和生機流行的角度來理解不可。「二氣五行剛柔萬殊，聖人所由惟一理，人須

要復其初」。正說明了聖人乃是認識並遵循了這自然的生生
之「理」，並袪除外誘與氣質上的偏蔽，最終能夠恢復其本
然的自然性理的完美體現者。缺少了這種宇宙體系的理解，
將很難如實的反映其思想的底蘊。由此也得以確立，北宋理
學「性與天道」的思想實與唐代以降的道教思想有相當大的
關聯性。特別是在宇宙觀和心性論的這種緊密結合的思維關
係中，表現得更加的清楚。於是，這也透露了理學在實質思
想的形塑上，頗有道教之淵源。

第七章 結 論

　　北宋理學思想的形成，有著錯綜複雜的思想淵源和歷史因素。本文利用「性與天道」的思想主題作為主線索，進行了長時段的溯源工作。這項研究取徑的目的在於擺脫單純從心性論的觀點切入的侷限，藉由傳統儒、道兩家在宇宙觀和心性修養之間密切聯繫的思想特性，找尋對理學有更直接影響的思想淵源。

　　經過我們前面幾章的討論，基本上可以得出以下的結論：首先，中唐和北宋前期的儒家在「性與天道」的議題上，與理學之間缺乏緊密而直接的思想聯繫。他們對於「天人之際」的討論，不是由人性的角度來作思考的，爭論的焦點不在心性修養和天道法則的關係，而是在人間治道與天道之間複雜糾葛的政治思維問題。這也是從整個政治規範的角度所作的思考。因此，我們可以說，從中唐到北宋初年的儒家，仍以實踐治道、重整秩序作為第一要務，所以即使儒家內部仍有強烈的「天人合一」的觀點，其天人之間的聯繫卻是一種人間治道和天道軌範的比類，而不存在個體心性與天道理則間的「超越」（「成聖」）意識。這一方面既表現出缺乏對宇宙探討的興趣，在心性的思考上，也更強調秩序的和諧在於教化的基礎，德性陶養的重要性和急迫性，似乎遠遠大過於探討人性的本質問題。

其次，中唐儒家與北宋初年的多數儒者，對「性與天道」的思想興趣付之闕如，反而是道教自漢末以來，一直結合著天道來講論性命的修養課題。學界在追溯理學思想的淵源時，通常把佛教的心性論視爲是影響理學最鉅的主要因素。但中國向來所講論的是「天道性命」之學，心性修養之理論必然有相對應的宇宙觀爲其基礎。因此，我們考察了南北朝以降，佛、道兩家在宇宙思想和修養問題上的異同點，發現道教和儒家共享的是一個氣化的宇宙觀，故在思考心性問題時，必然離不開生命性質的看法。對照之下，佛教方便說法中的「如來藏自性清淨心」或「佛性」，純粹就是形而上的得道「根據」，它完全脫離了具體生命的範疇。從心性修養所欲達到的「超越」理想的層面來看，佛教由「佛性」之根據引導出涅槃成佛的意識。這是一種解脫、捨離的精神，心性定慧的目的在觀究天地世界之幻妄無實，中國傳統所謂的「天」在佛教思想中是不具備理想性的。但我們的研究顯示，除卻唐初的「道性」思想外，中國的儒、道心性思維向來就以生命本源的「天」或「道」作爲理想的歸宿。換句話說，儒、道兩家相信人的本性由宇宙所賦予，故其性與宇宙本無差異，因此人性最完美的體現就在於回復到它最初始的狀態，或者說使之不違失於天地自然的規律法則。這段描述實可視作理學「性與天道」思想的最佳注腳。

南北朝以前的道教以「歸根復命」作爲「得道」的一種說法，它意指著使後天的生命氣質能夠經過煉養純化，復返於初生或未生時的最純粹狀態。這種生命煉養的極致，也就是與宇宙根源之「道」相合符的境界。雖然它思想的目的是爲求得生理上的長生久視，但卻隱涵著早期「性與天道」的

思想架構。一般而言，萬物既皆由一個本源的「道」所分化出來，溥受「道氣」而內涵有「道性」之本質，也就等於暗示了人皆有可能藉著修養本身的「道性」而與「道」合一，這即是道教早期的一種「天人合一」的修道意識。在經過初唐來自佛教的思想衝擊後，道教的修性、養性也開始重視心靈層面的問題。到吳筠為止，他認為若欲修道成仙，在形體的煉養背後還有更深層的心靈慧覺的陶化問題。人由道而生，本來即具正性，以及「性靜情動」的等等看法，代表了早期「性與天道」的思想架構並未曾改變，但已經進而涵蓋了內在心性的修養這一環。我們甚至合理的推測，這可說已先於李翱的〈復性書〉提出了透過心性之陶養以符應於天道的思想意趣。

再者，中唐道教和〈復性書〉的一個共同限制是，他們雖然已明白的體現人自天地自然而出，故「復性」——即回復天地自然之本性，是與「天道」同然的一種生命理想，但宇宙論的範疇卻未嘗有進一步秩序化和體系化的表現。這個過程要到中唐以降，外丹家開始利用《周易參同契》來歸納和解釋宇宙間的變化理則、運化規律和「生命化」的實質之後，才發生了關鍵性的變革。此後，在《周易參同契》的引領之下，丹家開始欲由究研《易》理和觀察天地間的陰陽變化理則，來掌握生生不息的宇宙奧妙。它刺激了道教學者探討《易》理的興趣，並進一步運用《易》卦、象數等原理與個人對天地自然的觀察相印證，這對於理學家世界秩序觀的形成有非常重大的影響。因此，像周敦頤〈太極圖說〉所描繪的宇宙生化圖象、邵雍利用《易》數來理解各類有機體的生命週期等，都是相當顯然的證據。更重要的是，北宋理學

家幾乎都承繼了每一生命體皆是具體而微的「小宇宙」的概念，這原本是外丹家欲在鼎爐煉造中，取法天地自然的運作理則，以便盜奪宇宙生命之機所發展出來的觀念。後來才被屬於不同操作系統的內丹學採用為理論依據，將「別構」的宇宙造化從外丹家的鼎爐，轉移至個體生命的場域。最後與我們前面所說的「性與天道」的修道意識結合，共同促成了理學思想的形成。

　　因此，北宋理學家無一不採取與「有機體」宇宙觀相類似的說法，不論周敦頤「一物一太極」的模式，或者邵康節的「一物一乾坤」，都從《易》理推演出個體與宇宙整體的同質性。唯邵雍更以「數」理來描述天地萬物之生命循環的週期，意欲體現更精確而有秩的宇宙型式。相對的，張載在《正蒙》中只以一元的「氣」化宇宙觀來表達天地物理之間的關係，但當他落實在「變化氣質」的觀點上時，亦竟與道教內丹學「煉氣化神，煉神返虛」的途徑近乎相同。這種結果應非歷史之偶然，張載在發展宇宙體系時，或許即有取於道教的內丹思想。也因為如此，不僅周敦頤的〈太極圖說〉展現了貼近於道教藉以煉丹的宇宙圖式，張載欲由「氣質之性」轉化為「天地之性」的主張，也和張伯端的修煉模式一模一樣。最後，二程的思想雖較大地擺脫道家理論的色彩，但他們所說的「天理」或「性理」，卻也非得從陰陽氣化和生機流行的角度來理解不可。「二氣五行剛柔萬殊，聖人所由惟一理，人須要復其初」。正說明了聖人乃是認識並遵循了這自然的運作「理路」，並祛除個人之外誘與氣質上的偏蔽，最終能夠恢復其本然的自然性理的完美體現者。倘若缺少了這種宇宙體系的理解，將很難如實的反映其思想的底

蘊。由此也得以確立，北宋理學「性與天道」的思想實與唐代以降的道教思想有相當大的關聯性，若不經由如此長時段的脈絡考察，亦將難以揭示此一歷史的真相。

在一開始的〈緒論〉當中，我們曾經討論到，當學界在解釋中國傳統「性與天道」的觀念和意義時，時常無法擺脫「內在性」和「超越性」的概念問題。而事實上，前面的論析已說明了這種思維的困境，乃肇因於過度移殖西方思想的語言和概念，所導致的理解上和闡述上的纏繞糾結。因此，本篇論文在回溯理學的思想淵源的同時，也藉著討論佛、道兩家在宇宙觀和心性論上的差異，以及比較道教和理學「性與天道」思想結構的相似性，呈現出中國傳統觀念中，天地自然與人之間的實在關係。就宇宙的整體而論，人及萬物都不外於此一造化不息的活動場域，同一氣之流行的觀念綰合了這屬於一元的、整體的世界，也支持了這個世界所蘊涵的一切都具有同質性的基礎。所以，宇宙終極實體的「道」與被它所創造、生化出來的萬物之間，擁有本質上的相同。早期道教認為天地萬物溥具「道氣」，故皆有「道性」的修道歸真理論，即是希望在人與自然之「道」間，構築起凡、聖的橋樑。人被視為有如宇宙之「母」所分化出來的「子」一般，兩者未有本質之異，故人皆有與「母」同一之可能。周敦頤〈讀英真君丹訣〉詩中所謂「子自母生能致主，精神合後更知微」，可說道盡了其中的真義。

如此一來，中國傳統所說的「天人之際」，其實並沒有「內在」與「外在」的區隔，人不但在個體身上能夠找到與天道相同的特質，其本性的完美實踐也等於是構通了天人。南北朝以前的道教所提出來的「歸根返本」的「求道」意識，

正建立在一個素樸的氣化宇宙觀上。在深刻的生命修鍊體會中，個己和宇宙之間那種「子」、「母」的觀念，其實早已存在，因此他們希望藉由修行而與道合一。只是這種「母」、「子」的思維，在充分吸收和演述《易》理的內、外丹道中，更具有系統的被形構出來。因此，李約瑟（Joseph Needham）所提出的「有機體宇宙」（organism of the universe）的構成形式之說，確實深刻的透露了道教丹學和理學家那種「生命化」的宇宙觀察，以及個體與宇宙間那種機體分化（biogenerative）的關係。故究竟而言，用「超越」來表示個體對本性之趨向的完滿實現，是很不適切的。

〈中庸〉云：「天命之謂性」。又說：「誠者，天之道也。誠之者，人之道也」。天之「誠」乃是因為它以信實遵循其真性，而絕不違反其「道」，亦即全然地呈現其本性。對於人而言，也只有遵循其內在的法則，不違反其本性，才能獲致「誠」的結果。故理學家認為「性即天」，當個體能夠依藉著後天的修養而復其本性時，即達到了與「天」同然的境界。這等於說明了個體在其生化的初始，即蘊涵了「誠」的潛能，此無異於丹學理論中的「小宇宙」（microcosm）思維。個人只須復其本然之真性，便即與天地之大化流行同然，這也是中國傳統所謂的「天人合一」。故我們說，北宋理學家們的成聖意識背後，必然有一相應的宇宙觀為其基礎。而這種歸復本性即是德性之完滿實現的聖人理想觀，的確很難以「超越」一詞來詮釋或概括。藉由本篇論文的闡述，也希望能提供這個觀念問題一個簡單的釐清。

參考書目

一、古籍部分

（一）一般典籍

[晉]張湛，《列子注》。台北：世界書局，1986。景印摛藻堂四庫全書薈要。

[晉]葛洪撰、王明校釋，《抱朴子內篇校釋》。北京：中華書局，1985。

[南朝]陶弘景，《真誥》。台北：台灣商務印書館，1983。景印文淵閣本四庫全書。

[唐]孔穎達，《周易正義》。台北：藝文印書館，1989。

[唐]李鼎祚撰、李一忻點校，《周易集解》。北京：九州出版社，2003。

[唐]李翱，《李文公集》。台北：台灣商務印書館，1965。四部叢刊本。

[唐]柳宗元，《柳宗元集》。北京：中華書局，1979。

[唐]皇甫湜，《皇甫持正文集》。台北：台灣商務印書館，1965。四部叢刊本。

[唐]張籍，《張司業集》。台北：台灣商務印書館，1965。四部叢刊本。

[唐]劉禹錫，《劉禹錫集》。北京：中華書局，1990。

[唐]歐陽詹，《歐陽行周文集》。台北：台灣商務印書館，1965。四部叢刊本。

[唐]韓愈，《韓昌黎集》。台北：河洛圖書出版社，1975。

[唐]韓愈、李翱，《論語筆解》。台北：台灣商務印書館，1983。景印文淵閣本四庫全書。

[五代]劉昫，《舊唐書》。台北：鼎文書局，1979。

[五代]譚峭撰，丁禎彥、李似珍點校，《化書》。北京：中華書局，1996。

[宋]王安石，《王安石全集》。台北：河洛圖書出版社，1974。

[宋]王稱，《東都事略》。台北：中央圖書館，1991。

[宋]王應麟，《玉海》。上海：江蘇古籍出版社，1990。

[宋]石介，《徂徠集》。台北：台灣商務印書館，1983。景印文淵閣本四庫全書。

[宋]朱熹，《朱子文集》。台北：德富文教基金會，2000。

[宋]朱熹，《孟子集註》。台北：藝文印書館，1980。

[宋]朱熹，《論語集註》。台北：藝文印書館，1980。

[宋]朱熹編、張伯行集解，《近思錄》。台北：台灣商務印書館，1968。

[宋]江少虞，《宋朝事實類苑》。上海：上海古籍出版社，1981。

[宋]李昉等編，《文苑英華》。台北：大化書局，1990。

[宋]李霖編，《道德真經取善集》。上海：上海古籍出版社，1995。續修四庫全書。

[宋]李覯，《盱江集》。台北：台灣商務印書館，1983。景印文淵閣本四庫全書。

[宋]李燾，《續資治通鑑長編》。北京：中華書局，1992。

[宋]周敦頤，《周子全書》。台北：廣學社，1975。

[宋]林之奇，《尚書全解》。台北：台灣商務印書館，1983。景印文淵閣本四庫全書。

[宋]邵雍，《伊川擊壤集》。台北：台灣商務印書館，1965。四部叢刊本。

[宋]邵雍，《皇極經世》。成都：四川人民出版社，1998。

[宋]邵雍，《觀物外篇》。北京：北京圖書館，1998。

[宋]柳開，《河東先生集》。台北：台灣商務印書館，1979。四部叢刊本。

[宋]胡瑗，《周易口義》。台北：台灣商務印書館，1983。景印文淵閣本四庫全書。

[宋]胡瑗，《洪範口義》。台北：台灣商務印書館，1983。景印文淵閣本四庫全書。

[宋]孫復，《孫明復小集》。台北：台灣商務印書館，1983。景印文淵閣本四庫全書。

[宋]徐鉉，《徐騎省集》。台北：台灣商務印書館，1939。

[宋]張君房編，《雲笈七籤》。北京：中華書局，2003。

[宋]張載，《張載集》。台北：里仁書局，1979。

[宋]張齊賢，《洛陽搢紳舊聞記》。杭州：杭州出版社，2004。

[宋]陳淳，《北溪字義》。台北：世界書局，1973。

[宋]程顥、程頤，《二程集》。北京：中華書局，1981。

[宋]趙湘，《南陽集》。台北：台灣商務印書館，1975。四庫全書珍本。

[宋]歐陽修，《新五代史》。台北：鼎文書局，1979。

[宋]歐陽修，《新唐書》。台北：鼎文書局，1979。

[宋]歐陽修，《歐陽修全集》。北京：中華書局，2001。

[宋]黎靖德編，王星賢點校，《朱子語類》。北京：中華書局，1994。

[宋]薛居正，《舊五代史》。台北：鼎文書局，1979。

[宋]韓維，《南陽集》。台北：台灣商務印書館，1971。四庫全書珍本。

[元]脫脫等撰，《宋史》。台北：鼎文書局，1980。

[明]黃宗羲撰、[清]全祖望補、王梓材等人校，《宋元學案》。台北：世界書局，1991。

[清]王梓材、馮雲濠撰，《宋元學案補遺》。台北：世界書局，1962。

王卡點校，《老子道德經河上公章句》。北京：中華書局，1993。

王明，《太平經合校》。北京：中華書局，1960。

周紹良總主編，《全唐文新編》。長春：吉林文史出版社，2000。

苗書梅等點校，《宋會要輯稿》。開封：河南大學出版社，2000。

曾棗莊、劉琳主編，《全宋文》。四川：巴蜀書社，1988-1994。

蒙文通輯校，《道書輯校十種》。成都：巴蜀書社，2001。

饒宗頤，《老子想爾注校箋》。香港：著者，1956。

（二）佛教典籍

《大正藏》（台北：新文豐出版公司，1983-88）

　　《大乘起信論》，收入《大正藏》第 32 冊。

　　《中論》，收入《大正藏》第 30 冊。

《中觀論疏》，收入《大正藏》第 42 冊。

《弘明集》，收入《大正藏》，第 52 冊。

《注維摩詰經》，收入《大正藏》，第 38 冊。

《勝鬘師子吼一乘大方便方廣經》，收入《大正藏》第 12 冊。

《廣弘明集》，收入《大正藏》，第 52 冊。

《續藏經》（台北：中國佛教會影印卍續藏經委員會，1968）

釋智圓，《閑居編》，收入《續藏經》，第 101 冊。

（二）道教典籍

《正統道藏》（台北：新文豐出以公司，1985-1988）

《上清大洞真經》，收入《正統道藏》，第 4 冊。

《大乘妙林經》，收入《正統道藏》第 57 冊。

《大還心鑑》，收入《正統道藏》第 32 冊。

《丹房奧論》，收入《正統道藏》第 32 冊。

《天隱子》，收入《正統道藏》第 36 冊。

《太上大道玉清經》，收入《正統道藏》第 56 冊。

《太上妙法本相經》，收入《正統道藏》第 42 冊。

《太白經》，收入《正統道藏》第 32 冊。

《太清境太清經》，收入《正統道藏》第 2 冊。

《心目論》，收入《正統道藏》第 38 冊。

《巨勝歌》，收入《正統道藏》第 32 冊。

《金丹真一論》，收入《正統道藏》第 40 冊。

《金碧五相類參同契》，收入《正統道藏》第 31 冊。

《破迷正道歌》，收入《正統道藏》第 8 冊。

《通幽訣》，收入《正統道藏》第 32 冊。

《陰真君金石五相類》，收入《正統道藏》第 31 冊。

《諸真論還丹訣》，收入《正統道藏》第 6 冊。

《龍虎還丹訣》，收入《正統道藏》第 40 冊。

《還丹肘後訣》，收入《正統道藏》第 32 冊

《鍾呂傳道集》，收入《正統道藏》第 7 冊。

《靈寶畢法》，收入《正統道藏》第 47 冊。

司馬承禎，《太上升玄消災護命妙頌經》，收入《正統道藏》第 2 冊。

司馬承禎，《坐忘論》，收入《正統道藏》第 38 冊。

司馬承禎，《服氣精義論》，收入《正統道藏》第 31 冊。

司馬承禎，《修真精義雜論》，收入《正統道藏》第 8 冊。

吳筠，《玄綱論》，收入《正統道藏》第 39 冊。

吳筠，《形神可固論》，收入《正統道藏》第 39 冊。

吳筠，《神仙可學論》，收入《正統道藏》第 39 冊。

孟安排，《道教義樞》，收入《正統道藏》第 41 冊。

金竹坡，《大丹鉛汞論》，收入《正統道藏》第 32 冊。

施肩吾，《西山群仙會真記》，收入《正統道藏》第 7 冊。

施肩吾，《養生辯疑訣》，收入《正統道藏》第 31 冊。

映字號《周易參同契陰長生注》，收入《正統道藏》第 34 冊。

容字號《周易參同契無名氏注》，收入《正統道藏》第 34 冊。

張伯端，《玉清金笥青華秘文金室內鍊丹訣》，收入《正統道藏》第 7 冊。

張伯端，《悟真篇》，收入《正統道藏》第 7 冊。

陶埴，《還金述》，收入《正統道藏》第 32 冊。

彭曉，《周易參同契分章通真義》，收入《正統道藏》第
　　34 冊。

曾慥，《道樞》，收入《正統道藏》第 35 冊。

《中華道藏》（北京：華夏，2004）

　　《太上洞玄靈寶昇玄內教經》，收入《中華道藏》第 5 冊。

　　《太上洞玄靈寶智慧定志通微經》，收入《中華道藏》第
　　　3 冊。

　　《修丹妙用至理論》，收入《中華道藏》第 18 冊。

　　《陰真君還丹歌注》，收入《中華道藏》第 19 冊。

　　《還丹眾仙論》，收入《中華道藏》第 18 冊。

　　宋文明，《道德義淵》，收入《中華道藏》第 5 冊。

　　宋文明，《靈寶經義疏》，收入《中華道藏》第 5 冊。

　　敦煌本《太上妙法本相經》，收入《中華道藏》第 5 冊。

胡道靜、陳蓮笙、陳耀庭選輯，《道藏要籍選刊》（上海：
　　上海古籍出版社，1989）。

　　《西昇經》，收入《道藏要籍選刊》，第 3 冊。

　　《無上秘要》，收入《道藏要籍選刊》，第 10 冊。

　　李筌，《黃帝陰符經疏》，收入《道藏要籍選刊》，第 3
　　　冊。

　　陳景元，《西昇經集注》，收入《道藏要籍選刊》，第 3
　　　冊。

　　陶弘景，《養性延命錄》，收入《道藏要籍選刊》，第 9
　　　冊。

　　鎌田茂雄，《道藏選錄佛學思想研究資料》（臺北：新文

　　　　豐出以公司，1997）。日文原著名爲《道藏內佛教思
　　　　想資料集成》（東京：東京大學東洋文化研究所，
　　　　1986）。

　　劉進喜、李仲卿，《太玄真一本際經》。

　　黎元興，《太上一乘海空智藏經》。

二、近人著作

（一）書籍部分

孔令宏，《宋明道教思想研究》。北京：宗教文化出版社，
　　　2002。

戈國龍，《道教內丹學溯源》。北京：宗教文化出版社，2004。

方介，《韓柳新論》。台北：學生書局，1999。

王宗昱，《《道教義樞》研究》。上海：上海文化出版社，
　　　2001。

王明，《道家和道教思想研究》。北京：中國社會科學出版
　　　社，1984。

田浩（Hoyt Tillman）編，楊立華、吳豔紅等譯，《宋代思想
　　　史論》。北京：社會科學文獻出版社，2003。

石訓等著，《中國宋代哲學》。鄭州：河南人民出版社，1992。

任繼愈，鍾肇鵬編，《道藏提要》。北京：中國社會科學出
　　　版社，1991。

朱伯崑，《易學哲學史》。北京：北京大學出版社，1988。

朱建民，《張載思想研究》。台北：文津出版社，1989。

牟宗三，《中國哲學的特質》。台北：學生書局，1974。

牟鍾鑒、胡孚琛、王葆玹主編，《道教通論 —— 兼論道家學說》。濟南：齊魯書社，1991。

余英時，《中國近世宗教倫理與商人精神》。台北：聯經出版公司，1987。

余英時，《朱熹的歷史世界》。台北：允晨文化出版公司，2003。

余英時，《知識人與中國文化的價值》。台北：時報文化出版公司，2007。

余英時，《從價值系統看中國文化的現代意義》。台北：時報文化出版公司，1984。

李大華，《生命存在與境界超越》。上海：上海文化出版社，2001。

李大華，《道教思想》。廣州：廣東人民出版社，1996。

李大華、李剛、何建明著，《隋唐道家與道教》。廣州：廣東人民出版社，2003。

李明輝，《當代儒學之自我轉化》。北京：中國社會科學出版社，2001。

李豐楙，《不死的探求 —— 抱朴子》。台北：時報文化出版公司，1981。

周立升，《兩漢易學與道家思想》。上海：上海文化出版社，2001。

周晉，《道學與佛教》。北京：北京大學出版社，1999。

孟乃昌，《周易參同契考辯》。上海：上海古籍出版社，1993。

金中樞，《宋代學術思想研究》。台北：幼獅文化出版公司，1989。

侯外廬、邱漢生、張豈之主編，《宋明理學史》。北京：人

民出版社，1984-1987。

侯外廬主編，《中國思想通史》第四冊。北京：人民中國出版社，1957-1960。

姚瀛艇，《宋代文化史》。台北：昭明出版社，1999。

柳存仁，《道家與道術：和風堂文集續編》。上海：上海古籍出版社，1999。

柳存仁，《道教史探源》。北京：北京大學出版社，2000。

胡孚琛、呂錫琛著，《道學通論 —— 道家·道教·仙學》。北京：社會科學文獻出版社，1999。

卿希泰，《中國道教思想史綱》。台北：木鐸出版社，1986。

卿希泰主編，《中國道教史》第一卷。成都：四川人民出版社，1988。

卿希泰主編，《中國道教史》第二卷。成都：四川人民出版社，1992。

夏長樸，《李覯與王安石研究》。台北：大安出版社，1989。

孫以楷主編，李仁群、程梅花、夏當英著，《道家與中國哲學》宋代卷。北京：人民中國出版社，2004。

孫以楷主編，張成權著，《道家與中國哲學》隋唐五代卷。北京：人民中國出版社，2004。

孫以楷主編，陸建華等人著，《道家與中國哲學》魏晉南北朝卷。北京：人民中國出版社，2004。

徐洪興，《思想的轉型 —— 理學發生過程研究》。上海：上海人民出版社，1996。

高志忠，《劉禹錫詩文繫年》。南寧：廣西人民出版社，1988。

國立編譯館主編，《唐史論文選集》。台北：幼獅文化事業公司，1990。

張廣保，《唐宋內丹道教》。上海：上海文化出版社，2001。

張躍，《唐代後期儒學的新趨向》。台北：文津出版社，1993。

張灝，《幽暗意識與民主傳統》。台北：聯經出版公司，1989。

強昱，《從魏晉玄學到初唐重玄學》。上海：上海文化出版社，2002。

陳少峰，《宋明理學與道家哲學》。上海：上海文化出版社，2001。

陳克明，《韓愈年譜及詩文繫年》。成都：巴蜀書社，1999。

陳來，《宋明理學》。台北：洪葉文化事業有限公司，1993。

陳俊民，《張載哲學與關學學派》。台北：學生書局，1990。

陳弱水，《唐代文士與中國思想的轉型》桂林：廣西師範大學出版社，2009。

陳國符，《陳國符道藏研究論文集》。上海：上海古籍出版社，2004。

陳國符，《道藏源流考》。出版地不詳：祥生，1975。

陳國符，《道藏源流續考》。台北，明文書局，1983。

陳植鍔，《北宋文化史述論》。北京：中國社會科學出版社，1992。

陳榮捷，《宋明理學之概念與歷史》。台北：中央研究院中國文哲研究所，1996。

陳榮捷編著，楊儒賓等合譯，《中國哲學文獻選編》。台北：巨流出版公司，1993。

陳遠寧，《中國佛教與宋明理學》。長沙：湖南人民出版社，2002。

勞思光，《中國哲學史》。台北：三民書局，1981。

湯一介，《魏晉南北朝時期的道教》。台北：東大圖書出版

公司，1988。

湯用彤，《漢魏兩晉南北朝佛教史》。北京：北京大學出版社，1997。

湯用彤，《魏晉玄學論稿》。台北：里仁書局，1995。

程杰，《北宋詩文革新研究》。台北：文津出版社，1996。

馮友蘭，《中國哲學史》。台北：台灣商務印書館，1944 增訂初版，1993 增訂台一版。

黃啓江，《北宋佛教史論稿》。台北：台灣商務印書館，1997。

溝口雄三、小島毅主編，孫歌等譯，《中國的思維世界》（南京：江蘇人民出版社，2006）。

葛兆光，《中國思想史》。上海：復旦大學，2001。

葛兆光，《道教與中國文化》。台北：台灣東華書局，1989。

漆俠，《宋學的發展和演變》。石家莊：河北人民出版社，2002。

漆俠，《探知集》。保定：河北大學出版社，1999。

熊琬，《宋代理學與佛學之探討》。台北：文津出版社，1985。

蒙文通，《古史甄微》。成都：巴蜀書社，1999。

劉子健，《兩宋史研究彙編》。台北：聯經出版事業公司，1997。

劉子健，《歐陽修的治學與從政》。台北：新文豐出版公司，1984。

劉復生，《北宋中期儒學復興運動》。台北：文津出版社，1991。

蔡璧名，《身體與自然 —— 以《黃帝內經素問》爲中心論古代思想傳統中的身體觀》。台北：台大文學院，1997。

鄧克銘，《宋代理概念之開展》。台北：文津出版社，1993。

鄧廣銘，《北宋政治改革家王安石》。北京，人民出版社，
　　1997。

鄧廣銘，《鄧廣銘治史叢稿》。北京：北京大學出版社，1997。

盧國龍，《中國重玄學》。北京：人民中國出版社，1993。

盧國龍，《道教哲學》。北京：華夏出版社，1997。

蕭登福，《道教與佛教》。台北：東大圖書公司，1995。

蕭登福，《讖緯與道教》。台北：文津出版社，2000。

蕭漢明、郭東升著，《周易參同契研究》。上海：上海文化
　　出版社，2001。

賴永海，《中國佛性論》。上海：上海人民出版社，1988。

賴永海，《中國佛教與哲學》。北京：宗教文化出版社，2004。

錢穆，《中國學術思想史論叢（四）》。台北：聯經出版公
　　司，1995。錢賓四先生全集本。

錢穆，《中國學術思想史論叢（五）》。台北：聯經出版公
　　司，1995。錢賓四先生全集本。

錢穆，《朱子學提綱》。台北：東大圖書公司，1971。

錢穆，《宋代理學三書隨劄》。台北：聯經出版公司，1995。
　　錢賓四先生全集本。

錢穆，《宋明理學概述》。台北：學生書局，1977。

羅聯添，《柳宗元事蹟繫年暨資料類編》。台北：國立編譯
　　館，1981。

釋恆清，《佛性思想》。台北：東大圖書出版公司，1997。

饒宗頤，《中國宗教思想史新頁》。北京：北京大學出版社，
　　2000。

龔雋，《大乘起信論與佛學中國化》。台北：文津出版社，
　　1995。

（二）論文部分

王明，〈《周易參同契》考證〉，《中央研究院歷史語言研究所集刊》，第 19 本，1948。

王明蓀，〈論語筆解試探〉，《孔孟學報》第 52 期，1986。

余敦康，〈論邵雍的先天之學與後天之學〉，《道家文化研究》第 11 輯，1997。

余敦康，〈論邵雍的物理之學與性命之學〉，《道家文化研究》第 11 輯，1997。

吳展良，〈朱子之理氣論：以朱子對北宋經典之詮釋爲中心〉，「中國的經典詮釋傳統第十次學術會議」。台北：台灣大學，2000.12.31。

吳展良，〈朱子世界觀的基本特質〉，「東亞近世儒學中的經典詮釋傳統」國際學術研討會。台北：台灣大學，2004.3.14-15。

吳展良，〈朱子的世界秩序觀之組成方式〉，《九州學林》（香港：香港城市大學中國文化中心，2007）5 卷 3 期。

吳展良，〈朱子認識觀暨認知方式的基本性質〉，「東亞世界與儒教」國際學術研討會（International Conference on the Interaction and Confluence of East Asian Confucianism）。日本千里山：關西大學，2004.9.16-17。

吳展良，〈聖人之書與天理的普遍性：論朱子的經典詮釋之前提假設〉，《臺大歷史學報》第 33 期，2004。

李大華，〈北宋理學與唐代道教〉，《道家文化研究》第 8 輯，1996。

李大華，〈隋唐時期的道教內丹學〉，《道家文化研究》第

5 輯，1992。

李大華，〈論《陰符經》產生的歷史過程及其唐代詮釋的思想特點〉，《道家文化研究》第 7 輯，1995。

李申，〈周氏「太極圖」源流考〉，收入氏著，《易圖考》（北京：北京大學出版社，2001）。

李申，〈氣質之性源於道教說〉，《道家文化研究》第 5 輯，1994。

李剛，〈《道教義樞》及其對「道」的論述〉，收入吳光主編，《中華道學與道教》（上海：上海古籍出版社，2004）。

李剛，〈論南北朝隋唐五代道教生命哲學的分化發展〉，《宗教哲學》4：2，1998。

李遠國，〈陳摶易學思想探微〉，《道家文化研究》第 11 輯，1997。

李豐楙，〈不死的探求 —— 道教信仰的介紹與分析〉，收在《中國文化新論‧宗教禮俗篇：敬天與親人》（台北：聯經，1993）。

周伯戡，〈慧遠「沙門不敬王者論」的理論基礎〉，《台灣大學歷史學系學報》第 9 期，1982 年。

邱漢生，〈《伊川易傳》的理學思想〉，收入中華書局編輯部編，《中華學術論文集》（北京：中華書局，1981）。

金正耀，〈《金碧五相類參同契》宋代別本之發現與研究〉，收入氏著，《道教與鍊丹術論》（北京：宗教文化出版社，2001）。

冒懷辛，〈邵雍《皇極經世》中的宇宙圖式〉，收入尹達等主編，《紀念顧頡剛學術論文集》（成都：巴蜀書社，1990）。

查屏球，〈韓愈《論語筆解》真偽考〉，《文獻》，1995。

柳存仁，〈關於《陶真人內丹賦》〉，《中國文哲研究集刊》，
　　第 2 期，1992。

容肇祖，〈周敦頤與道教〉，《道家文化研究》第 5 輯，1992。

崔珍皙，〈重玄學與宋明理學〉，《世界宗教研究》，2000
　　年第 4 期。

張其凡，〈呂端與宋初黃老思想〉，收入《宋史研究論文集》
　　1984 年年會編刊（杭州：浙江人民出版社，1984）。

陳少峰，〈周敦頤《易》學的道家思想淵源〉，《道家文化
　　研究》第 12 輯，1998。

陳少峰，〈程頤易學和道家哲學〉，《道家文化研究》第 12
　　輯，1998。

陳寅恪，〈馮友蘭《中國哲學史》下冊審查報告〉，收在氏
　　著，《金明館叢稿二編》（北京：三聯，2001）。

陳寅恪，〈論韓愈〉，收在氏著，《金明館叢稿初編》（北
　　京：三聯，2001）。

陳進國，〈李筌《黃帝陰符經疏》的真偽考略〉，《中國道
　　教》第 4 期，2002。

麥谷邦夫，〈南北朝隋唐初道教教義學管窺〉，收入辛冠潔
　　編，《日本學者論中國哲學史》（板橋：駱駝，1987）。

馮友蘭，〈略論道學的特點、名稱和性質〉，收入中國哲學
　　史學會、浙江省社會科學研究所編，《論宋明理學：宋
　　明理學討論會論文集》（杭州：浙江人民出版社，1983）。

馮達文，〈程朱理學與老學〉，《道家文化研究》第 6 輯，
　　1995。

黃甲淵，〈關於周子「太極圖說」的諸說與「無極而太極」

的先後次序問題〉，《鵝湖學誌》第 9 期，1992。

黃敏浩，〈邵雍《觀物內外篇》的道家思想〉，收入陳鼓應、
　　馮達文主編，《道家與道教：第二屆國際學術研討會論
　　文集》（廣州，廣東人民出版社，2001）。

萬毅，〈敦煌本《昇玄內教經》補考〉，《道家文化研究》
　　第 13 輯，1998。

萬毅，〈敦煌本《昇玄內教經》試探〉，《唐研究》第一卷，
　　1995。

葛兆光，〈《隋唐道教思想史研究》書評〉，《唐研究》第
　　二卷，1996。

熊琬，〈周濂溪「太極圖說」與佛學〉，《中華學苑》第 28
　　卷，1983。

劉三富，〈柳子厚撰著非國語的旨趣〉，《古典文學》7：1，
　　1985。

蔡方鹿，〈道、玄與二程理學〉，《道家文化研究》第 10
　　輯，1997。

鄭吉雄，〈周敦頤「太極圖」及其相關詮釋問題〉，收入氏
　　著，《易圖象與易詮釋》（臺北：喜瑪拉雅基金會，2002）。

羅聯添，〈李翱研究〉，《國立編譯館館刊》2：3，1973。

三、日文著作

小野澤精一、福永光司、山井湧編，《氣の思想：中國にお
　　ける自然觀と人間觀の展開》。東京：東京大學出版會，
　　1984。

山田俊，《唐初道教思想史研究 ──『太玄真一本際經』の
　　成立と思想》。京都：平樂寺書店，1999。

松川健二編，《論語の思想史》。東京：汲古書院，1994。

砂山稔，《隋唐道教思想史研究》。東京：平河出版社，1990。

三浦國雄，〈氣質變化考〉，《日本中國學會報》，第 45
　　集，1993。

三浦國雄，〈張載太虛說前史〉，《集刊東洋學》50，1983。

小笠智章，〈邵雍と張載の思想における〈神〉の意義〉，
　　載《中國思想史研究》8，1986。

山田俊，〈隋唐期に於ける「道性」思想の展開〉，《日本
　　中國學會報》，第 42 集，1990。

中嶋隆藏，〈『坐忘論』の安心思想とその周邊〉，《集刊
　　東洋學》73，1995。

末岡實，〈中唐期における性說の展開と役割 ── 歐陽詹「自
　　明誠論」」を中心として〉，《日本中國學會報》，第
　　34 集，1982。

田中利明，〈韓愈・李翱の「論語筆解」についての考察〉，
　　《日本中國學會報》，第 30 集，1978。

吾妻重二〈太極圖の形成 ── 儒佛道三教をめぐる再檢討〉，
　　《日本中國學會報》，第 46 集，1994。

柳存仁，〈張伯端與《悟真篇》〉，收入吉岡義豐博士還曆
　　記念論集刊行會編，《吉岡博士還曆記念道教研究論集：
　　道教の思想と文化》（東京：國書刊行會，1977）。

島一，〈韓愈と「論語」〉，《日本中國學會報》，第 33
　　集，1981。

麥谷邦夫，〈道と気と神 ── 道教教理における意義をめぐ
　　つて〉，《人文學報》，第 65 期，1989。

坂內栄夫，〈《鍾呂傳道集》と內丹思想〉，載《中國思想

史研究》7，1985。

四、英文著作

A. C. Graham（葛瑞漢）, *Two Chinese Philosophers : Chêng Ming-tao and Chêng Yi-chuan*（London : Lund, Humphries, 1958）. 中譯本可參考程德祥等譯，《中國的兩位哲學家：二程兄弟的新儒學》（鄭州：大象出版社，2000）。

Anne D. Birdwhistell, *Transition to Neo-Confucianism : Shao Yung on Knowledge and Symbols of Reality*（Stanford, Calif.: Stanford University Press, 1989）.

Benjamin I. Schwartz, *The World of Thought in Ancient China*（Cambridge : Harvard University Press, 1985）.

David L. Hall and Roger T. Ames, *"Thinking from the Han" : Self, Truth, and Transcendence in Chinese and Western Culture*（Albany, N.Y.: State University of New York Press, 1998）.

Hoyt Tillman, *Utilitarian Confucianism : Chen Liang's Challenge to Chu Hsi*（Cambridge, Mass. : Council on East Asian Studies, Harvard University : Distributed by Harvard University Press, 1982）.

Joseph Needham（李約瑟）, *Science And Civilisation In China*（Cambridge : Cambridge University Press）. 中譯本可參考陳立夫主譯，《中國之科學與文明》（台北：台灣商務印書館，1971-1982）。

Jo-shui Chen, *Liu Tsung-yuan and Intellectual Change in T'ang China, 773-819*（Cambridge; New York : Cambridge

University Press, 1992）．

Kidder Smith ed., *Sung Dynasty Uses of the I Ching*（Princeton, N.J. : Princeton University Press, 1990）．

Peter K. Bol, *"This Culture of Ours": Intellectual Transitions in Tang and Sung China*（Stanford, Calif.: Stanford University Press, 1992）．中譯本可參考劉寧譯，《斯文：唐宋思想的轉型》（南京：江蘇人民出版社，2000）。

Wm. Theodore de Bary, *"East Asian Civilizations": A Dialogue in Five Stages*（Cambridge, Mass. : Harvard University Press, 1988）．

Benjamin I. Schwartz, "Transcendence in Ancient China", *Daedalus* Vol. 104, No. 2（spring, 1975）．

Hao Chang, "Some Reflections on the Problems of the Axial Age Breakthrough in Relation to Classical Confucianism" in Paul A. Cohen and Merle Goldman eds., *Ideas Across Culture: Essays on Chinese Thought in Honor of Benjamin I. Schwartz*（Cambridge, Mass.: Council on East Asian Studies, Harvard University: Distributed by Harvard University Press, 1990）．

Hoyt Tillman, "A New Direction in Confucian Scholarship: Approaches to Examining the Differences between Neo-Confucianism and Tao-hsueh", *Philosophy East and West*, 42：3（1992）．

Wm. Theodore de Bary, "The Uses of Neo-Confucianism：A Response to Professor Tillman", *Philosophy East and West*, 43：3（1993）．